Futures Trading Practice

工业和信息化普通高等教育"十三五"规划教材立项项目

21世纪高等院校经济管理类规划教材

期货交易实务

（附微课 第3版）

□ 曾啸波 主编

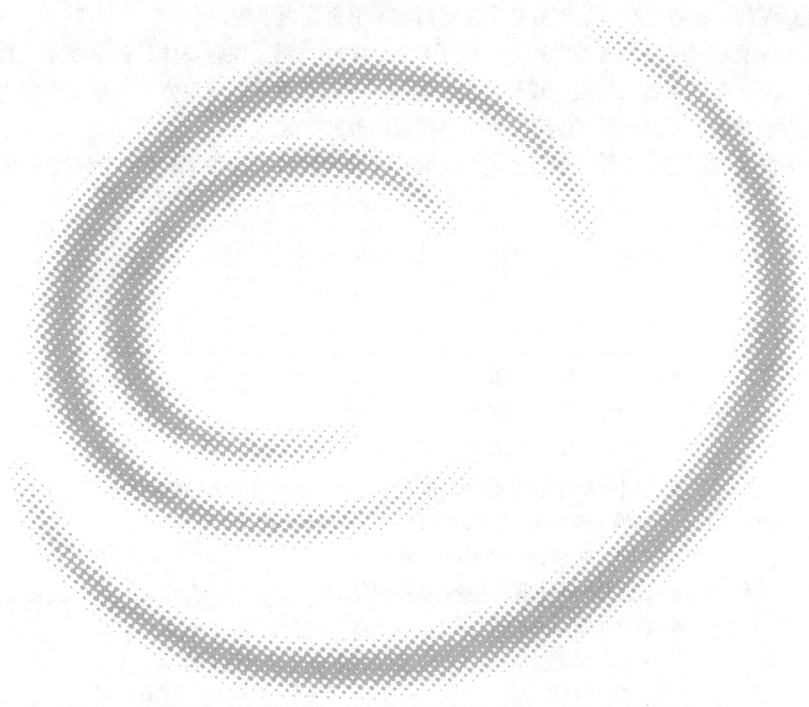

人民邮电出版社

北京

图书在版编目（CIP）数据

期货交易实务：附微课 / 曾啸波主编. -- 3版. --
北京：人民邮电出版社，2022.9
21世纪高等院校经济管理类规划教材
ISBN 978-7-115-59678-9

Ⅰ．①期… Ⅱ．①曾… Ⅲ．①期货交易－高等学校－
教材 Ⅳ．①F830.93

中国版本图书馆CIP数据核字(2022)第114889号

内 容 提 要

本书首先介绍了期货市场及期权市场的基本情况、运作机制及交易机制；其次站在交易者的视角，以交易实务为基础，分别对期货交易的基本面分析方法和技术分析方法进行了深入的探讨，并对期货市场上交易商品的基本面情况及技术图表和指标的运用、资金管理等进行了较全面的介绍。

本书图表丰富，并配备了适量的实际案例与操作项目，以帮助读者加深对期货交易知识的理解，提高期货交易技能。

与本书配套的学习资料有电子课件、思维导图（含研究报告、相关数据等）、课后习题答案、在线习题、自测试卷等，读者可在人邮教育社区注册后在本书页面内下载。

与本书配套的教学资料有教学计划、电子教案、教学大纲、课时安排、教学要点、教学课件、实训指导、微课视频、补充习题及答案、视频案例、模拟试卷及答案等，索取方式见附录中的"更新勘误表和配套资料索取示意图"（部分资料仅限采用本书授课的教师下载）。

本书为普通高等院校本科经济管理类专业期货课程教科书，也可供高职高专院校使用。

◆ 主　　编　曾啸波
　　责任编辑　万国清
　　责任印制　李 东　胡 南

◆ 人民邮电出版社出版发行　　北京市丰台区成寿寺路 11 号
　　邮编　100164　　电子邮件　315@ptpress.com.cn
　　网址　https://www.ptpress.com.cn
　　北京隆昌伟业印刷有限公司印刷

◆ 开本：787×1092　1/16
　　印张：14.5　　　　　　　2022 年 9 月第 3 版
　　字数：353 千字　　　　　2024 年 12 月北京第 5 次印刷

定价：56.00 元

读者服务热线：(010)81055256　印装质量热线：(010)81055316
反盗版热线：(010)81055315
广告经营许可证：京东市监广登字 20170147 号

第3版前言

过去的几年，我国的期货市场坚持市场化改革方向，市场规模稳步扩大，市场运行质量不断提升，期货市场服务实体经济的能力逐步增强，极大地促进了实体经济的发展并增强了广大产业客户对期货市场功能的认可。

在教学方面，疫情让每一位高校教师都体验了一回在线教学，学习使用了各类在线教学工具，对线上教学和线下教学的区别和优劣有了更直观、更深刻的理解。

为同时适应期货市场和教学方面的变化，结合用书师生对前版教材的使用反馈，我们在本次修订中对教材做了以下几点改进。

（1）增加微课视频。针对难点及文本无法完整呈现的案例录制了微课视频，方便学生学习和理解。后期，我们还将不断完善这些微课视频。

（2）挖掘案例中的职业道德元素。回顾金融历史，任何一起金融风险事件都是由违规引发的。我们在部分案例中引导学生分别从个体和整体两个角度回顾事件的发展、思考事件的本质，旨在培养学生树立良好的金融从业人员职业道德，并能理解决策者决策时所应具有的社会责任感和使命感。

（3）更新各项宏观经济与商品基本面数据。对本书所涉及的宏观基本面或商品基本面数据进行了更新。

（4）优化部分图表的表现形式。本书前两版的图表得到了不少读者的肯定，本次修订对部分前两版中采用双纵坐标轴的图表做了优化，改为以多子图的形式表现不同单位数据的对比，减少由双纵坐标轴带来的对原有数据关系的误判。

（5）继续坚持以项目作业作为课程练习的主要方式，而传统的模拟交易形式只作为辅助手段。在本版中，编者更新、优化了原有的数十个供学生练习的项目，包括查询数据、探索市场关系、比较不同市场、分析各类现象等。这些练习项目，均与期货基本面分析师必备的能力挂钩，这些能力包括数据查询能力、计算机运用能力、逻辑分析能力等。同时，考虑到部分读者自学的需求，编者在每个练习项目之后都给读者提供了解决问题的思路和步骤。希望这一变化能真正让读者在放下书本后灵活运用自己所学到的知识和技能。

（6）全面更新辅助学习资料和教学资料。与本书配套的学习资料有电子课件、思维导图（含研究报告、相关数据等）、课后习题答案、在线习题、自测试卷等，读者可在人邮教育社区注册后在本书页面内下载。与本书配套的教学资料有教学计划、电子教案、教学大纲、课时安排、教学要点、教学课件、实训指导、微课视频、补充习题及答案、视频案例、模拟试卷及答案等，索取方式见附录中的"更新勘误表和配套资料索取示意图"（部分资料仅限采用本书授课的教师下载）。

为更好地落实立德树人这一根本任务，编者团队在深入学习党的二十大报告后，在本书重印时对局部内容进行了微调，更新了素质教育指引等配套教学资料。

本书修订后的内容框架如下。

第一部分：期货与期权基础知识（第一章至第五章），包括期货市场概述，期货市场的运作机制，期货的套期保值、投机与套利交易，金融期货，期权等内容。

第二部分：期货基本面分析（第六章至第九章），包括基本面分析基础、能源类商品、农产品和工业金属的基本面分析等内容。

第三部分：期货技术分析（第十章至第十三章），包括技术分析基础、图表形态分析、技术指标分析，以及资金管理与交易风险管理等内容。

编　者

目　　录

绪 论

● 无奈

期货交易是金融学专业的一门专业课，在传统的教学大纲中，这门课程的教学目标是希望学生对期货交易的品种、交易所制度、交易流程与规则等内容有全面深入的理解，同时熟悉期货的定价理论、套期保值理论与实务、技术分析等内容。简而言之，就是希望学生能在学习这门课程之后，既能具备丰富的理论知识，又能兼具实务操作的技能。

● 困惑

大学的期货课程教学，主要分为两大类型：一类是先以各种经典理论对学生进行粗犷式"轰炸"，再用各种数学公式进行精密"点射"，我们姑且称之为理论型；另一类是让学生使用模拟交易软件"摸着石头过河"，我们姑且称之为实践型。不同的教师会用不同的方式讲授这门课程，我们用哪种方式编写本书呢？

● 欣喜

编者不希望读者在学习过程中被书中的理论淹没，也不希望读者用模拟交易"互搏"，而是真诚地希望读者在学完本书后，可以提升利用网络查询数据的能力、运用计算机分析问题的能力以及对期货市场的预判能力。读者不必记得书中所有内容，当能判断一则信息（新闻）将会给期货市场带来何种影响时，就算是学好本书了。

● 执着

亲爱的读者，如果你想学好本课程，编者认为你需要做到以下几点。①认真阅读书中的内容，包括书内的每一个二维码链接中的内容。②亲自动手完成书中的实训项目，并形成报告。③遇到案例，想想这则案例和本节内容的联系；遇到例题，想想是否可以将其应用于实际。学习时多联想将有助于加深理解和增强记忆。④熟记期货相关的常用术语，特别是英文简写，除本书附录中所列常用期货交易术语外，几大期货交易所简称也应记住，如 CME 指芝加哥商品交易所等。若不能熟记这些术语，将不能顺利阅读相关新闻和报告。

在使用本书时，遇到任何与本书有关的问题都可以联系编辑万国清（wanguoqing@ptpress.com.cn）。扫描附录内"更新勘误表和配套资料索取示意图"中的二维码可看到本书的更新勘误记录表和意见建议记录表。建议读者在学习中扫一扫、看一看，如果你发现书中有差错或有需要更新之处，还望反馈给我们，以便我们对该表进行更新。

学好本课程需要你的执着，我们会与你同行！

第一章　期货市场概述

【学习目标】

1．了解期货市场的历史；
2．了解全球的主要期货交易所及其交易品种；
3．熟悉期货交易所的职能；
4．了解期货市场的主要参与机构。

随着现代商品经济的发展和社会劳动生产力的极大提高，国际贸易普遍开展，世界市场逐步形成，市场供求状况的变化更为复杂。仅能一次性地反映市场供求预期变化的远期合约交易价格已经不能适应现代商品经济的发展，而要求有能够连续地反映潜在供求状况变化全过程的价格，以便广大生产经营者能够及时调整商品生产，以及回避由于价格的不利变动而产生的价格风险，使整个社会生产过程顺利地进行。在这种情况下，期货交易就产生了。

本章将对期货市场的历史和发展进行概述，同时介绍期货市场的各个参与机构及其职能。学完本章后，读者将对期货市场有一个大致的了解。

第一节　期货市场的历史与发展

1848 年，芝加哥期货交易所的成立，标志着期货交易的正式开始。而在这之后推出的标准化合约、保证金制度、套期保值机制及统一结算的实现，标志着现代意义上的期货交易市场的形成。了解这段历史，探究其发展过程，将会为日后深入学习期货理论与开展交易实务打下坚实的基础。

一、期货市场的历史

讲到期货市场，这里有必要给初学者大致讲一下期货合约的概念。简而言之，期货合约就是买卖双方约定将来在某个时刻，以某个确定的价格买入或卖出某种商品的协议。

与期货相近的一个词是远期，两者几乎是同一个意思，其主要区别在于远期交易的产品是由买卖双方约定的，约定的内容自由度比较大，价格、时间、商品等级都可以互相商定，而期货合约是指在交易所交易的标准化产品，条款均由交易所确定。

1. 早期的期货市场

期货市场最早萌芽于欧洲。早在古希腊和古罗马时期，就出现过中央交易场所、大宗易货交易，以及带有期货交易性质的交易活动。商人在农产品收获以前向农民预购农产品，待收获后，农民再交付农产品——这种贸易行为形成了比较原始的远期交易。

随着交通运输条件的改善和现代城市的兴起，远期交易逐步发展为集中的市场交易。在公元10世纪至12世纪，在布鲁塞尔、马德里和其他一些地方的季节性商业交易活动中，商人们就已经聚集在一起，为以后才交割的商品而公开地进行讨价还价了。在13世纪，英国允许外国商人到英国参加季节性的交易会，商人可以随时把货物运进或运出英国，从而大大促进了英国当地的贸易活动。而在交易过程中，出现了商人提前购买在途货物的做法，其具体过程是：交易双方先签订一份买卖合同，列明货物的品种、数量、价格等内容，并预交一笔订金，待货物运到时双方再交收全部货物和货款。这种合约就带有明显的远期合约的特征。

可以说，早期的期货市场在严格意义上来说属于远期交易市场。交易方式的长期演进，尤其是远期现货交易的集中化和组织化，为期货交易的产生和期货市场的形成奠定了基础。

2. 近现代的期货市场

规范的现代期货市场于19世纪产生于美国芝加哥。19世纪三四十年代，芝加哥作为连接美国中西部产粮区与东部消费市场的枢纽，已经发展成为全美最大的谷物集散中心。随着经济的发展，农产品交易量越来越大。同时，由于农产品生产的季节性特性、交通不便和仓储能力不足，农产品的供求矛盾日益突出。例如，在收获季节，农场主将谷物运到芝加哥，使得短期内谷物集中上市，同时由于仓储和运输能力无法跟上，短期内谷物供大于求，价格下跌，从而使生产者蒙受巨大损失。相反，到了春季，又出现了谷物供不应求、价格大涨的局面，这样一来，生产者和消费者都深受其苦。在这种情况下，储运经销商应运而生。储运经销商在交通要道设立商行、修建仓库，在收获季节向农场主收购谷物，等来年春季再运到芝加哥出售。这种商业行为，缓解了农产品季节性的供求矛盾，平抑了粮食价格，同时稳定了粮食生产。但储运经销商仍面临着谷物过冬期间价格波动的风险。为了规避风险，他们在购进谷物后就前往芝加哥，与那里的谷物经销商和加工商签订来年交货的远期合同。这样，来年的销售价格就被敲定了，无论过冬期间谷物的价格如何变化，都不会影响储运经销商来年的业绩。

随着谷物远期现货交易量的不断增加，1848年，83位粮食商人在芝加哥发起组建了世界上第一家规范的期货交易所——芝加哥期货交易所（CBOT）。芝加哥期货交易所成立之初只是一个为促进芝加哥工商业发展而自发形成的商会组织，其交易的参与者主要是生产者、经销商和加工商。交易者实买实卖，大家在交易所寻找交易对手，在交易所缔结远期合同，待合同到期，双方再进行实物交割，以商品和货币交换了结交易。交易所的成立起到了稳定产销、规避季节性价格波动风险的作用。

但是，这种远期交易方式并非毫无缺点。由于合同所涉及的商品品质、等级、价格、交货时间、交货地点等都是根据双方的具体情况"一对一"达成的，当双方情况或市场价格发生变化，需要转让已签订的合同时，则会非常困难。例如，一个谷物加工商与储运经销商签订了一份大豆远期合同，约定了第二年春季以10美元/蒲式耳①的价格买入200蒲式耳大豆。但是当年冬季，谷物加工商考虑到由于加工生产线人手不足，预计春季不再需要那么多大豆

---

① 蒲式耳（Bushel），美制一蒲式耳相当于35.238升，换算成大豆的质量大约是60磅或27.2千克。

原料，打算放弃这份合同，那么他就需要在交易所转让这份远期合同，接手的那一方会代替谷物加工商履行合同。但是有意向的接手方在春季对于大豆的需求只有 100 蒲式耳，因此这份 200 蒲式耳的远期合同就很难找到接手方。另外，远期交易最终能否履约主要依赖于交易对手的信誉，而对对方信誉状况做全面细致的调查，既费时又费力且成本较高，难以进行。

针对上述情况，芝加哥期货交易所于 1865 年推出了标准化合约，同时实行了保证金制度，向合约双方收取不超过合约价值 10% 的保证金，作为履约保证。如果有一方违约，那么芝加哥期货交易所将替违约方履行合约，另一方则不受任何影响。这是具有历史意义的制度创新，它促成了真正意义上的期货交易的诞生。随后，在 1882 年，芝加哥期货交易所允许以套期保值方式免除履约责任，这更促进了投机者的加入，使期货市场流动性加大。1883 年，结算协会成立，向芝加哥期货交易所的会员提供了套期保值工具。但结算协会当时还算不上规范、严密的组织，直到 1925 年芝加哥期货交易所结算公司（BOTCC）成立，芝加哥期货交易所的所有交易都要进入结算公司结算。至此，现代意义上的期货结算机构才算形成。

随着交易规则和制度的不断健全和完善，期货的交易方式和市场形态发生了质的飞跃。标准化合约、保证金制度、套期保值机制和统一结算制度的实施，标志着现代期货市场的形成。

二、全球期货市场的发展历程

（一）交易品种与规模不断扩大

经过长期的发展，国际期货市场逐渐由商品期货扩展到金融期货，交易品种不断增加、交易规模不断扩大。

1. 商品期货

商品期货是指标的物为实物商品的期货合约。商品期货历史悠久、种类繁多，主要包括农产品期货、金属期货和能源化工期货等。

农产品期货应该是最早在现代意义上的期货交易所交易的期货品种。在 1848 年芝加哥期货交易所诞生及 1865 年标准化合约推出后，农产品期货的种类越来越多。除了早期就有的小麦、玉米、大豆等谷物外，棉花、咖啡、可可等经济作物，黄油、鸡蛋、活牛、生猪等畜禽产品，木材、天然橡胶等林产品也都在 19 世纪末 20 世纪初进行上市交易了。

这里顺带提一下芝加哥商品交易所（CME）。芝加哥商品交易所于 1919 年正式成立，它的前身是 1898 年成立的芝加哥黄油和鸡蛋交易所。作为期货交易所中的"后起之秀"，芝加哥商品交易所在 20 世纪 60 年代名噪一时（它的强势持续至今，后同多家期货交易所合并为芝加哥商品交易所集团，简称芝商所集团，CME Group），被称为"用猪腩搭建的房子"。当时主要交易的肉类合约，包括活牛、生猪以及猪腩合约，是芝加哥商品交易所的拳头产品，不过在 2011 年 7 月，猪腩期货由于长期交易量不足而退市。

金属期货最早在 1877 年成立的伦敦金属期货交易所（LME）交易，主要的交易品种是铜和锡。之后铅、锌合约于 1920 年在伦敦金属期货交易所上市交易。美国的金属期货主要集中在纽约商业交易所（COMEX），交易品种有黄金、白银、铜、铝等。COMEX 在 1994 年与纽约商品交易所（NYMEX）[①]合并。

能源化工期货的出现源于 20 世纪 70 年代的石油危机。当时石油价格的剧烈波动给包括

---

① COMEX 和 NYMEX 均在纽约，鉴于中文名过于接近，下文用英文简称。

美国和日本在内的发达国家经济造成了巨大的冲击，在石油危机过后推出的原油期货交易量一直呈上升趋势，可见市场对原油期货的需求有多强烈。目前，NYMEX 和美国洲际交易所（ICE）是世界上最具影响力的能源期货交易所，其交易品种包括原油、汽油、取暖油、乙醇等。全球主要商品期货交易品种及主要交易所见表1.1。

表 1.1　全球主要商品期货交易品种及主要交易所

期货种类	期货品种	主要交易所
农产品	大豆、玉米、豆粕、豆油、小麦、燕麦、稻谷、糖、棉花	芝加哥期货交易所、美国洲际交易所
金属	黄金、铜、白银、铝、锌、镍、锡、铅	COMEX、伦敦金属期货交易所
能源化工	原油、汽油、天然气、取暖油、乙醇	NYMEX、美国洲际交易所

美国洲际交易所是美国期货交易市场中较新的一员。与芝加哥期货交易所、芝加哥商品交易所及 NYMEX 的最初模式不同，美国洲际交易所是主要服务于能源及商品期货合约的场外市场。这就意味着美国洲际交易所没有一个中心地点，它的交易几乎都是通过网络进行的。该交易所成立于 2000 年 5 月，并于 2001 年收购了一家欧洲能源期货交易所①，但这一举动尚未触及美国期货业的核心领域。直到美国洲际交易所在 2007 年再度收购纽约期货交易所（NYBOT），美国洲际交易所进入了软商品期货（Soft Commodity）交易领域。"软商品"通常指某产品的生产方式为种植而非开采，美国洲际交易所交易的软商品期货合约品种目录包括糖、可可、咖啡以及棉花，后来又增加了一些金融类交易品种，如罗素 2000 指数与美元指数等。

项目

查询期货交易所的合约品种

登录国内的三大商品期货交易所网站，查询各交易所的交易品种，填入表 1.2 中（查询方法可参考二维码内的提示）。

表 1.2　我国三大期货交易所的主要交易品种

期货交易所	交易品种（请填写）
上海期货交易所	
大连商品交易所	
郑州商品交易所	

2. 金融期货

在第二次世界大战后，随着布雷顿森林体系的瓦解，20 世纪 70 年代初，国际经济形势发生了急剧变化，固定汇率制被浮动汇率制取代，利率管制等金融管制政策逐渐被取消。汇率、利率的波动幅度增大，促使人们向期货市场寻求避险工具，金融期货应运而生。1972 年 5 月，芝加哥商品交易所设立了国际货币市场分部（IMM），首次推出了包括英镑、加元、西德马克、法国法郎、日元和瑞士法郎等在内的外汇期货合约。1975 年 10 月，在芝加哥期货交易所上市的国民抵押协会债券（GNMA）期货合约是世界上第一个利率期货合约。1977 年

---

① 以下涉及其伦敦业务部门时称"美国洲际交易所（伦敦）"。

8 月，美国长期国债期货合约在芝加哥期货交易所上市，它是迄今为止国际期货市场上交易量最大的金融期货合约。1982 年 2 月，堪萨斯期货交易所（KCBT）开发了价值线综合指数期货合约，它是最早的股指期货合约。伦敦国际金融期货期权交易所（LIFFE）于 1997 年开始进行个股期货交易。2002 年 11 月，由芝加哥期权交易所（CBOE）、芝加哥商品交易所和芝加哥期货交易所联合发起的 One Chicago 交易所也开始交易单个股票期货。金融期货的出现，使期货市场发生了翻天覆地的变化，彻底改变了期货市场的格局。目前，金融期货已经在国际期货市场上占据了主导地位，对世界经济产生了深远影响。

（二）期货交易所的发展

从布雷顿森林体系解体开始，全球化进程加速发展，全球市场逐步形成。国际期货市场的发展呈现出以下特点。

1. 交易中心日益集中

2022 年，全球有百余家期货交易所，但称得上国际期货交易中心的，主要集中在芝加哥、纽约、伦敦、法兰克福等地。20 世纪 90 年代以来，新加坡、法国、巴西等国家的期货市场发展较快，也具备了一定的国际影响力。值得注意的是，各交易所往往只在某类期货合约或者某个品种上具有影响力，尚没有一家交易所能够在所有期货品种上均具有国际影响力。

2. 改制上市成为潮流

近年来，公司制改革和公开发行上市成为全球交易所发展的一个新方向。1993 年，瑞典斯德哥尔摩证券交易所改制成为全球第一家股份制交易所。我国的香港证券交易所和期货交易所也是改制上市的成功范例。2000 年 3 月，香港联合交易所与香港期货交易所完成了股份制改造，并与香港中央结算有限公司合并，成立了香港交易及结算所有限公司（HKEx），并于 2000 年 6 月以引入形式在我国的香港交易所上市。2000 年，芝加哥商品交易所成为美国第一家公司制交易所，并在 2002 年成功上市。纽约-泛欧交易所集团（NYSE Euronext）是一家完全由合并形成的交易所集团，并于 2007 年 4 月 4 日在纽约证券交易所和欧洲交易所同时挂牌上市，交易代码为 NYX。

出现这一趋势的根本原因是竞争加剧：一是交易所内部竞争加剧；二是场内交易与场外交易竞争加剧；三是交易所之间竞争加剧。而会员制体制造成交易所的决策效率较低，使其不能适应激烈竞争的需要。改制上市则可以免去会员投票的复杂程序，提高交易所的运行效率。同时，改制上市也能给交易所会员带来一定的利益。

3. 交易所兼并重组趋势明显

各交易所纷纷以合并的方式扩大自身规模并提升市场影响力。期货市场是一个通过现代化通信手段联结起来的公开市场。因此，市场规模越集中，市场流动性越大，形成的价格越公平、越权威。以芝加哥为例，2006 年，芝加哥商品交易所与芝加哥期货交易所合并组成芝商所集团，2008 年，NYMEX 和 COMEX 又加入进来，形成了基本统一的芝加哥期货市场。目前，芝商所集团已经成为全球最具影响力的衍生品交易所集团之一，旗下有芝加哥商品交易所、芝加哥期货交易所、COMEX 和 NYMEX 等交易所。英国、德国、巴西等国的交易所也纷纷进行重组，甚至出现了跨大洲兼并的案例。2006 年 6 月，纽约证券交易所集团和总部位于巴黎的泛欧交易所达成了总价约 100 亿美元的合并协议，组成全球第一家横跨大西洋的纽约-泛欧交易所集团。2011年，德意志证券交易所与纽约-泛欧交易所集团合并。2013年，纽约-泛欧交易所集团被美国洲际交易所收购。2012年，我国香港交易及结算所有限公司以13.88亿英镑的价格收购了伦敦金属期货交易所。

交易所合并的原因主要有三种：一是经济全球化的影响；二是交易所之间的竞争更为激烈；三是场外交易发展迅速，对交易所构成威胁。

4. 金融期货发展势不可挡

20世纪90年代后，金融期货的交易量已远超商品期货的交易量，上市品种呈现金融化的趋势。这种趋势表现在以下两个方面。一是从美国20世纪90年代后20年的期货交易统计数字可以看出，商品期货交易量占总交易量的份额呈明显下降趋势，而金融期货交易量占总交易量的份额则呈明显上升趋势。美国期货的主导产品逐渐从农产品转变为利率品种。进入20世纪90年代，股指期货和个股期货也得到了迅速发展。二是从全球期货交易的统计数字中同样可以看出金融期货品种的绝对优势。同学们可以在国际清算银行查询到最新的统计数据，并尝试计算金融类衍生品成交量占全部衍生品成交量的比重。

5. 交易方式不断创新

交易方式的发展与科学技术的进步是同步的。传统的期货交易以场内公开喊价的方式为主，这种方式会受到交易场地等因素的限制。随着计算机和通信技术的发展，电子化的交易方式打破了时空的界限，只要投资者的计算机终端与交易所主机联网，就可以向主机传输买卖合约的信息，由主机自动撮合成交，这大大提高了价格信息的传递速度和交易的效率。交易系统的联网，也有助于吸引更多的交易者参与其中。1991年，芝加哥商品交易所、芝加哥期货交易所与路透社合作推出了电子化的全球期货交易系统（Globex）。通过这一系统，世界各地的投资者可以全天24小时连续进行交易。

与公开喊价的方式相比，电子交易的方式所具有的优势包括：提高了交易速度；降低了市场参与者的交易成本；突破了时空限制，增加了交易品种，扩大了市场覆盖面，延长了交易时间且交易更具连续性；交易更为公平，无论市场参与者是否居住在同一城市，只要通过许可都可参与同一市场的交易；具有更高的市场透明度和较低的交易差错率；可以部分取代交易大厅和经纪人。也正是由于电子交易的方式可以取代经纪人，因此，电子交易系统在推出时，遇到了非常大的阻力。

6. 交易所竞争加剧，服务质量不断提高

随着国际期货市场一体化进程的加快，各国交易所积极开拓国际市场，交易所之间的竞争有所加剧。一方面，各国交易所积极吸引外国投资者参与本国期货交易；另一方面，各国交易所纷纷上市以外国金融工具为标的的期货。各交易所采取的具体措施有：在国外设立分支机构，积极吸纳外国会员；开设夜盘交易，延长交易时间，便于外国客户参与等。

交易所的综合服务能力具体体现在控制风险、降低交易成本、提升结算系统的效率、提升电子交易系统的服务质量、开发交易品种、创新技术服务等。各交易所纷纷在提高服务质量上做文章，以吸引更多的投资者参与。

三、我国期货市场的发展历程

（一）我国期货市场产生的背景

我国期货市场的产生起因于 20 世纪 80 年代的改革开放，新的经济体制要求国家更多地依靠市场这只"无形的手"来调节经济。改革是沿着两条主线展开的，即价格改革和企业改革。价格改革最早从农产品开始。随着农村家庭联产承包责任制在全国范围的推广，农业生产得到了很大发展。此时，国家实行价格双轨制，除计划订购之外，还可以议购议销，市场调节的范围不断扩大。但随之出现了农产品价格暴涨暴跌，农业生产大起大落，买难卖难问题此消彼长，政府用于农产品补贴的财政负担日益加重等一系列难题。其中，引起有关学者重视的两个问题分别是现货价格失真和市场本身缺乏保值机制，这两个问题最终又归结到市场体系不完善、不配套上。因此，在 20 世纪 80 年代中后期，一批学者提出了建立农产品期货市场的设想。

为了解决价格波动这一难题，使资源能得到更加合理的使用，党中央和国务院领导先后做出重要指示，并组织力量开始进行期货市场研究，成立了期货市场研究小组，系统地研究了国外期货市场的现状和历史，还组织人员对国外期货市场进行了考察，积累了大量有关期货市场的理论知识。

（二）我国期货市场发展的几个阶段

1. 初创阶段（1990—1993 年）

1990 年 10 月 12 日，经国务院批准，郑州粮食批发市场以现货交易为基础，引入了期货交易机制，作为我国第一个商品期货市场起步。1991 年 6 月 10 日，深圳有色金属交易所宣告成立，并于 1992 年 1 月 18 日正式开业。1992 年 5 月 28 日，上海金属交易所开业。1992 年 9 月，我国第一家期货经纪公司——广东万通期货经纪公司成立。

到 1993 年，由于市场缺乏统一的管理，各地在利益的驱动下纷纷创立各种各样的期货交易所。到 1993 年下半年，全国各类期货交易所达 50 多家，期货经纪机构近千家。由于对期货市场的功能、风险认识不足，法规监管严重滞后，期货市场曾一度陷入一种无序状态，多次酿成期货市场风险，直接影响了期货市场功能的发挥。

2. 治理整顿阶段（1993—2000 年）

1993 年 11 月，国务院发布《关于坚决制止期货市场盲目发展的通知》，提出了"规范起步，加强立法，一切经过试验和从严控制"的原则，标志着第一轮治理整顿的开始。在治理整顿中，首先是对期货交易所的清理，15 家交易所作为试点被保留下来。1998 年 8 月，国务院发布《关于进一步整顿和规范期货市场的通知》，开始了第二轮治理整顿。1999 年，期货交易所数量再次精简合并为 3 家，分别是郑州商品交易所、大连商品交易所和上海期货交易所，期货品种也由 35 个降至 12 个。同时，国务院也对期货代理机构进行了清理整顿。1995 年年底，330 家期货经纪公司经重新审核获得了"期货经纪业务许可证"，期货代理机构的数量大幅减少。1999 年，期货经纪公司最低注册资本金提高为 3 000 万元人民币。

我国的期货交易所和期货品种的治理整顿见表 1.3。

为了规范期货市场的行为，政府有关部门先后颁布了一系列法规，不断加强对期货市场的监管力度。1999 年 6 月，国务院颁布了《期货交易管理暂行条例》，与之配套的《期货交易所管理办法》《期货经纪公司管理办法》和《期货从业人员资格管理办法》相继发布实施。

2000 年 12 月，中国期货业协会成立，标志着中国期货行业自律管理组织的诞生，从而将新的自律机制引入了监管体系。

表 1.3　我国的期货交易所和期货品种的治理整顿

	第一次治理整顿	第二次治理整顿	
期货交易所	由治理整顿前的 50 多家缩减为 15 家，对期货交易所进行了会员制改造	由 15 家精简合并为 3 家	上海期货交易所
			大连商品交易所
			郑州商品交易所
期货品种	期货品种削减为 35 种	期货品种削减为 12 种	上海期货交易所：铜、铝、胶合板、天然橡胶、籼米
			大连商品交易所：大豆、豆粕、啤酒、大麦
			郑州商品交易所：小麦、绿豆、红小豆、花生仁

3. 规范发展阶段（2001—2010 年）

进入 21 世纪以来，"稳步发展"成为我国期货市场的主题。在这一阶段，我国期货市场逐步走向了法制化和规范化，监管体制和法规体系不断完善，新的期货品种不断推出，期货交易量在实现恢复性增长后连创新高，初步积累了服务于产业及国民经济发展的经验，具备了在更高层次服务于国民经济发展的能力。

中国期货保证金监控中心（2015 年更名为中国期货市场监控中心）于 2006 年 5 月成立，作为期货保证金安全存管机构，其在有效降低保证金被挪用的风险、保证期货交易资金安全以及维护投资者利益方面发挥了重要作用。

4. 全面发展阶段（2010 年至今）

2010 年以来，以金融期货和场内期权交易的推出为标志，从商品期货到金融期货、从期货到期权、从场内交易到场外交易、从境内市场到境外市场，国内期货及衍生品市场进入全面发展阶段。

中国金融期货交易所于 2006 年 9 月在上海挂牌成立，并于 2010 年 4 月推出了沪深 300 股指期货，之后在 2013 年和 2015 年分别推出了 5 年期与 10 年期国债期货，在 2015 年 4 月推出了上证 50 和中证 500 股指期货合约。这对于丰富金融产品、为投资者开辟更多的投资渠道、完善资本市场体系、发挥资本市场功能，以及深化金融体制改革具有重要意义。

在期货公司业务方面，2011 年推出期货投资咨询业务，2012 年推出资产管理业务和风险管理业务，由期货公司设立风险管理公司提供风险管理业务和相关衍生品场外交易服务。同时，境外期货经纪业务开始试点。以"期货+保险"和场外期权业务为代表，期货市场服务实体经济功能得到有效发挥。

2015 年，上海证券交易所推出上证 50ETF 期权交易。2017 年，大连商品交易所和郑州商品交易所分别推出豆粕和白糖期货期权交易，国内场内期权交易平稳起步。

第二节　期货市场的组织机构和参与者

期货市场由期货交易所、期货结算机构、中介与服务机构、投资者、期货监督管理机构等组成。根据交易目的的不同，投资者可分为套期保值型、投机型和套利型三种类型。本节先介绍期货市场的几大主要组织机构及其在期货市场运作中的基本职能与作用，在此基础上，再分析不同类型投资者的交易行为。

一、期货交易所

（一）性质与职能

期货交易所是为期货交易提供场所、设施、相关服务和交易规则的机构。它自身并不参与期货交易。在现代市场经济条件下，期货交易所已成为具有高度系统性和严密性、高度组织化和规范化的交易服务组织。期货交易所致力于建立安全、有序、高效的市场机制，以营造公开、公平、公正和诚信透明的市场环境与维护投资者的合法权益为基本宗旨。期货交易所的职能都围绕着上述宗旨展开。

期货交易所通常具有以下五个重要职能。

1. 提供交易的场所、设施与服务

期货交易实行场内交易，即所有买卖指令必须在期货交易所内进行集中竞价成交。因此，期货交易所必须为期货交易提供交易场所、必要的设施、先进的通信设备、现代化的信息传递和显示设备等一整套硬件设施，再辅之以完备、周到的配套服务，以保证集中公开的期货交易能够有序运行。

2. 设计合约、安排合约上市

制定标准化合约并及时安排合约上市是期货交易所的主要职能之一。期货交易所应结合市场需求开发期货品种，精心设计并选择合适的时间安排新的期货合约上市，增强期货市场服务国民经济的功能，同时科学合理地设计合约的具体条款，满足交易者的投资需求，并安排合约的市场推广。

3. 制定期货市场制度与交易规则

根据国务院颁布的《期货交易管理条例》及中国证券监督管理委员会（以下简称"中国证监会"）发布的《期货交易所管理办法》等规定，期货交易所建立了交易运作和市场管理的规章制度体系。期货交易所通过制定保证金制度、涨跌停板制度、持仓限额制度、大户持仓报告制度、强行平仓制度、当日无负债结算制度、风险准备金制度等一系列制度，从市场的各个环节控制市场风险，以保障期货市场的平稳、有序运行。

在上述制度的基础上，期货交易所应进一步强化和细化管理，建立健全统一的期货交易规则，包括交易、风险控制、结算、交割、违约情况管理、信息管理等管理制度，以保证买卖双方交易行为的规范化，使期货交易顺畅进行。

4. 组织并监督期货交易，监控市场风险

在制定相关期货市场制度与交易规则的基础上，期货交易所还须组织并监督期货交易，通过实时监控、违规处理、市场异常情况处理等措施，保障相关期货市场制度和交易规则的有效执行，动态监控市场的风险状况并及时防范与化解市场风险。

5. 发布市场信息

期货交易所须及时把本交易所内形成的期货价格和相关信息向会员、投资者及公众公布，

以保证信息的公开透明。

（二）组织形式

期货交易所的组织形式一般分为会员制和公司制两种。

1. 会员制

会员制期货交易所是由其全体会员共同出资组建，交纳一定的会员资格费作为注册资本，以其全部财产承担有限责任的非营利性法人。

对于会员制期货交易所，只有取得会员资格才能进入期货交易所场内进行交易。会员制期货交易所的出资者也是期货交易所的会员，享有直接进场进行期货交易的权利。通常加入会员制期货交易所的方式有：以交易所创办发起人的身份加入；接受发起人的资格转让加入；接受期货交易所其他会员的资格转让加入；依据期货交易所的规则加入等。

从会员构成来看，世界各地交易所的会员构成类型不尽相同，有自然人会员与法人会员、全权会员与专业会员、结算会员与非结算会员之分。

交易所会员所享有的基本权利包括：参加会员大会，行使表决权、申诉权；在期货交易所内进行期货交易，使用交易所提供的交易设施、获得期货交易的信息和服务；按规定转让会员资格；联名提议召开临时会员大会等。交易所会员主要需履行的义务包括：遵守国家有关法律、法规、规章和政策；遵守期货交易所的章程、业务规则及有关规定；按规定交纳各种费用；执行会员大会、理事会的决议；接受期货交易所业务监管等。

从组织架构来看，会员制期货交易所一般设有会员大会、理事会、专业委员会和业务管理部门等。其中，会员大会由会员制期货交易所的全体会员组成，它是会员制期货交易所的最高权力机构。理事会是会员大会的常设机构，对会员大会负责，执行会员大会决议。按照国际惯例，理事会由会员制期货交易所全体会员通过会员大会选举产生。

2. 公司制

公司制期货交易所是指由若干股东共同出资组建、股份可以按照有关规定转让、以营利为目的的企业法人。公司制期货交易所的赢利来自通过交易所进行期货交易而收取的各种费用。从图 1.1 可以看出，在芝商所集团的收入中，占比最大的是清算与手续费（Clearing and transaction fees），占到了 80% 左右，其次是市场数据与信息服务费（Market data and information services），占比在 10% 以上。

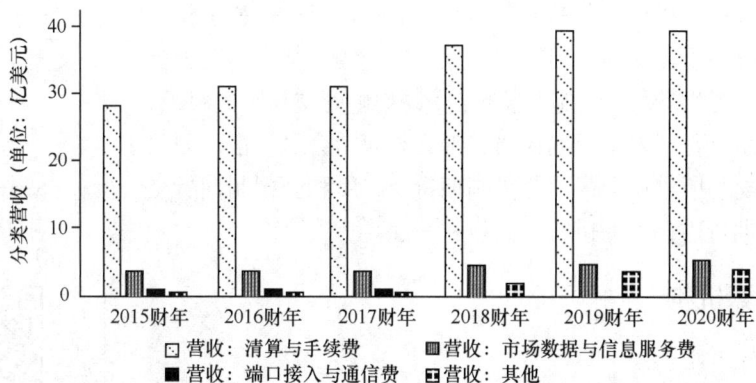

图 1.1　芝商所集团 2015—2020 财年分类收入（数据来源：芝商所集团年报）

分析芝商所集团分类收入占比

1. 利用网络查询芝商所集团近几年的财务报表，找到其分类收入数据。

2. 利用电子表格（Excel 或 WPS 表格）制作出类似于图 1.1 形式的芝商所集团最近五个财年的分类收入图。

3. 调查一下其他已经上市的交易所集团，做出类似的图表，比较这些上市交易所集团之间的分类收入占比。

对于公司制期货交易所，会员享有的权利和需履行的义务与会员制期货交易所的类似。

从组织架构来看，公司制期货交易所一般下设股东大会、董事会、监事会、总经理等，他们各负其责，相互制约。

其中，股东大会由全体股东共同组成，是公司制期货交易所的最高权力机构。股东大会可就公司的重大事项做出决议。

董事会是公司制期货交易所的常设机构，行使股东大会授予的权力，对股东大会负责，执行股东大会决议。

监事会对股东大会负责，对公司财务以及公司董事、总经理等高级管理人员履行职责的合法性进行监督，维护公司及股东的合法权益。

总经理是负责期货交易所日常经营管理工作的高级管理人员，对董事会负责，由董事会聘任或解聘。

3. 会员制期货交易所与公司制期货交易所的主要区别

会员制期货交易所与公司制期货交易所的主要区别通常表现在三个方面，即是否以营利为目的、适用的法律不同和决策机构不同。

会员制期货交易所通常不以营利为目的；公司制期货交易所通常是以营利为目的的，追求利润最大化。

会员制期货交易所一般适用《中华人民共和国民法典》的有关规定；而公司制期货交易所首先适用《中华人民共和国公司法》，只有在《中华人民共和国公司法》未作规定的情况下，才适用《中华人民共和国民法典》的一般规定。

会员制期货交易所的最高权力机构是会员大会，相应的常设机构是理事会；而公司制期货交易所的最高权力机构是股东大会，相应的常设机构是董事会。

尽管两者存在上述差异，但在职能上基本相同，都是为期货合约集中竞价交易提供场所、设施、服务、交易规则的交易服务组织，而且进入交易所进行场内交易的人员，都必须获得会员资格，即只有会员有权在交易所进行交易。会员制期货交易所和公司制期货交易所都要接受期货监督管理机构的监督和管理。

视野拓展

推荐扫描二维码，了解"现代期货市场之父"——利奥·梅拉梅德对会员制期货交易所弊端的看法。

二、期货结算机构

1. 性质与职能

期货结算机构是负责交易所期货交易的统一结算、保证金管理和结算风险控制的机构。其主要职能包括担保交易履约、结算交易盈亏和控制市场风险。

（1）担保交易履约。当期货交易成交，买卖双方交纳一定的保证金后，结算机构就承担起保证每笔交易按期履约的责任。交易双方并不直接发生关系，而是只和结算机构发生关系，结算机构成为所有合约卖方的买方和所有合约买方的卖方。如果交易一方违约，结算机构将先代替其承担履约责任，由此可大大降低交易的信用风险。

（2）结算交易盈亏。结算交易盈亏指每一交易日结束后，期货结算机构需对会员的盈亏进行计算。计算完成后，采用发放结算单或电子传输等方式向会员提供当日盈亏等结算数据，会员可以此作为对客户结算的依据。

（3）控制市场风险。结算机构担保履约，往往是通过对会员保证金的结算和动态监控实现的。在此过程中，尽管市场状况一直是不断变化的，但结算机构要求会员保证金应一直处于规定的水平之上。当市场价格不利变动导致亏损，会员保证金不能达到规定水平时，结算机构会向会员发出追加保证金的通知。会员收到通知后必须在下一交易日的规定时间内将保证金交齐，否则结算机构有权对其持仓进行强行平仓。结算机构通过对会员保证金的管理可以有效控制市场风险，以保证期货市场平稳运行。

2. 组织形式

根据期货结算机构与期货交易所的不同关系，期货结算机构的组织形式一般可分为以下两种。

第一，结算机构是某一交易所的内部机构，仅为该交易所提供结算服务。这种形式使得结算机构直接受控于交易所，便于交易所掌握市场参与者的资金情况。交易所可以根据交易者的资金和头寸情况及时控制市场风险。该种结算机构的风险承担能力是有限的。

第二，结算机构是独立的结算公司，可为多家期货交易所提供结算服务。这种形式可保证交易和结算的相对独立性，有针对性地防止某些期货交易所在利益驱动下可能出现的违规行为。交易所和结算机构各为独立法人，所以需要付出一定的沟通和协调成本。

目前，我国采取的是第一种组织形式。大部分其他国家采用的也是第一种形式。读者可以在图 1.1 中找到其中的原因。

3. 期货结算制度

国际上，结算机构通常采用分级结算制度，即只有结算机构的会员才能直接得到结算机构提供的服务，非结算会员只能由结算会员提供结算服务。这种分级结算制度实际上使得期货结算大致分为三个层次：第一个层次是由结算机构对结算会员进行的结算，结算会员是交易所会员中资金雄厚、信誉良好的期货公司或金融机构；第二个层次是结算会员与非结算会员或者结算会员与结算会员所代理的客户之间的结算；第三个层次是非结算会员对非结算会员所代理的客户的结算。

这种金字塔形的分级结算制度（如图 1.2 所示）通过建立多层次的会员结构，逐级承担、化解期货交易风险，形成多层次的风险控制体系，提升了结算机构整体的抗风险能力，保证了期货交易的安全性。因此，这种分级结算制度有利于建立期货市场风险防范的"防火墙"。

自 2008 年全球金融风暴之后，交易所为场外衍生品交易提供结算服务，已成为新的发展趋势。

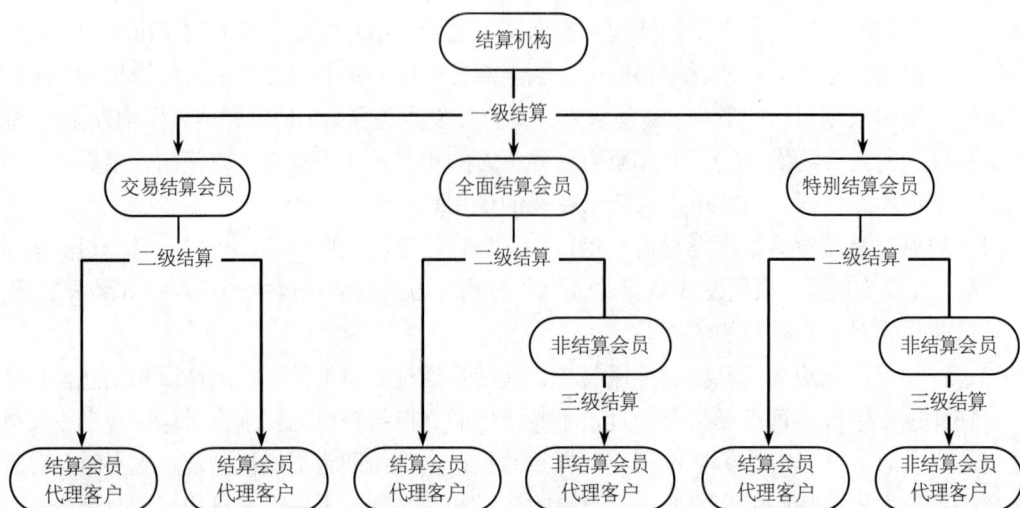

图 1.2   分级结算制度

4. 我国境内期货结算机构与结算制度

我国境内四家期货交易所的结算机构均是交易所的内部机构，因此期货交易所既提供交易服务，也提供结算服务。这意味着我国境内期货交易所除了具有组织和监督期货交易的职能外，还具有下述职能：组织并监督结算和交割，保证合约履行；监督会员的交易行为；监管指定交割仓库。这意味着，我国境内期货交易所兼具期货结算职能。

三、其他机构

1. 期货公司

期货交易所对会员实行总数控制。只有成为期货交易所的会员，才能取得场内交易席位，在期货交易所进行交易。非会员则须通过期货公司代理交易。期货公司是指代理客户进行期货交易并收取交易佣金的中介组织，起到场外期货交易者与期货交易所之间的桥梁与纽带作用，属于非银行金融服务机构。其主要职能包括：根据客户指令代理买卖期货合约，办理结算和交割手续；对客户账户进行管理，控制客户交易风险；为客户提供期货市场信息，进行期货交易咨询，充当客户的交易顾问等。通常而言，仅具有初级水平的个人投资者选择期货公司开户进行交易是比较好的选择。2021 年，国内共有一百多家期货公司，中国证监会每年会组织实施期货公司分类评价工作，以期货公司风险管理能力为基础，结合公司服务实体经济能力、市场竞争力、持续合规状况，对期货公司进行综合评价，将期货公司分为 A（AAA、AA、A）、B（BBB、BB、B）、C（CCC、CC、C）、D、E 等 5 类 11 个级别。2021 年评价结果显示，有 17 家期货公司获得 AA 级，没有公司获得 AAA 级。一般个人投资者应该选择 A 级以上的期货公司开户。读者不妨在网络上查询一下周边都有哪些期货公司。

目前期货公司除了提供传统的期货经纪业务以外，还可以提供期货投资咨询业务、资产管理业务和风险管理业务。

2. 介绍经纪商

介绍经纪商（业内常称"券商 IB"，IB 为 Introducing Broker 的简写）是指受期货公司委托，可以将客户介绍给期货公司，并为客户开展期货交易提供一定服务的、符合条件的证券公司。期货公司因此向介绍经纪商支付一定的佣金。

3. 居间人

目前，在我国期货公司的运作中，通过期货居间人（Broker；俗称经纪人，Dealer）进行客户开发是一条重要的渠道。期货居间人是指独立于期货公司和客户之外，接受期货公司委托进行居间介绍，独立承担基于居间法律关系所产生的民事责任的自然人或组织。其主要职责是介绍客户，即凭借手中的客户资源和信息渠道优势为期货公司和投资者牵线搭桥。居间人因从事居间活动付出劳务，有按合同约定向公司收取酬金的权利。

需要注意的是，居间人与期货公司没有隶属关系，不是期货公司订立期货经纪合同的当事人。期货公司的在职人员不得成为本公司或其他期货公司的居间人。

4. 期货信息资讯机构

期货信息资讯机构主要提供期货行情软件、交易系统及相关信息服务。期货行情软件是投资者进行期货交易的重要工具，交易系统的稳定性和信息传输的速度对投资者而言是非常重要的。

5. 期货保证金存管银行

期货保证金存管银行（简称"存管银行"）属于期货服务机构，是由期货交易所指定，协助交易所办理期货交易结算业务的银行。经期货交易所同意成为存管银行后，存管银行须与交易所签订相应协议，明确双方的权利和义务，以规范相关业务行为。期货交易所有权对存管银行的期货结算业务进行监督。

6. 交割仓库

交割仓库是期货品种进入实物交割环节提供交割服务和生成标准仓单的期货服务机构。

在我国，交割仓库也称为指定交割仓库，是指由期货交易所指定的，为期货合约履行实物交割的交割地点。期货交易的交割，由期货交易所统一组织进行。期货交易所不得限制实物交割总量，并应当与交割仓库签订协议，明确双方的权利和义务。

四、投资者

通常而言，在期货市场或者更广泛的衍生品市场中，所有的投资者（更专业的说法是交易员）按照交易目的可分为套期保值者（又称对冲者，Hedger）、投机者（Speculator）以及套利者（Arbitrageur）三大类。

套期保值交易是指投资者利用衍生产品合约来减少自身面临的由于市场变化而产生的风险的交易。期货市场上的套期保值者主要是机构投资者、贸易商以及需要对冲外汇汇兑风险的跨国公司等。具体套期保值交易如何操作，第三章第一节再作详细介绍。

投机交易是指投资者利用买卖价差获取利润的交易。这也是人们平常接触最多的交易形式。低买高卖是这三种交易类型中交易逻辑最容易理解的一种。市场的参与者中至少有90%是投机交易者。期货市场上的投机交易者包括机构投资者和个人投资者等。本书讨论的基本面分析（第六至九章）和技术分析（第十至十二章）主要针对的就是期货的投机交易。

套利交易是指投资者利用两个或更多相互抵消的交易来锁定赢利的交易行为。这是初学者比较难以理解的一种交易形式。第三章第三节会具体介绍这种交易。一般而言，套利交易的参与者主要是机构投资者，它们拥有大额的资金和较先进的技术。套利交易者占所有交易者的比例不到 1%，但仍然是市场上不容忽视且不可或缺的一类交易者。

本章小结

标准化合约、保证金制度、套期保值机制和统一结算制度的实施，标志着现代期货市场的形成。而近现代期货行业的发展则经历了从不断丰富的商品期货到以金融期货为交易主导的时期。同时，期货交易所也在不断发展中，交易中心日益集中，改制上市成为期货交易所的主流，越来越多的交易所合并成了"巨无霸"式的交易所集团。

期货市场的参与者主要包括期货交易所、期货结算机构、期货公司、交割仓库和投资者等，其中投资者根据其投资目的又可分为套期保值者、投机者和套利者。

综合练习

一、名词解释

期货公司　居间人

二、单选题

1．按照国际惯例，公司制期货交易所的最高权力机构是（　　）。

　　A．股东大会　　　　B．理事会　　　　　　C．会员大会　　　　D．董事会

2．在期货交易发达的国家，（　　）被视为权威价格，并成为现货交易的参考依据和国际贸易者研究世界市场行情的依据。

　　A．远期价格　　　　B．期权费　　　　　　C．期货价格　　　　D．现货价格

3．1882 年芝加哥期货交易所允许（　　），大大增加了期货市场的流动性。

　　A．会员入场交易　　　　　　　　　　B．全权会员代理非会员交易

　　C．结算公司介入　　　　　　　　　　D．以套期保值方式了结持仓

4．以下关于期货交易所的描述中不正确的是（　　）。

　　A．提供交易的场所、设施和服务

　　B．设计合约、安排合约上市

　　C．参与期货价格的形成

　　D．制定并实施风险管理制度，控制市场风险

5．下列关于中国金融期货交易所的表述，错误的是（　　）。

　　A．理事会是其常设机构

　　B．董事会对股东大会负责

　　C．目前上市品种包括沪深 300 股指期货合约

　　D．是公司制期货交易所

6．下列商品期货不属于能源期货的是（　　）期货。

　　A．动力煤　　　　B．铁矿石　　　　　　C．原油　　　　　　D．燃料油

7．（　　）危机所带来的能源产品价格剧烈波动直接导致能源期货的产生。

A．天然气 　　　　B．电力 　　　　　C．煤炭 　　　　　D．石油

8．目前，下列不是上海期货交易所交易品种的是（　　　）。

A．铜、铝、锌、铅 　　　　　　　B．天然橡胶、燃料油

C．黄金 　　　　　　　　　　　　D．棕榈油

9．下面关于期货投机交易的说法，错误的是（　　　）。

A．投机交易以获取较大利润为目的

B．投机者承担了价格风险

C．投资者主要获取价差收益

D．投机交易可以在期货与现货两个市场进行操作

三、多选题

1．中国金融期货交易所会员分为（　　　）。

A．商业会员 　　B．普通会员 　　C．非结算会员 　　D．结算会员

2．在我国，期货公司的主要职能是（　　　）。

A．受客户委托，全权代理期货交易

B．对客户账户进行管理，控制客户交易风险

C．为客户办理结算和交割手续

D．根据客户指令代理客户买卖期货合约

3．期货结算机构的职能包括（　　　）。

A．结算期货交易盈亏 　　　　　　B．组织和监督期货交易

C．担保期货交易履约 　　　　　　D．控制期货市场风险

4．（　　　）的推出，标志着现代期货市场的形成。

A．套期保值平仓机制 　　　　　　B．保证金制度

C．实物交割制度 　　　　　　　　D．标准化合约

5．金属期货是指以金属为标的物的期货合约。下列是有色金属标的物的有（　　　）。

A．螺纹钢 　　B．锡 　　　　　C．锌 　　　　　D．铝

四、判断题

1．中国金融期货交易所的权力机构是股东大会。 （　　　）

2．我国期货结算机构是由几个期货交易所共同拥有的相对独立的结算机构。 （　　　）

3．我国焦炭期货合约的交易代码为C。 （　　　）

4．期货公司的在职人员不得成为本公司或其他期货公司的居间人。 （　　　）

5．标准化合约、保证金制度、套期保值机制和统一结算制度的实施，标志着现代期货市场的形成。 （　　　）

五、简答题

1．期货市场有哪些参与机构？

2．上海期货交易所有哪些期货合约？

3．简述21世纪以来，在国际市场上，期货交易所的发展表现出的特点。

4．期货交易所有哪些主要职能？

第二章　期货市场的运作机制

【学习目标】

1. 理解期货合约标的物的选择依据；
2. 理解期货合约的主要条款及其意义；
3. 理解期货市场中的各种交易制度及其设定意义；
4. 掌握期货开户流程及交易指令；
5. 掌握期货合约的盈亏结算、保证金结算方法。

在正式进入期货交易之前，交易员首先应当对期货市场的运作机制有所了解。这里说的运作机制就如同竞赛的规则。本章主要介绍的内容有：期货合约标的物的选择、期货合约主要条款及其设计依据、期货市场基本制度以及期货交易流程等。

第一节　期货合约

期货合约是指由期货交易所统一制定的，规定在将来某一特定的时间和地点交割一定数量和质量标的物的标准化合约。

期货合约的交易有两方。在合约中同意在将来某一时刻以某一约定价格买入资产的一方被称为多头；合约的另一方同意在将来某一时刻以某一约定价格卖出资产，被称为空头。

一、期货合约标的物的选择

现货市场中的商品和金融工具不计其数，但并非都适合作为期货合约的标的物。期货交易所为了保证期货合约上市后能有效地发挥其功能，在选择标的物时，一般需要考虑以下条件。

1．规格或质量易于量化和评级

期货合约的标准化条款之一是交割品级，这就要求标的物的规格或质量能够进行量化和评级。这一点对于金融工具和大宗初级产品，如小麦、大豆、金属等来说，很容易做到，但对于工业制成品来说，则很难。因为这类产品加工程度高，品质、属性等方面存在诸多差异，甚至不同的人对完全相同的产品可能有不同甚至完全相反的评价，例如时装这类产品就不适宜作为期货合约的标的物。

2．价格波动幅度大且频繁

期货交易者中最活跃的交易者为套期保值者和投机者。套期保值者利用期货交易规避价格风险；投机者利用价格波动赚取利润。没有价格波动，就没有价格风险，套期保值者就失去了规避价格风险的需要，投机者就失去了参与期货交易的动力。所以价格频繁波动既迫使套期保值者，又刺激投机者投身于期货市场，否则期货市场将不能生存与发展。

3．供应量大，不易为少数人控制和垄断

能够作为期货品种的标的物在现货市场上必须有较大的供应量，否则，其价格很容易被操纵，即通过垄断现货市场，同时在期货市场进行买空交易，一直持仓到交割月份，使交易对手无法获得现货进行交割，只能按高价平仓了结。如果价格过高，交易对手可能会发生巨额亏损，由此会引发违约风险，增加期货市场的不稳定性。

例如，一个具备一定市场控制力和资金的交易商，可以先在现货市场上买入大量的商品进行囤货。同时，在期货市场上再做多期货合约。待到临近交割月份的时候，正常情况下，空头方应该在现货市场上买入现货，并在期货市场上和多头方进行交割。然而，由于市场上的现货被该交易商大量收购控制，导致市场上现货供应极少，期货空头方为了避免期货交割违约，不得不出高价获取市场上有限的现货。同时，现货市场价格的升高，也进一步传导至期货市场，又使得该交易商的期货多头合约大幅赢利。

二、期货合约的主要条款及设计依据

期货合约各项条款的设计对期货交易有关各方的利益及期货交易的活跃程度至关重要。通常，一份期货合约应包含以下几个要素。

1．合约名称

合约名称注明了该合约的品种名称及其上市交易所名称。表 2.1 是《上海期货交易所关于发布有关期货合约及实施细则修订版的公告》（上海期货交易所公告〔2020〕134 号）修订的部分内容，此例中合约名称为"上海期货交易所阴极铜期货合约"。

2．交易单位

交易单位是指在期货交易所交易的每手期货合约代表的标的物的数量。合约价值是指每手期货合约代表的标的物的价值。例如，阴极铜期货的交易单位为"5 吨/手"，沪深 300 指数期货的合约价值为"300 元×沪深 300 指数"（其中，"300 元"为沪深 300 指数期货的合约乘数）等。在进行期货交易时，只能以交易单位（合约价值）的整数倍进行买卖。

对于商品期货来说，要确定期货合约交易单位的大小，主要应当考虑合约标的物的市场规模、交易者的资金规模、期货交易所的会员结构以及标的物的现货交易习惯等因素。一般来说，某种商品的市场规模较大，交易者的资金规模较大，期货交易所中愿意参与该商品期货交易的会员单位较多，则该合约的交易单位就可以设计得大一些；反之则应设计得小一些。

3．报价单位

报价单位是指在公开竞价过程中对期货合约报价所使用的单位，即每计量单位的货币价格。例如，国内阴极铜、铝、小麦、大豆等期货合约的报价单位以"元（人民币）/吨"表示。而美国芝加哥期货交易所的大豆合约的报价单位为"美元/蒲式耳"。

表 2.1　上海期货交易所阴极铜期货合约（修订版）

交易品种	阴极铜
交易单位	5 吨/手
报价单位	元（人民币）/吨
最小变动价位	10 元/吨
每日价格最大波动限制	上一交易日结算价±3%
合约交割月份	1—12 月
交易时间	上午 9:00—11:30，下午 1:30—3:00 和交易所规定的其他交易时间
最后交易日	合约交割月份的 15 日（遇法定节假日顺延）
交割日期	最后交易日后连续三个工作日
交割品级	标准品：阴极铜，符合 GB/T 467—2010 中 1 号标准铜（Cu-CATH-2）规定，其中主成分铜加银含量不小于 99.95% 替代品：阴极铜，符合 GB/T 467—2010 中 A 级铜（Cu-CATH-1）规定；或符合 BS EN 1978:1998 中 A 级铜（Cu-CATH-1）规定
交割地点	交易所指定交割仓库
最低交易保证金	合约价值的 5%
交割方式	实物交割
交割单位	25 吨
交易代码	CU
上市交易所	上海期货交易所

4. 最小变动价位

最小变动价位（Tick Size，Minimum Price Fluctuation）是指在期货交易所的公开竞价过程中，合约每计量单位报价的最小变动数值。在期货交易中，每次报价的最小变动数值必须是最小变动价位的整数倍。最小变动价位乘交易单位，就是该合约价值的最小变动值。仍以阴极铜合约为例，交易单位为"5 吨/手"，乘最小变动价位"10 元/吨"，得到每手阴极铜合约价值的最小变动值是 50 元。

熟悉股票交易的读者知道，在股票交易中，最小变动价位是 0.01 元，交易单位是 1 手，即 100 股。因此，对于股票交易而言，一手股票的最小变动值是 1 元。而阴极铜期货合约价值的最小变动值是股票的 50 倍，这还是在没有考虑使用杠杆的情况下计算出的。可见期货交易的风险远远大于股票交易的风险。对于初级投资者来说，由于其资金有限，需要非常谨慎地选择交易标的物。

项目
分析合约涨跌停的效果

5. 每日价格最大波动限制

每日价格最大波动限制（Daily Price Fluctuation）规定了期货合约在一个交易日中的交易价格波动不得高于或低于规定的涨跌幅度。每日价格最大波动限制一般是以合约上一交易日的结算价为基准确定的。期货合约上一交易日的结算价加上允许的最大涨幅构成当日价格上涨的上限，称为"涨停板"，期货合约上一交易日的结算价减去允许的最大跌幅构成当日价格下跌的下限，则称为

"跌停板"。对于阴极铜期货合约，上海期货交易所把它的涨跌幅限制在 3%。例如，假设昨日阴极铜期货合约结算价为 50 000 元/吨，那么今天的涨停价就为 51 500 元/吨 [50 000×(1+0.03)]，今天的跌停价为 48 500 元/吨 [50 000×(1−0.03)]。

6. 合约交割月份

合约交割月份是指某种期货合约到期交割的月份。商品期货合约交割月份的确定一般受该合约标的商品的生产、使用、储藏、流通等各方面的影响。例如，许多农产品期货的生产与消费具有很强的季节性，因而其交割月份的规定也具有季节性。有些商品一年交割 12 次，即每月交割一次；有些商品一年交割 4 次，即每季度交割一次；还有些商品两个月交割一次，具体的信息需要查询不同期货交易所对具体合约的规定和说明。一般而言，金属类期货产品，其交割月份的季节性不强，因此，大多数金属期货合约 1—12 月都可交割；而农副产品因交割月份的季节性较强，所以交割月份没有那么多。

一般从合约的名称上是可以看出该合约的交割月份的，例如 2021 年 5 月 23 日，芝加哥期货交易所交易的豆油期货 2203 合约，代表这份豆油期货合约是 2022 年 3 月到期交割的；COMEX 交易的铜 2212 合约，代表这份铜期货合约是 2022 年 12 月到期交割的。

7. 交易时间

期货合约的交易时间由期货交易所统一规定。交易者只能在规定的交易时间内进行交易。期货交易所一般每周营业 5 天，周六、周日及国家法定节假日休息。

8. 最后交易日

最后交易日是指某种期货合约在合约交割月份中进行交易的最后一个交易日，过了这个期限的未平仓期货合约，必须按规定进行实物交割或现金交割。交易者如果不想进行交割，就必须在最后交易日（或在此之前）将原有的持仓进行反向的平仓交易。

期货交易所根据不同期货合约标的物的现货交易特点等因素确定其最后交易日。一般情况下，期货合约交割的最后期限是在月中或月底，如上海期货交易所的阴极铜期货合约的最后交易日是交割月份的第 15 日；郑州商品交易所的早籼稻期货合约，其最后交易日是合约交割月份的第 10 个交易日。

9. 交割日期

交割日期是指合约标的物所有权进行转移，以实物交割或现金交割方式了结持仓合约的日期。阴极铜期货合约的交割日期是最后交易日之后连续三个工作日。

10. 交割品级

在交割时，对于交割商品质量和品级的评价，是非常令人头疼的一件事情。好在期货交易是标准化的，所有的合约都规定了商品的交割品级。

所谓交割品级是指由期货交易所统一规定的、准许在交易所上市交易的合约标的物的质量等级。在进行期货交易时，

项目

查询期货合约的交割月份

项目

查询期货合约标的物标准与替代品规定

查询大连商品交易所对玉米期货交割产品的标准规定及替代品质量差异扣价的详细标准，并完成表 2.2。

交易双方无须对标的物的质量等级进行协商，而是在发生实物交割时按交易所期货合约规定的质量等级进行交割。对于商品期货来说，期货交易所在制定合约标的物的质量等级时，常常采用国内或国际贸易中最通用和交易量较大的标准品的质量等级为标准交割品级，如阴极铜期货合约采用的标准为国标（GB/T 467—2010）。

一般来说，为了保证期货交易的顺利进行，许多期货交易所都允许在实物交割时，实际交割的标的物的质量等级与期货合约规定的标准交割品级有所差别，即允许用与标准品有一定品级差别的商品做替代交割品。表 2.2 所示为玉米期货合约质量差异扣价，请根据合约细则完成该表格。期货交易所统一规定使用替代品进行实物交割时，收货人不能拒收。用替代品进行实物交割时，价格需要升贴水。期货交易所通常会根据市场情况统一规定和适时调整替代品与标准品之间的升贴水标准。

表 2.2　玉米期货合约质量差异扣价

项目	标准品质量要求	替代品质量要求	替代品扣价（元/吨）
容重（g/L）	≥675	≥650 且 <675	
水分含量（%）	≤14.0	>14.0 且 <14.5	
生霉粒（%）	≤2.0	>2.0 且 ≤4.0	

11. 交割地点

交割地点是由期货交易所统一规定的进行实物交割的指定地点。

商品期货交易大多涉及大宗实物商品的买卖。因此，统一指定交割仓库可以保证卖方交付的商品符合期货合约规定的数量与质量等级，保证买方收到符合期货合约规定的商品。期货交易所在指定交割仓库时需要考虑的因素主要有：交割仓库所在地区的生产或消费集中程度，交割仓库的储存条件、运输条件和质检条件等。

金融期货交易不需要指定交割仓库，但期货交易所会指定交割银行。负责金融期货交割的指定银行，必须具有良好的金融资信、较强的进行大额资金结算的业务能力，以及先进、高效的结算手段和设备。

12. 交易手续费

交易手续费是期货交易所按成交合约金额的一定比例或按成交合约手数收取的费用。交易手续费的高低对市场流动性有一定的影响，交易手续费过高会增加期货市场的交易成本，扩大无套利区间，降低市场的交易量，不利于市场的活跃，但也可以起到抑制过度投机的作用。

需要说明的是，这里谈到的手续费是指期货交易所收取的交易费用，而期货经纪公司也可能在此基础上再收取一定的手续费。但是，期货经纪公司收取的费用应该是与投资者协商的结果，并应将其写在期货经纪合同上。

13. 交割方式

期货交易的交割方式分为实物交割和现金交割两种。商品期货、股票期货、外汇期货、中长期利率期货通常采取实物交割的方式，股指期货和短期利率期货通常采用现金交割的方式。

14. 交易代码

为便于交易，期货交易所对每一期货品种都规定了交易代码，如阴极铜交易代码为 CU。每一份合约都有唯一确定的交易代码。例如 COMEX 一份合约代码为 HG22G，其中 HG 代表期货品种是铜，22 代表 2022 年交割，最后一位字母 G 代表 2 月（各月份代码见表 2.3）。投资者一看到这个合约代码就能知道这是一份铜期货合约，并且到期月（交割月份）是 2022 年 2 月。国内代码一般形如 CU2204，代表铜期货合约，交割时间为 2022 年 4 月。

表 2.3　美国期货合约月份代码

月份	代码	月份	代码	月份	代码
1 月	F	5 月	K	9 月	U
2 月	G	6 月	M	10 月	V
3 月	H	7 月	N	11 月	X
4 月	J	8 月	Q	12 月	Z

第二节　期货市场基本制度

期货市场的基本制度确保了期货市场可以正常、规范地运行，保证了期货市场的价格发现和套期保值功能能够有效发挥。本节重点介绍保证金制度、当日无负债结算制度、涨跌停板制度、持仓限额及大户报告制度、强行平仓制度、风险警示制度和信息披露制度。学习本节内容时，读者应关注这些市场制度是如何在规范市场行为时发挥作用的。

一、保证金制度

期货交易实行保证金制度。在期货交易中，期货买方和卖方必须按照其所买卖期货合约价值的一定比例（通常为 5%～15%）交纳资金，用于结算和保证履约。保证金制度是期货市场风险管理的重要手段之一。

以阴极铜期货合约为例，如果投资者投资该合约的多头头寸一手，假设现在价格为 50 000 元一手，那么作为多头方，需要交纳保证金 2 500 元（50 000×5%）。同样地，作为该投资者的交易对手方，即空头方，也需要交纳 2 500 元作为保证金。

为什么要实行保证金制度呢？期货交易和股票交易最大的不同就在于，股票交易是所有权的转移。例如，你买入了 100 股股票，就相应地获取了这 100 股股票所代表的在股东大会上投票等权利。但是期货交易并没有物权的转移，你可以理解为保证金仅是对多空双方的一种约束，2 500 元作为保证金，只是为了让对方放心，自己不会违约，如果违约了，那么这笔钱将用于赔偿对方的损失。

不过这里需要注意的是，这个保证金比例的设置很重要。假设某商品第二天的涨跌停价位造成的亏损是 1 000 元，而保证金只有 500 元，这显然是不合适的。因为如果第二天该商品价格达到涨跌停价，那么保证金并不足以支付因一方违约给对方造成的损失。设想一下，如果浮亏的那方此时跑路，只是损失了 500 元的保证金，而履约方反倒要亏 1 000 元，如此，市场上的浮亏方将会出现大量的违约。因此，保证金在设置时有如下特点。

1. 国际期货交易保证金制度的特点

在国际期货市场上，保证金制度的实施一般有如下特点。

第一，对交易者的保证金要求与其面临的风险相对应。一般来说，交易者面临的风险越大，对其要求的保证金也越多。例如，在美国期货市场，对投机者要求的保证金要大于对套期保值者和套利者要求的保证金。

第二，交易所根据合约特点设定最低保证金标准，并可根据市场风险状况等调节保证金水平。例如，价格波动越大的合约，其投资者交易面临的风险也越大，设定的最低保证金标准也越高；当投机过度时，交易所可提高保证金额度，增大交易者入市的成本，抑制投机行为，控制市场风险。

第三，保证金的收取是分级进行的。一般而言，交易所或结算机构只向其会员收取保证金，作为会员的期货公司则向其客户收取保证金，这两种保证金分别称为会员保证金和客户保证金，并且客户保证金是不得低于会员保证金的。保证金的分级收取与管理，对于期货市场的风险分层次分担与管理具有重要意义。

2. 我国期货交易保证金制度的特点

我国期货交易的保证金制度除了采用国际通行的一些做法外，经过多年实践还形成了自身的特点。我国期货交易所对商品期货交易保证金比例的规定有如下特点。

第一，对期货合约上市运行的不同阶段规定不同的交易保证金比例。一般来说，距交割月份越近，交易者面临到期交割的可能性就越大，为了防止实物交割中可能出现的违约风险，促使不愿进行实物交割的交易者尽快平仓了结，交易保证金比例随着交割临近而提高（以《郑州商品交易所期货交易风险控制管理办法》中保证金设定的标准为例，如表 2.4 所示）。

表 2.4 2021 年修订的《郑州商品交易所期货交易风险控制管理办法》保证金设定标准

交易时间段	交易保证金标准
自合约挂牌至交割月份前一个月第 15 个日历日期间的交易日	5%
交割月份前一个月第 16 个日历日至交割月份前一个月最后一日历日期间的交易日	10%
交割月份	20%

第二，随着合约持仓量的增大，交易所将逐步提高合约交易保证金比例。一般来说，随着合约持仓量增加，尤其是持仓合约所代表的期货商品的数量远远超过相关商品现货数量时，往往表明期货市场投机交易过多，蕴含较大的风险。因此，随着合约持仓量的增大，交易所将逐步提高合约的交易保证金比例，以控制市场风险。

第三，当某期货合约出现连续涨（跌）停板的情况时，交易保证金比例相应提高。

第四，当某品种某月份合约按结算价计算的价格变化，连续若干个交易日的累积涨（跌）幅达到一定程度时，交易所有权根据市场情况，对部分或全部会员单边或双边、同比例或不同比例提高交易保证金，限制部分会员或全部会员出金，暂停部分会员或全部会员开新仓、调整涨跌停板幅度、限期平仓、强行平仓等，以控制风险。例如《大连商品交易所风险管理办法》规定：当某期货合约连续三个交易日按结算价计算的涨（跌）幅之和达到合约规定的最大涨跌幅的 2 倍，连续四个交易日按结算价计算的涨（跌）幅之和达到合约规定的最大涨跌幅的 2.5 倍，连续五个交易日按结算价计算的涨（跌）幅之和达到合约规定的最大涨跌幅的 3 倍时，交易所有权根据市场情况，采取单边或双边、同比例或不同比例、部分或全部会员、部分或全部境外特殊参与者提高交易保证金的措施。提高交易保证金的幅度不高于合约正常执行交易保证金的 1 倍。

第五，当某期货合约交易出现异常时，交易所可按规定的程序调整交易保证金的比例。

在我国，期货交易者交纳的保证金可以是资金，也可以是价值稳定、流动性强的标准仓单或者国债等有价证券。

二、当日无负债结算制度

当日无负债结算制度是指在每个交易日结束后，由期货结算机构对期货交易保证金账户当天的盈亏状况进行结算，并根据结算结果进行资金划转的制度。当交易发生亏损，进而导致保证金账户资金不足时，则要求必须在结算机构规定的时间内向账户中追加保证金，以做到"当日无负债"。

当日无负债结算制度的实施为及时调整账户资金、控制风险提供了依据，对于控制期货市场的正常运行具有重要作用。可以设想一下，只要每日的保证金账户资金大于第二日合约涨跌停时的资金盈亏，并且在第三天开盘前能补齐保证金，就能顺利避免期货市场的违约事件了。

三、涨跌停板制度

涨跌停板制度又称每日价格最大波动限制制度，即指期货合约在一个交易日中的交易价格波动不得高于或者低于规定的涨跌幅度，超过该涨跌幅度的报价将被视为无效报价，不能成交。

涨跌停板制度的实施，能够有效地减缓、抑制一些突发性事件和过度投机行为对期货价格的冲击而造成的暴涨暴跌现象，减小交易当日的价格波动幅度，会员和客户的当日损失也被控制在相对较小的范围内。涨跌停板制度能够锁定会员和客户每一交易日所持有合约的最大盈亏，因而为保证金制度和当日无负债结算制度的实施创造了有利条件。因为向会员和客户收取的保证金数额只要大于在涨跌幅度内可能发生的亏损金额，就能够保证当日期货价格波动达到涨停板或跌停板时也不会出现透支情况。

不同交易所关于各自交易所内交易的商品的涨跌停板制度有着详细的规定，特别是对连续多日触及涨跌停限制的商品，做出了相当多的限制与规定。具体信息可以在各交易所网站查询有关风险管理的文件和规则。

四、持仓限额及大户报告制度

持仓限额制度是指交易所规定会员或客户可以持有的、按单边计算的某一合约投机头寸的最大数额的制度。大户报告制度是指当交易所会员或客户某品种某合约持仓达到交易所规定的持仓报告标准时，会员或客户应向交易所报告的制度。

持仓限额及大户报告制度的实施，可以使交易所对持仓量较大的会员或客户进行重点监控，了解其持仓动向、意图，有效防范操纵市场价格的行为；同时，也可以防止期货市场风险过度集中于少数投资者中。

1. 国际期货市场持仓限额及大户报告制度的特点

在国际期货市场，持仓限额及大户报告制度的实施呈现如下特点。

第一，交易所可以根据不同期货品种及合约的具体情况和市场风险状况制定和调整持仓限额和持仓报告标准。

第二，通常来说，一般月份合约的持仓限额及持仓报告标准高；临近交割时，持仓限额及持仓报告标准低。

第三，持仓限额通常只针对一般投机头寸，套期保值头寸、风险管理头寸及套利头寸可以向交易所申请豁免。

2. 我国期货市场持仓限额及大户报告制度的规定

我国三大期货交易所对持仓限额及大户报告标准的设定一般有如下规定。

第一，交易所可以根据不同期货品种的具体情况，分别确定每一品种每一月份的限仓数额及大户报告标准。

第二，当会员或客户某品种持仓合约的投机头寸达到交易所对其规定的投机头寸持仓限额的 80% 以上（含本数）时，会员或客户应向交易所报告其资金、头寸等情况，客户须通过期货公司会员进行报告。

第三，市场总持仓量不同，适用的持仓限额及持仓报告标准也不同。当某合约市场总持仓量大时，持仓限额及持仓报告标准会设置得高一些；反之，当某合约市场总持仓量小时，持仓限额及持仓报告标准会设置得低一些。

第四，一般按照各合约在交易全过程中所处的不同时期，应分别确定不同的限仓数额。例如，一般月份合约的持仓限额及持仓报告标准设置得高；临近交割时，持仓限额及持仓报告标准设置得低（以棕榈油合约非期货公司会员/境外特殊非经纪参与者和客户持仓限额规定为例，如表 2.5 所示）。

表 2.5　棕榈油合约非期货公司会员/境外特殊非经纪参与者和客户持仓限额规定　（单位：手）

交易时间段	合约单边持仓规模	非期货公司会员/境外特殊非经纪参与者	客户
合约上市至交割月份前一个月第 15 个交易日	单边持仓 ≤ 100 000	20 000	10 000
	单边持仓 > 100 000	单边持仓量×20%	单边持仓量×10%
交割月份前一个月第 15 个交易日起		3 000	1 500
交割月份		1 000	500

第五，期货公司会员、非期货公司会员、一般客户分别使用不同的持仓限额及持仓报告标准。

在具体实施中，还有如下规定：采用限制会员持仓和限制客户持仓相结合的办法，控制市场风险；各交易所对套期保值交易头寸实行审批制，其持仓不受限制，而在中国金融期货交易所，套期保值和套利交易的持仓均不受限制；同一客户在不同期货公司会员处开仓交易，其在某一合约的持仓合计金额不得超出该客户的持仓限额；会员、客户持仓达到或者超过持仓限额的，不得同方向开仓交易。

历史上曾经出现过交易者持仓量过大，进而操纵市场的例子，参见亨特兄弟操纵白银期货的案例。

～～～ 案例阅读与分析 2.1 ～～～～～～～～～

亨特兄弟白银期货操纵案

白银是电子工业和光学工业的重要原料，20 世纪 70 年代初期，白银价格还在 2 美元/盎司附近缓慢爬行，邦克·亨特和赫伯特·亨特兄弟俩认为，如果能够悄悄地垄断这个市场，会是一件有趣又有利的事情。

从 1973 年 12 月的 2.90 美元/盎司开始，白银价格启动并攀升。此时亨特兄弟已经持有3 500 万盎司白银的合约。不到两个月，价格涨到 6.70 美元/盎司，他们认为不费吹灰之力就能获得高额利润。但当时墨西哥政府囤积了 5 000 万盎司的白银，其购入成本均在 2 美元/盎司以下。在墨西哥政府看来，每盎司 6.70 美元的价格已经相当可观，所以墨西哥政府决定立刻卖出获利。墨西哥人冲垮了白银市场，银价跌回 4 美元/盎司左右。

此后的四年间，亨特兄弟比以往还要积极地买进白银，只是偶尔涉足其他商品。到 1979 年，亨特兄弟通过不同公司，并同沙特阿拉伯的皇室以及大量白银经纪商共同控制着数亿盎司的白银。

他们从白银价格 6 美元/盎司的价位开始发难，一路买进，不断对市场施加压力。到 1979年 10 月时，他们实际上已经拥有 NYMEX 白银的 25% 以上和芝加哥商品交易所白银的 62.5%。到 1979 年底，他们把银价推上了 19 美元/盎司，资本增长了 3 倍以上。1980 年 2 月、3 月，他们陆续借贷了 13 亿美元——据说这是 60 天中全美借贷发生额的 9%，并将这些钱全部投入了白银市场，把白银价格推高到了 49 美元/盎司。

剧烈的价格波动通常会令市场管理者忧心忡忡。NYMEX 召集会议，讨论应采取什么措施使市场恢复稳定。

在亨特兄弟狂购滥买的过程中，每张合约保证金只需要 1 000 美元。一张合约代表着 5 000盎司白银。在白银价格为 2 美元/盎司时，1 000 美元为一张合约价格的 10%；而白银价格涨到 49 美元/盎司时，1 000 美元的保证金就少得可怜了（当时保证金不是按比例收的，而是按固定数额收取的）。所以交易所决定提高保证金标准。理事会鉴于形势严峻，开始时缓慢推行，最终把保证金提高到了 6 000 美元。后来索性出台了"只许平仓"的规则。新合约不能成交，交易池中的交易只能平去已持有的旧头寸。

这些措施有效地刹住了白银价格的上涨势头，也有效地遏制了亨特兄弟操控白银市场的行为，银价逐渐滑落至 20 世纪 70 年代的水平，亨特兄弟在 1988 年宣布破产。

思考与讨论

1．在现有期货交易制度下，亨特兄弟的做法能成功吗？

2．你认为交易所采取的提高保证金、"只许平仓"等临时措施是否及时？

3．查询 2021 年动力煤市场的行情及相关新闻，并分析我国各部门采取的一系列举措及效果。

五、强行平仓制度

强行平仓是指按照有关规定对会员或客户的持仓实行平仓的一种强制措施，其目的是控制期货交易风险。强行平仓分为两种情况：一是期货交易所对会员持仓实行的强行平仓；二是期货公司对客户持仓实行的强行平仓。

1．强行平仓制度的适用情形

强行平仓制度适用的情形一般包括以下几种。

第一，因账户交易保证金不足而实行强行平仓。这是最常见的情形。当价格发生不利变动，当日结算后出现保证金账户资金不足以维持现有头寸的情况，而会员（客户）又未能按照期货交易所（期货公司）通知及时追加保证金或者主动减仓，且市场行情仍朝不利的方向发展时，期货交易所（期货公司）强行平掉会员（客户）部分或者全部头寸，将所得资金填补保证金缺口。强行平仓制度的实施，有利于避免账户损失扩大，能够控制个别账户的风险，有力地防止风险扩散。强行平创制度是一种行之有效的风险控制措施。

第二，因会员（客户）违反持仓限额制度而实行强行平仓。当会员（客户）超过了规定的持仓限额，且并未在期货交易所（期货公司）规定的期限自行减仓时，其超出持仓限额的部分头寸将会被强制平仓。强行平仓制度成为持仓限额制度的有力补充。

2. 我国期货市场强行平仓制度的规定

我国的期货交易所规定，当会员（客户）出现下列情形之一时，交易所（期货公司）有权对其持仓进行强行平仓：会员结算准备金小于零，并未能在规定时限内补足的；客户、从事自营业务的交易会员持仓量超出其限仓规定的；因违规受到交易所强行平仓处罚的；根据交易所的紧急措施应予强行平仓的；其他应予强行平仓的。

强行平仓的执行过程如下。

（1）通知。交易所以"强行平仓通知书"的形式向有关会员下达强行平仓要求。

（2）执行及确认。开市后，有关会员必须首先自行平仓，直至达到平仓要求，执行结果由交易所审核；超过会员自行强行平仓时限而未执行完毕的，剩余部分由交易所直接执行强行平仓；强行平仓执行完毕后，由交易所记录执行结果并存档；发送强行平仓结果。

在我国，期货公司有专门的风险控制人员实时监督客户的持仓风险。当客户除保证金外的可用资金为负值时，期货公司会通知客户追加保证金或自行平仓。如果客户没有自己处理，而价格又朝不利于持仓的方向继续变化，各期货公司会根据具体的强行平仓标准，对客户进行强行平仓。

六、风险警示制度

风险警示制度是指期货交易所认为必要时可以分别或同时采取要求报告情况、谈话提醒、书面警示、发布书面警示、公告等措施中的一种或多种方式，以警示或化解风险的制度。

七、信息披露制度

信息披露制度是指期货交易所按有关规定公布期货交易有关信息的制度。

1. 披露信息

我国《期货交易管理条例》规定，期货交易所应当及时公布上市品种合约的成交量、成交价、持仓量、最高价与最低价、开盘价与收盘价以及其他应当公布的即时行情，并保证即时行情的真实、准确。期货交易所不得发布价格预测信息。未经期货交易所许可，任何单位和个人不得发布期货交易的即时行情。

《期货交易所管理办法》规定，期货交易所应该以适当方式发布以下信息：即时行情；持仓量、成交量排名情况；期货交易所交易规则及其

实施细则规定的其他信息。期货交易涉及商品实物交割的，期货交易所还应当发布标准仓单数量和可用库容情况。期货交易所应当编制交易情况周报表、月报表和年报表，并及时公布。期货交易所对期货交易、结算、交割资料的保存期限应当不少于 20 年。

2. 持仓报告

美国商品期货交易委员会（CFTC）于美国东部时间每周五 15:30 公布的当周周二的持仓报告（COT，如图 2.1 所示）中披露了含 20 个以上（包括 20 个）超过美国商品期货交易委员会持仓报告标准的交易者的市场持仓数据，报告对象涵盖原油、黄金、白银、金属、农产品等大部分品种。其数据来自芝加哥、纽约、堪萨斯和明尼安娜波利斯的期货或期权交易所。持仓报告分为期货（Futures-Only）报告和期货与期权（Futures-and-Options）报告两种，本书所说的持仓报告仅限前者。

持仓报告的格式可分为简短（Short Format）和详细（Long Format）两种。简短格式将持仓合约分为须报告头寸（Reportable Positions）和不须报告头寸（Nonreportable Positions）两类。其中，须报告头寸是指达到或超过美国商品期货交易委员会规定的持仓报告标准的头寸。对于该类头寸，另外提供关于商业和非商业持有情况、套利、与前次报告相比的增减变化、各类持仓所占百分比、交易商数量的数据。其中商业性交易者是指以规避风险为目的的交易者，如大型跨国公司、大型进出口公司等；非商业性交易者主要是指进行投机的基金等。不须报告头寸多数是一些比较小的交易者的头寸。详细格式在简短格式的基础上增加了按作物年度分类的数据、4 个和 8 个最大交易商的头寸集中程度。

项目

查询美国交易者持仓报告

	C A Comdty	1)检索	2)New CFTC Tickers					交易员持仓报告
所有数据				CBOT小麦				发布日期:05/19/17
11)美国CFTC	12)英国ICE	13)NYSE Liffe						
	期货 持仓	变动	期货与期权 持仓	变动	期货 交易员	变动	期货与期权 交易...	变动
非商业头寸								
多头	156694	7072	134708	4853	147	10	164	19
空头	246094	20179	237659	17992	131	10	148	-3
套期图利	75235	7134	172027	11653	125	9	173	8
净头寸	-89400	-13107	-102951	-13139				
看涨(%)	-36.3		-43.3					
商业头寸								
多头	170968	8362	202385	8661	107	2	123	2
空头	87798	-2376	107981	-1544	88	-1	103	1
净头寸	83170	10738	94404	10205				
看涨(%)	94.7		87.4					
合计								
多头	402897	22568	509119	25166	323	17	379	16
空头	409127	24937	517667	28102	284	11	340	10
净头寸	-6230	-2369	-8548	-2936				
看涨(%)	-1.5		-1.7					
总持仓及交易员数	447119	23683	558645	26856	417	21	458	19
非报告头寸								
多头	44222	1115	49526	1690				
空头	37992	-1254	40978	-1246				
净头寸	6230	2369	8548	2936				
看涨(%)	16.4		20.9					
多头净额总计	-83170	-10738	-94403	-10203				

图 2.1　美国商品期货交易委员会 2017 年 5 月 19 日 CBOT 小麦合约的持仓报告（数据来源：彭博咨询）

虽然持仓报告公布的主旨是信息披露，但不少投机者从该份报告中发现了很多有用的交易策略。通过观察非商业头寸的变化可以看到市场主流投机者对于后市的看法。通常而言，这些大资金往往主导着这个市场，如果非商业头寸持续增加，那么后市看好的概率就增大，反之则减小。但需要注意的是该份报告是存在延时的。关于在交易中如何使用持仓报告，在第六章第二节还会再次提到。

第三节 期货交易流程

一般而言，客户进行期货交易涉及开户、下单、竞价、结算和交割五个环节。由于在期货交易的实际操作中，大多数期货交易都是通过对冲平仓的方式了结履约责任的，进入交割环节的比重非常小，所以交割环节并不是交易流程中的必经环节。

一、开户流程与模拟交易

由于能够直接进入期货交易所进行交易的只能是期货交易所会员，所以，普通投资者在进入期货市场交易之前，应首先选择一个具备合法代理资格、信誉好、资金安全、运作规范和收费比较合理的期货公司。在我国，由中国期货市场监控中心有限责任公司（以下简称"监控中心"）负责客户开户管理的具体实施工作。期货公司为客户申请、注销各期货交易所交易编码，以及修改与交易编码相关的客户资料，应当统一通过监控中心办理。

（一）开户流程

开户流程如图 2.2 所示。一般来说，各期货公司会员为客户开设账户的程序及所需的文件细节虽不尽相同，但其基本程序是相同的。

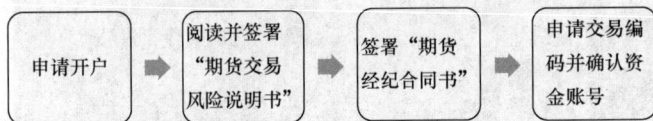

图 2.2 开户流程

1. 申请开户

投资者在经过对比、判断，选定期货公司后，即可向期货公司提出委托申请，开立账户，成为该公司的客户。开立账户实质上是确立投资者（委托人）与期货公司（代理人）之间的一种法律关系。

客户可以分为个人客户和单位客户。单位客户中，除了一般单位客户外，还有证券公司、基金管理公司、信托公司和其他金融机构，以及社会保障类公司、合格境外机构投资者等法律、行政法规和规章规定的需要资产分户管理的特殊单位客户。

个人客户应当由本人亲自办理开户手续，签署开户资料，不得委托代理人代为办理开户手续。除中国证监会另有规定外，个人客户的有效身份证明文件为中华人民共和国居民身份证；单位客户应当出具单位的授权委托书、代理人的身份证和其他开户证件。除中国证监会另有规定外，一般单位客户的有效身份证明文件为营业执照；证券公司、基金管理公司、信托公司和其他金融机构，以及社会保障类公司、合格境外机构投资者等法律、行政法规和规章规定的需要资产分户管理的特殊单位客户，其有效身份证明文件由监控中心另行规定。期货公司应当对客户开户资料进行审核，确保开户资料的合规、真实、准确和完整。

2. 阅读并签署"期货交易风险说明书"

期货公司在接受客户开户申请时，必须向客户提供"期货交易风险说明书"。个人客户应在仔细阅读并理解后，在该"期货交易风险说明书"上签字；单位客户应在仔细阅读并理解之后，由单位法定代表人或授权他人在该"期货交易风险说明书"上签字并加盖单位公章。

3. 签署"期货经纪合同书"

期货公司在接受客户开户申请时，双方必须签署"期货经纪合同书"。个人客户应在该合同上签字，单位客户应由法定代表人或授权他人在该合同上签字并加盖公章。

个人客户开户应提供本人身份证，留存印鉴或签名样卡。单位客户开户应提供"企业法人营业执照"复印件，并以书面形式提供法定代表人及本单位期货交易业务执行人的姓名、联系电话、单位及其法定代表人或单位负责人印鉴等，以及法定代表人授权期货交易业务执行人的书面授权书。

视野拓展

"期货交易风险说明书"样例

"期货经纪合同书"样例

4. 申请交易编码并确认资金账号

期货公司为客户申请各期货交易所交易编码，应当统一通过监控中心办理。监控中心应当建立和维护期货市场客户统一开户系统，对期货公司提交的客户资料进行复核，并将通过复核的客户资料转发给相关期货交易所。期货交易所收到监控中心转发的客户交易编码申请资料后，根据期货交易所业务规则对客户交易编码进行分配、发放和管理，并将各类申请的处理结果通过监控中心反馈给期货公司。监控中心应当为每一个客户设立统一的开户编码，并建立统一开户编码与客户在各期货交易所编码的对应关系。期货交易所应当允许客户于下一交易日使用当日分配的客户交易编码。

交易编码由 12 位数字构成。前 4 位是会员号，代表会员；后 8 位是客户号。客户在不同的会员处开户，其交易编码中客户号相同。读者可以思考一下，为什么客户在不同的会员处开户，其交易编码中客户号要相同？如果不同会出现什么问题？

客户在与期货公司签署期货经纪合同之后，在下单交易之前，应按规定交纳开户保证金。期货公司应将客户所交纳的保证金存入期货经纪合同中指定的客户账户中，供客户进行期货交易之用。

（二）模拟交易

1. 模拟账号的申请

初学者一般先从模拟账号开始。模拟账号的申请可以到任意一家期货公司的主页查看。此处以国泰君安期货为例，输入国泰君安期货官方网址，进入主页后，根据"个人客户""期货期权开户""仿真开户"的导航顺序进入"仿真开户申请"页面，填入相关信息并输入验证码之后提交开户申请。

模拟账号的使用方法和真实交易账号的使用方法区别不大，其优点是真实性强，适合具有一定水平并且计划下一步使用真实资金操作的读者使用。

2. 模拟交易软件的下载与安装

取得模拟交易账号和密码之后，可在国泰君安期货主页选择"软件下载"，选择"仿真软

件"，下载"国泰君安期货无限易（仿真）"软件。其安装过程和安装普通软件类似。安装完成后，双击桌面中相应的图标即可看到登录界面（如图2.3所示），输入模拟交易账号和密码就可以登录了。

图2.3　模拟交易软件登录界面

二、下单

客户在按规定足额交纳开户保证金后，即可开始委托下单，进行期货交易了。下单是指客户在每笔交易前向期货公司业务人员下达交易指令，说明拟买卖合约的种类、数量、价格等的行为。

交易指令的内容一般包括期货交易的品种及合约月份、交易方向、数量、价格、开平仓等。通常，客户应先熟悉和掌握有关的交易指令，然后再选择不同的期货合约进行具体交易。

（一）常用的交易指令

1. 市价指令

市价指令（Market Order）是期货交易中常用的指令之一。它是指按当时市场价格即刻成交的指令。客户在下达这种指令时无须指明具体的价位，而是要求以当时市场上可执行的最好价格达成交易。这种指令的特点是成交速度快，指令一旦下达后不可更改或撤销。

假设当前时刻阴极铜的报价如表2.6所示。如果此时投资者立即通过市价指令买入20手阴极铜合约，则该投资者的报价会立即成交，成交价格和手数见表2.7。该市价单成交之后，市场上的阴极铜报价见表2.8。

表2.6　虚拟的阴极铜报价

买卖盘	报价（元）	手数
卖5	35 920	20
卖4	35 910	10
卖3	35 900	5
卖2	35 890	2
卖1	35 880	10
买1	35 870	10
买2	35 860	15
买3	35 840	12
买4	35 830	3
买5	35 820	2

表2.7　20手市价买入单的成交价及手数

成交价（元）	手数
35 910	3
35 900	5
35 890	2
35 880	10

表2.8　市价成交后新的虚拟阴极铜报价

买卖盘	报价（元）	手数
卖5	35 950	5
卖4	35 940	8
卖3	35 930	10
卖2	35 920	20
卖1	35 910	7
买1	35 870	10
买2	35 860	15
买3	35 840	12
买4	35 830	3
买5	35 820	2

通过前后阴极铜的报价及市价成交单可以发现，市价指令的优势是成交速度快，可以按照当时的市价即刻成交。然而，为了确保成交，具体的成交价成为一个不可控的因素。在成交之前，投资者是不知道最后成交的价位的，这一点对于小额资金的投资者而言，不是太大的问题，因为一般市场报价的厚度（即每个报价价格所对应的手数，其越多则越厚）足够满足小

额资金的市价指令。而对于市场流动性无法支持的大额资金，市价指令就显得非常危险了。

　　总而言之，尽管在成交量与持仓合约数量较少的市场中不应使用市价指令委托，但是市价指令委托在某些重要时刻的用处非常大。这一点在投资者认为保证成交的必要性远远大于成交价格的时候尤其重要。如果某个投资者非常想做多或做空某一特定合约，他的最优选择是通过市价委托成交，因为不能成交是他无法接受的。

2. 限价指令

　　限价指令（Limit Order）是指执行时必须按限定价格或更好的价格成交的指令。因此限价指令委托也被称作趋好委托。下达限价指令时，投资者必须指明具体的价位。它的特点是可以按投资者的预期价格成交，但成交速度相对较慢，有时甚至无法成交。趋好对买者和卖者的意思是不同的，对买者来说，较低的价格属于趋好；而对卖者而言，较高的价格属于趋好。

　　同样考虑表 2.6 所示的阴极铜报价。此时如果投资者下 20 手限价为 35 860 元的限价买入单，会是什么结果呢？结果是无成交。市场上没有人愿意以 35 860 元的价格卖出，因此投资者的 20 手报价单只能在买 2 位置上排队（见表 2.9 中灰底、斜体字部分）。

　　如果投资者正在寻找一个远低于现价的市场并愿意在此价位入场，或是在一个买卖价差非常大的市场中进行交易，可以考虑使用限价指令委托的方式。一般情况下，如果对自己的分析或预测非常有信心，没有必要靠使用限价指令委托的方式来省钱，因为对于在市场中做多或做空的投机者，在入场价上省下几个跳价（Tick）对总体收益的影响甚微。相反，如果因此而错过成交，则将一无所获。

表 2.9　限价指令发出后新的虚拟阴极铜报价

买卖盘	报价（元）	手数
卖 5	35 920	20
卖 4	35 910	10
卖 3	35 900	5
卖 2	35 890	2
卖 1	35 880	10
买 1	35 870	10
买 2	*35 860*	*35*
买 3	35 840	12
买 4	35 830	3
买 5	35 820	2

3. 止损指令

　　止损指令（Stop Order）是指当市场价格达到客户预先设定的触发价格时，即变为市价指令予以执行的一种指令。客户利用止损指令，既可有效地锁定利润，又可将可能的损失降至最低限度，还可以相对较小的风险建立新的头寸。

　　例如，假设你现在持有 5 手阴极铜合约的多头仓位，不论是出于担心其价格下跌造成本金损失还是为了保存已有利润，你都不能接受阴极铜合约价格跌破 35 840 元，认为这个价位是你继续持有该合约的底线。只要跌破这个价位，你就打算出局不再持有。那么此时，你可以下一个止损指令，并把止损位设定在 35 840 元。如果之后，阴极铜合约的价格向下触及 35 840 元，那么该止损指令即转变成市价卖出指令。其成交效果同之前讨论的市价指令一样，即立即成交，但是成交价格不可控，大手数的止损指令成交，往往会打压市价。但止损往往被认为是"逃命"，因此一般而言，几个点的价差（通常称作"滑点"）还是可以接受的。

　　相反，如果你现在持有的是阴极铜合约的空头仓位，那么你的底线也许就是 35 900 元。这个时候，你的止损指令可以把止损价位设置在 35 900 元，一旦市场价格向上触及 35 900 元，那么该指令立刻转变为一份市价买入指令。

微课堂
止损指令

止损委托除了可用于平仓，还可用于入市开仓。趋势交易者（Break-Out-Traders）经常使用这一策略，他们预测市场在突破技术支撑位或阻力位后会继续沿着当前趋势运行。例如，某一商品的价格在大多数时间内都会位于某个交易区间内，许多交易者会认为好的赚钱时机是当市场突破这一区间的时候，那么交易者通常会在该阻力位的上方设置买入止损委托（看涨做多），在支撑位下方设置卖出止损委托（看跌做空），从而在价格实现突破时进场追随趋势。

4. 止损限价指令

止损限价指令（Stop Limit Order）是指当市场价格达到客户预先设定的触发价格时，即变为限价指令予以执行的一种指令。它和止损指令的条件是一致的，区别是它转变成了限价指令，而不是市价指令。

止损限价指令的特点是可以将损失或利润锁定在预期的范围，但成交速度较止损指令慢，有时甚至无法成交。

例如，假设你现在持有 5 手阴极铜合约的多头仓位，不论是出于担心其价格下跌造成本金损失还是为了保存已有利润，你都不能接受阴极铜合约价格跌破 35 840 元，认为这个价位是你继续持有该合约的底线。只要跌破这个价位，你就打算出局不再持有。此时，你下了一个止损限价指令。这个时候你需要设置两个价格，第一个是止损价格，如设置成了 35 840 元；第二个是限价，如设置成了 35 870 元。这个指令的意思是，如果价格跌破了 35 840 元，那么原先的止损限价指令立即转变为一个 35 870 元的限价卖出指令。

止损限价指令反映出交易者认为价格虽然跌破了这个价位，但并非一泄如注。虽然他去意已决，但仍想卖个好价钱。当然这个是散户的心态。下止损限价指令更多的是另一种情况，即交易者手中头寸较大，如果直接下止损指令，则会由于转变为市价卖出后，价格立刻下跌，如果进而引发市场恐慌，则跌势更甚，对市场不利（如果手头还有头寸，那更不利，大资金持有者往往不会一单全部卖掉）。

5. 触价指令

触价指令（Market if Touched Order）是指在市场价格达到指定价位时，以市价指令予以执行的一种指令。

触价指令与止损指令的区别在于：预先设定的价位不同。例如，卖出止损指令的止损价格低于当前市场价格，而卖出触价指令的触发价格高于当前市场价格。

有的人会问，触价指令和限价指令看上去是一样的，其区别是什么呢？事实上，两者的区别在于触价指令规定经纪人在此交易时间内，以最有利于交易者的价格成交，这里的"最有利"与设定的价格无关，不是以设定价格为参考依据的；而限价指令也要求经纪人尽量达成最优价格，但是这个价格是以设定的价格为参考依据的，就是只能比设定的价格更好。这两种指令虽然都有设定的价格，但是在限制指令下达成的价格，一定比设定的价格好；在触价指令下达成的价格，却不一定比设定的价格更好。

还是以表 2.6 的阴极铜报价为例，如果你直接下限价卖出指令并设定限价为 35 890 元，那么最后的成交价一定是至少等于 35 890 元的，也可能更高。但是如果你下的是触价指令，设定触及价为 35 890 元，那么经纪人可能将你的头寸在 35 880 元卖掉，你的设定价格 35 890 元在经纪人帮你决策成交时，是不起参考作用的。

许多交易平台都接受限价指令委托，但只有为数不多的交易平台接受触价指令委托。同

期货交易实务（附微课 第 3 版）

样，由于这牵扯到潜在的责任问题，大多数场内经纪人也不接受触价指令委托。这是因为，与限价指令委托不同，触价指令委托会遭遇不利的价格滑点。当然，如果投资者想寻求以较低的价格买入或是以较高的价格卖出，并且主要目的是成交而不是以具体价格成交，触价指令委托就是其最好的选择。毕竟，限价指令委托是只有当市场价格达到限价之上（做多的情况）方可成交，这就降低了成交的概率。

6. 限时指令

限时指令（Time Limit Order）是指要求在某一时间段内执行的指令。如果在该时间段内指令未被执行，则自动取消。

7. 长效指令

长效指令（Good Till Cancelled Order）通常也被称为开放指令（Open Orders），是指除非成交或由委托人取消，否则会长期有效的指令。长效指令的委托可以是任意类型，但通常为止损或限价委托。

国内的期货交易所并不提供这个类型的指令，而国外的交易所往往只提供给具有一定风险控制能力及交易策略的投资者。长效指令的优势在于省却了策略交易中多次重复撤单、开单，因为重复撤单、开单容易犯错误（重复操作容易犯错，而在交易中犯错，后果可能是致命的）。

8. 套利指令

套利指令（Spread Order）是指同时买入和卖出两种或两种以上期货合约的指令。

9. 撤单

撤单（Cancelled Order）又称为撤销指令，是要求将某一指定指令取消的指令。通过执行该指令，客户以前下达的指令完全被取消，并且没有新的指令取代原指令。在电子交易中，撤单是立即生效的，但在公开喊价市场中，撤单有可能因太晚而无法撤单。大多数交易者现在都不通过公开喊价系统交易，因此也不会遇到这类问题。

目前，我国各期货交易所普遍可使用限价指令。此外，郑州商品交易所还允许使用市价指令、跨期套利指令和跨品种套利指令。大连商品交易所则可使用市价指令、限价指令、止损指令、止损限价指令、跨期套利指令和跨品种套利指令。我国各交易所的指令均为当日有效。在指令成交前，投资者可以提出变更和撤销。对于模拟交易，常以使用最简单的市价指令为主。其他指令的运用需要配合不同的交易策略。

（二）指令下达方式

客户在正式交易前，应制订周密详细的交易计划。在此之后，客户即可按计划下达交易指令（即下单交易）。目前，我国期货公司客户的下单方式有书面下单、电话下单和网上下单三种，其中网上下单是最主要的方式。

1. 书面下单

客户亲自填写交易单，填好后签字交给期货公司，再由期货公司将指令发至交易所参与交易。目前由于网络的普及，这种下单方式基本上已消失。

2. 电话下单

客户通过电话直接将指令下达到期货公司，再由期货公司将指令发至交易所参与交易。期货公司须将客户的指令同步录音，以备查证。虽然现在电话下单已经不是最主要的下单方式了，但在网络不稳定或者出现故障之时，电话下单仍是保障期货交易顺利进行的备选方案。

3. 网上下单

客户通过互联网或局域网，使用期货公司配置的交易系统进行网上下单。进入交易系统后，客户需输入自己的账号与密码，经确认后即可输入指令。指令通过互联网或局域网传到期货公司后，再通过专线传到交易所主机进行撮合成交。客户可以在期货公司的交易系统中获得成交回报。

三、竞价

（一）竞价方式

竞价方式主要有公开喊价和计算机撮合成交两种方式。其中，公开喊价属于传统的竞价方式。进入 21 世纪以来，随着信息技术的发展，越来越多的交易所采用了计算机撮合成交的方式，而原来采用公开喊价方式的交易所也逐步引入了电子交易系统。

1. 公开喊价

公开喊价的交易方式，顾名思义，就是指一群交易员或者经纪人聚集在一起或围成一圈，通过语音或者做手势的方式，"喊"出他们想要买卖产品的数量和价格，并以此开展竞争交易。一直到 20 世纪末，公开喊价一直是期货交易中使用最为普遍的交易方式。

公开喊价方式可分为连续竞价制和一节一价制两种形式。

（1）连续竞价制是指在交易所交易池内由交易者面对面地公开喊价，表达各自买进或卖出合约的要求的方式。按照规则，交易者在报价时既要发出声音，又要做出手势，以保证报价的准确性。公开喊价有利于活跃场内气氛，维护公开、公平、公正的定价原则。公开喊价方式曾经在欧美期货市场较为流行。

（2）一节一价制是指把每个交易日分为若干节，每节交易由主持人最先喊价，所有场内经纪人根据其喊价，申报买卖数量，直至在某一价格上买卖双方的交易数量相等为止。每一节交易中一种合约对应一个价格，没有连续不断的竞价。这种喊价方式曾经在日本较为普遍。

2. 计算机撮合成交

计算机撮合成交是根据公开喊价的原理设计而成的一种计算机自动化交易方式，期货交易所的计算机交易系统对交易双方的交易指令进行自动配对。这种交易方式相对公开喊价方式来说，具有准确、连续等特点，但如果出现交易系统故障可能会造成毁灭性灾难。

案例阅读与分析 2.2

华尔街骑士资本"生死劫"引发监管思考

据 2012 年 8 月 9 日《经济参考报》报道（记者 乔继红）曾经积极活跃于华尔街的重要股票交易商骑士资本公司，在不到一周时间内经历了一场"生死劫"，如今虽成功得到注资，避免了破产命运，但各方显然仍惊魂未定，并陷入监管迷思。

骑士资本经历的这场惊心动魄的"生死劫"，诱因是一个技术错误。2012 年 8 月 1 日，因为骑士资本管理的电子交易系统出现故障，导致其向纽约证券交易所发出错误交易指令，快速大量买入148只美股，引发市场异常波动。之后，这个被称为"新软件失灵"的技术错误给骑士资本造成了4.4亿美元的巨额损失，将这个老牌股票交易商推到了破产边缘。

骑士资本曾是美国最大的股票交易商之一，除了为客户买卖股票外，也利用自有资本投资股票。有统计显示，骑士资本的交易量占纽约证券交易所和纳斯达克交易量的17%左右。按理说，像这样一个成熟的大经纪商不该出现这类低级错误。但其实，这种情况在美国股市却屡见不鲜。

2012年5月，某著名社交网络公司在纳斯达克挂牌交易首日，因纳斯达克的技术故障，导致大量交易指令无法完成，给市场各方造成巨大交易损失。单是瑞银集团就损失了3.5亿美元，而该公司股价也受到了拖累，险些在上市首日就跌破发行价。

这些至今让市场心有余悸的技术错误，让人不得不感叹：在科技日益发达、金融交易高度依赖电子化系统的今天，机器大有"操控"人的趋势。一个自动化交易程序上的简单错误就会导致巨量交易指令瞬间涌入市场，在市场参与者中造成恐慌，导致巨额损失。也就是说，一旦机器失灵，恶果就要由实实在在的人承担了。

> 所谓的技术错误，其实是人为原因。建议扫描二维码进一步了解骑士资本这一案例的具体细节。

思考与讨论

1. 计算机撮合成交相对于公开喊价有哪些优势？
2. 你还知道哪些交易事故是由计算机引发的？

国内期货交易所均采用计算机撮合成交方式。计算机交易系统一股将买卖申报单以价格优先、时间优先的原则进行排序。当买入价大于、等于卖出价则自动撮合成交，撮合成交价等于买入价（bp）、卖出价（sp）和前一成交价（cp）三者中居中的一个价格，即当 bp≥sp≥cp 时，则最新成交价为 sp；当 bp≥cp≥sp 时，则最新成交价为 cp；当 cp≥bp≥sp 时，则最新成交价为 bp。开盘价由集合竞价产生。开盘价集合竞价在某品种某月份合约每一交易日开市前5分钟内进行。其中，前4分钟为期货合约买、卖价格指令申报时间，后1分钟为集合竞价撮合时间，开市时产生开盘价。如果集合竞价未产生成交价，则以集合竞价后的第一笔成交价为开盘价。夜盘交易合约开盘集合竞价在每一交易日夜盘开市前5分钟内进行，日盘不再集合竞价。

交易系统自动控制集合竞价申报的开始和结束，并在计算机终端显示。

集合竞价采用最大成交量原则，即以此价格成交能够得到最大成交量的原则。高于集合竞价产生的价格的买入申报全部成交；低于集合竞价产生的价格的卖出申报全部成交；等于集合竞价产生的价格的买入或卖出申报，根据买入申报量和卖出申报量的多少，按少的一方的申报量成交。

开盘集合竞价中的未成交申报单自动参与开市后的竞价交易。

当某期货合约以涨跌停板价格成交时，成交撮合实行平仓优先和时间优先的原则，但对当日新开仓位不适用平仓优先的原则。

（二）成交回报与确认

当计算机显示指令成交后，客户可以立即在期货公司的交易系统中获得成交回报。对于书面下单和电话下单的客户，期货公司应按约定方式即时予以回报。

客户对交易结算单记载事项有异议的，应当在下一交易日开市前向期货公司提出书面异议；客户对交易结算单记载事项无异议的，应该在交易结算单上签字确认或者按照期货经纪合同约定的方式确认。客户既未对交易结算单记载事项确认，也未提出异议的，视为对交易结算单的确认。对于客户有异议的，期货公司应当根据原始指令记录和交易记录予以核实。

四、结算

结算是指根据期货交易所公布的结算价格对交易双方的交易结果进行的资金清算和划转。

1. 结算程序

目前，我国大连商品交易所、郑州商品交易所和上海期货交易所（以下简称"我国三大所"）实行全员结算制度，交易所对所有会员的账户进行结算，收取和追收保证金。中国金融期货交易所实行会员分级结算制度。其会员由结算会员和非结算会员组成，期货交易所只对结算会员结算，向结算会员收取和追收保证金；由结算会员对非结算会员进行结算，收取和追收保证金。

期货交易的结算，由期货交易所统一组织进行；但交易所并不直接对客户的账户进行结算、收取和追收客户保证金，而是由期货公司承担该工作。期货交易所应当在当日及时将结算结果通知会员。期货公司根据期货交易所的结算结果对客户进行结算，将结算结果按照与客户约定的方式及时通知客户。

在我国，会员（客户）的保证金可以分为结算准备金和交易保证金。结算准备金是交易所会员（客户）为了交易结算，在交易所（期货公司）专用结算账户预先准备的资金，是未被合约占用的保证金；而交易保证金是会员（客户）在交易所（期货公司）专用结算账户中确保合约履行的资金，是已被合约占用的保证金。在实务中，对客户保证金可能有不同的叫法，如结算准备金又称为可用资金；交易保证金又称为保证金占用。

2. 结算相关术语

结算价（Settlement Price）是当天交易结束后，对持仓合约进行当日交易保证金及当日盈亏结算的基准价。

我国三大所规定，当日结算价取某一期货合约当日成交价格按照成交量多少确定的加权平均价；当日无成交价格的，以上一交易日的结算价作为当日结算价。中国金融期货交易所规定，当日结算价是指某一期货合约最后一小时成交价格按照成交量的加权平均价。

这里需要初学者注意的是，结算价并不是当天最后一笔成交的价格。

其他重要的术语还有开仓、持仓（Open Interest）和平仓（Offset，Close Out）等。开仓也称为建仓，是指期货交易者新建期货头寸的行为，包括买入开仓和卖出开仓。交易者开仓之后手中就持有头寸，即持仓。若交易者买入开仓，则形成了买入（多头）持仓，反之，则形成了卖出（空头）持仓。平仓是指交易者了结持仓的交易行为，了结的方式是针对持仓方向做相反的套期保值买卖。

在期货交易中，交易行为与持仓量的变化可以参见表2.10。

表2.10　交易行为与持仓量变化

序号	买方	卖方	持仓量的变化
1	多头开仓	空头开仓	增加（双开仓）
2	多头开仓	多头平仓	不变（多头换手）
3	空头平仓	空头开仓	不变（空头换手）
4	空头平仓	多头平仓	减少（双平仓）

3. 结算示例

【例2.1】某会员在4月1日开仓买入大豆期货合约40手（每手10吨），成交价为4 000元/吨。同一天该会员平仓卖出20手大豆期货合约，成交价为4 030元/吨，当日结算价为4 040元/吨，交易保证金比例为5%。该会员上一交易日结算准备金余额为1 100 000元，且未持有任何期货合约。则该会员的当日盈亏如何？

答：当日盈亏的计算可以先分别计算两个头寸的盈亏再将其加总。这两个头寸分别是 40 手的多头头寸和 20 手的空头头寸。其中，

▶ 微课堂

结算示例

空头头寸的盈亏 = (4 030 − 4 040) × 20 × 10 = −2 000（元）

多头头寸的盈亏 = (4 040 − 4 000) × 40 × 10 = 16 000（元）

当日盈亏 = 空头头寸的盈亏 + 多头头寸的盈亏 = −2 000 + 16 000 = 14 000（元）

当日结算准备金余额 = 1 100 000 − 4 040 × 20 × 10 × 5% + 14 000 = 1 073 600（元）

一般，可以给出当日盈亏的计算公式：

当日盈亏 = ∑[(卖出成交价 − 当日结算价) × 卖出量] + ∑[(当日结算价 − 买入成交价)
　　　　× 买入量] + (上一交易日结算价 − 当日结算价) × (上一交易日卖出持仓量
　　　　− 上一交易日买入持仓量)

当日结算准备金余额的计算公式：

当日结算准备金余额 = 上一交易日结算准备金余额 + 上一交易日交易保证金 − 当日交易保证金
　　　　+ 当日盈亏 + 入金 − 出金 − 手续费。

【例 2.2】 接【例 2.1】，4 月 2 日，该会员再买入 8 手大豆期货合约，成交价为 4 030 元/吨，当日结算价为 4 060 元/吨。则其账户情况如何？

答：

当日盈亏 = ∑[(当日结算价 − 买入成交价) × 买入量] + (上一交易日结算价 − 当日结算价)
　　　　× (上一交易日卖出持仓量 − 上一交易日买入持仓量)
　　　　= (4 060 − 4 030) × 8 × 10 + (4 040 − 4 060) × (20 − 40) × 10
　　　　= 6 400（元）

当日结算准备金余额 = 上一交易日结算准备金余额 + 上一交易日交易保证金 − 当日交易保证金
　　　　+ 当日盈亏
　　　　= 1 073 600 + 4 040 × 20 × 10 × 5% − 4 060 × 28 × 10 × 5% + 6 400
　　　　= 1 063 560（元）

【例 2.3】 接【例 2.2】，4 月 3 日，该会员将 28 手大豆期货合约全部平仓，成交价为 4 070 元/吨，当日结算价为 4 050 元/吨。则其账户情况如何？

答：

当日盈亏 = ∑[(卖出成交价 − 当日结算价) × 卖出量] + (上一交易日结算价 − 当日结算价)
　　　　× (上一交易日卖出持仓量 − 上一交易日买入持仓量)
　　　　= (4 070 − 4 050) × 28 × 10 + (4 060 − 4 050) × (0 − 28) × 10
　　　　= 2 800（元）

当日结算准备金余额 = 上一交易日结算准备金余额 + 上一交易日交易保证金 + 当日盈亏
　　　　= 1 063 560 + 4 060 × 28 × 10 × 5% + 2 800
　　　　= 1 123 200（元）

五、交割

交割是指期货合约到期时，按照期货交易所的规则和程序，交易双方通过该合约所载标的

物所有权的转移，或者按照结算价进行现金差价结算，了结到期持仓合约的过程。其中，以标的物所有权转移方式进行的交割为实物交割；按结算价进行现金差价的交割方式为现金交割。一般来说，商品期货以实物交割方式为主；股指期货、短期利率期货等多采用现金交割方式。

1. 交割的作用

交割是联系期货与现货的纽带。尽管期货市场的交割量占总成交量的比例很小，但交割环节对期货市场的整体运行却起着十分重要的作用。

期货交割是促使期货价格和现货价格趋向一致的制度保证。当市场过分投机，发生期货价格严重偏离现货价格时，交易者就会在期货和现货两个市场间进行套利交易。当期货价格过高而现货价格过低时，交易者在期货市场上卖出期货合约，在现货市场上买进商品。这样，现货需求增多，现货价格上升，期货合约供给增多，期货价格下降，期现价差缩小。当期货价格过低而现货价格过高时，交易者在期货市场上买进期货合约，在现货市场卖出商品。这样，期货需求增多，期货价格上升，现货供给增多，现货价格下降，使期现价差趋于正常。通过交割，期货和现货两个市场得以实现联动，期货价格最终与现货价格趋于一致，使期货市场真正发挥价格"晴雨表"的作用。期货和现货价格联动的过程如图 2.4 所示。

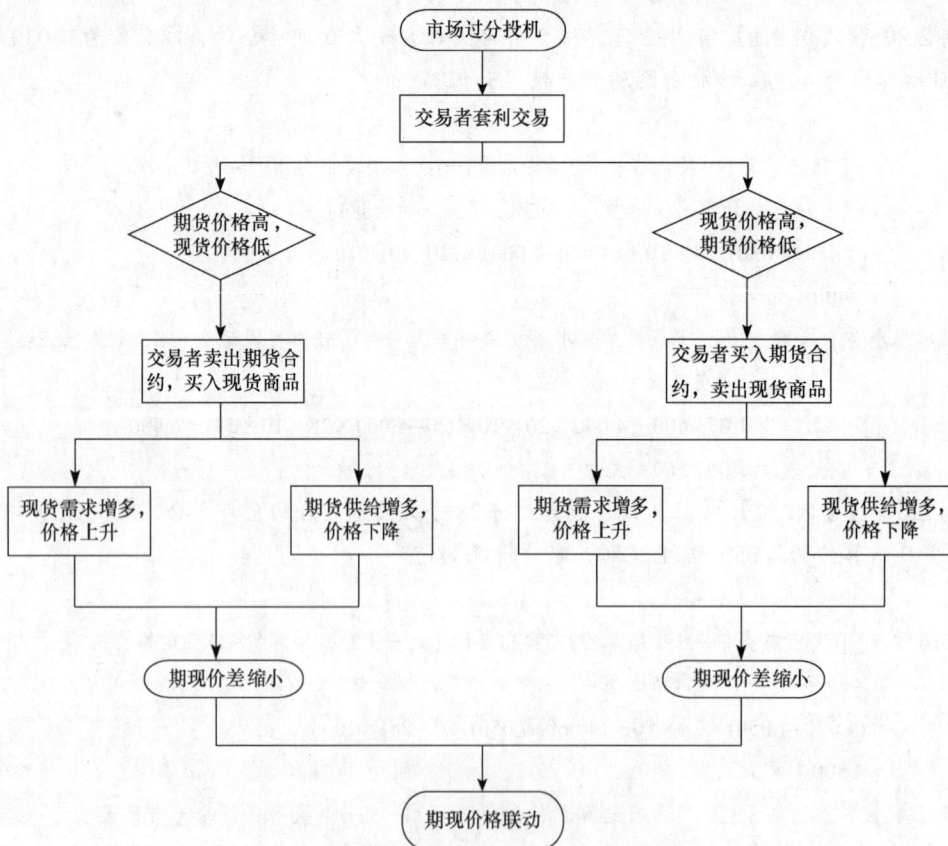

图 2.4　期货和现货价格联动过程

2. 实物交割

实物交割是指期货合约到期时，根据交易所的规则和程序，交易双方通过该期货合约所载标的物所有权的转移，了结持仓合约的过程。实物交割方式包括集中交割和滚动交割两种。

集中交割也称一次性交割，是指所有到期合约在交割月份最后交易日过后一次性集中交割的交割方式。

滚动交割是指在合约进入交割月份以后，在交割月份第一个交易日至交割月份最后交易日前一交易日之间进行交割的交割方式。滚动交割使交易者在交易时间的选择上更为灵活，可减少商品存储时间，降低交割成本。

目前，上海期货交易所采用集中交割方式；郑州商品交易所采用滚动交割和集中交割相结合的方式，即在合约进入交割月份后就可以申请交割，而且，最后交易日过后，对未平仓合约进行集中交割；大连商品交易所对黄大豆1号、黄大豆2号、豆粕、豆油、玉米合约采用滚动交割和集中交割相结合的方式，对棕榈油、线型低密度聚乙烯和聚氯乙烯合约采用集中交割方式。

实物交割结算价是指在实物交割时商品交收所依据的基准价格。交割商品计价以交割结算价为基础，再加上不同等级商品质量的升贴水以及异地交割仓库与基准交割仓库的升贴水计算而得。

3. 实物交割流程

采用集中交割方式时，对各期货合约最后交易日的持仓合约必须进行交割。实物交割要求以会员名义进行，客户的实物交割必须由会员代理，并以会员名义在交易所进行。实物交割包括以下三个必不可少的环节。

第一，交易所对交割月份持仓合约进行交割配对。

第二，买卖双方通过交易所进行标准仓单与货款交换。买方通过其会员期货公司、交易所将货款交给卖方，而卖方则通过其会员期货公司、交易所将标准仓单交付给买方。

第三，增值税发票流转。交割卖方给对应的买方开具增值税发票，客户开具的增值税发票由双方会员转交、领取并协助核实，交易所负责监督。

4. 标准仓单

在实物交割的具体实施中，买卖双方并不是直接进行实物商品的交收，而是交收代表商品所有权的标准仓单。因此，标准仓单在实物交割中扮演着十分重要的角色。标准仓单，是指交割仓库开具并经期货交易所认定的标准化提货凭证。标准仓单经交易所注册后生效，可用于交割、转让、提货和质押等。

标准仓单的持有形式为"标准仓单持有凭证"。"标准仓单持有凭证"是交易所开具的代表标准仓单所有权的有效凭证，是在交易所办理标准仓单交割、交易、转让、质押、注销的凭证，受法律保护。标准仓单数量因交割、交易、转让、质押、注销等业务发生变化时，交易所收回原"标准仓单持有凭证"，并签发新的"标准仓单持有凭证"。

在实践中，可以有不同形式的标准仓单，其中最主要的形式是仓库标准仓单。仓库标准仓单是指依据交易所的规定，由交割仓库完成入库商品验收、确认合格后，在交易所标准仓单管理系统中签发给货主的，用于提取商品的凭证。除此之外，还有厂库标准仓单等形式。所谓厂库，是指某品种的现货生产企业的仓库经交易所批准并被指定为期货履行实物交割的地点，而厂库标准仓单则是指经过交易所批准的、指定厂库按照交易所规定的程序

视野拓展

"标准仓单持有凭证"样例

签发的、在交易所标准仓单管理系统生成的实物提货凭证。

5. 现金交割

现金交割是指合约到期时，交易双方按照交易所的规则、程序及其公布的交割结算价进行现金差价结算，以了结到期持仓合约的过程。

中国金融期货交易所的股指期货合约采用现金交割方式，规定股指期货合约最后交易日收市后，交易所以交割结算价为基准，划付持仓双方的盈亏，了结所有持仓合约。其中，股指期货交割结算价为最后交易日标的指数最后 2 小时的算术平均价。

本章小结

期货交易所在选择合约标的物时通常会考虑该标的商品规格或质量是否易于量化，价格波动幅度是否大且频繁，供应量是否大且不易被少数人控制和垄断等。期货合约的条款包括交易单位、报价单位、最小变动价位、每日价格最大波动限制、合约交割月份、交割品级等信息。交易者应当对自己所交易的品种合约条款非常熟悉。

期货交易的基本制度包括保证金制度、当日无负债结算制度、涨跌停板制度、持仓限额及大户报告制度、强行平仓制度、风险警示制度和信息披露制度等。

期货交易流程涉及开户、下单、竞价、结算和交割五个环节。

综合练习

一、名词解释

当日无负债结算制度　止损指令

二、单选题

1. 某交易者卖出 4 张欧元期货合约，成交价为 EUR/USD = 1.321 0（即 1 欧元兑 1.321 0 美元），后又在 EUR/USD = 1.325 0 价位上全部平仓（每张合约的金额为 12.50 万欧元），在不考虑手续费的情况下，该笔交易（　　　）美元。

    A. 赢利 2 000　　　B. 亏损 500　　　　　C. 亏损 2 000　　　　　D. 赢利 500

2. 持仓量增加，表明（　　　）。

    A. 平仓数量增加　　　　　　　　　　B. 新开仓数量减少

    C. 交易量减少　　　　　　　　　　　D. 新开仓数量增加

3. 沪深 300 股指期货的交割结算价是依据（　　　）确定的。

    A. 最后交易日最后 5 分钟期货交易价格的加权平均价

    B. 从上市至最后交易日的所有期货价格的加权平均价

    C. 最后交易日沪深 300 指数最后 2 个小时的算术平均价

    D. 最后交易日的收盘价

4. 按照交割时间的不同，交割可以分为（　　　）。

A．集中交割和滚动交割　　　　　B．实物交割和现金交割

C．仓库交割和厂库交割　　　　　D．标准仓单交割和现金交割

5．下列关于期货交易保证金的说法，错误的是（　　　）。

A．期货交易的保证金一般为成交合约价值的 20% 以上

B．采用保证金的方式使得交易者能以少量的资金进行较大价值额的投资

C．采用保证金的方式使期货交易具有高收益和高风险特点

D．保证金比例越低，杠杆效应就越大

6．期货交易报价时，超过期货交易所规定的涨跌幅度的报价（　　　）。

A．有效，但交易价格应该调整至涨跌幅以内

B．无效，不能成交

C．无效，但可申请转移至下一个交易日

D．有效，也可自动转移至下一个交易日

7．某投机者决定做棉花期货合约的投机交易，设定最大损失额为 100 元/吨。若以 13 350 元/吨卖出 50 手合约后，下达的止损指令应为表 2.11 中的（　　　）。

A．③　　　　　　　B．②

C．④　　　　　　　D．①

表 2.11　交易指令

序号	价格（元/吨）	买卖方向	合约数量
①	13 260	卖出	50 手
②	13 260	买入	50 手
③	13 460	买入	50 手
④	13 460	卖出	50 手

8．对于多头仓位，下列描述正确的是（　　　）。

A．历史持仓盈亏 =（当日开仓价格 − 开仓交易价格）× 持仓量

B．历史持仓盈亏 =（当日平仓价格 − 上一交易日结算价格）× 持仓量

C．历史持仓盈亏 =（当日结算价格 − 上一交易日结算价格）× 持仓量

D．历史持仓盈亏 =（当日结算价格 − 开仓交易价格）× 持仓量

9．我国螺纹钢期货的交割月份为（　　　）。

A．1 月、3 月、5 月、7 月、8 月、9 月、11 月、12 月

B．1 月、3 月、4 月、5 月、6 月、7 月、8 月、9 月、10 月、11 月

C．1 月、3 月、5 月、7 月、9 月、11 月

D．1—12 月

10．某日闭市后，某公司有甲、乙、丙、丁四个客户，其交易保证金及客户权益数据分别如下：甲，242 130，325 560；乙，5 151 000，5 044 600；丙，4 766 350，8 779 900；丁，54 570，563 600。则（　　　）客户将收到"追加保证金通知书"。

A．甲　　　　　　B．乙　　　　　　C．丙　　　　　　D．丁

三、多选题

1．在我国商品期货交易中，当期货合约（　　　）时，交易所可以提高交易保证金比例，以提升会员或客户的履约能力。

A．接近或进入交割月份　　　　　B．持仓数量增大到一定水平

C．连续出现涨跌停板的情况　　　D．交易日益活跃

2．为保证期货交易的顺利进行，交易所制定了相关风险控制制度，包括（　　　）等。

A．大户报告制度　　　　　　　　　　　B．保证金制度

C．当日无负债结算制度　　　　　　　　D．持仓限额制度

3．以下关于持仓量的描述，正确的是（　　　　）（假设双方交易数量相同）。

　　A．一方为买入平仓，一方为卖出开仓，持仓量不变

　　B．一方为买入平仓，一方为卖出平仓，持仓量不变

　　C．一方为买入开仓，一方为卖出开仓，持仓量不变

　　D．一方为买入开仓，一方为卖出平仓，持仓量不变

4．下列款项中，（　　　）属于每日结算中要求结算的内容。

　　A．交易盈亏　　　　B．交易保证金　　　　C．手续费　　　　　　　D．席位费

5．某交易者以 51 800 元/吨卖出 2 手螺纹钢期货合约，成交后市价跌到 51 350 元/吨。因预测价格仍将下跌，交易者决定继续持有该头寸，并借助止损指令控制风险确保赢利。该止损指令设定的价格可能为（　　　）元/吨（不计手续费等费用）。

　　A．51 710　　　　　B．51 520　　　　　C．51 840　　　　　D．51 310

四、判断题

1．交易所设计期货合约交易单位时，若设计不当，可能造成市场缺乏流动性或造成过度投机。　　　　　　　　　　　　　　　　　　　　　　　　　　　　　　　　　　　（　　　）

2．外汇期货保证金比例越小，由交割波动引起的盈亏就越小，交易者的风险也就越小。

（　　　）

3．预测期货合约价格下降，应进行买空（Long Sale）交易。　　　　　　（　　　）

4．某交易者以 6 370 元/吨卖出 1 手白糖期货合约，并将最大损失额定为 20 元/吨，因此在上述交易成交后下达了止损指令，设定的价格应为 6 750 元/吨。　　　　（　　　）

5．期货合约每计量单位报价的最小变动价位如果过小，将会减少交易量，影响市场的活跃度，不利于交易者进行交易。　　　　　　　　　　　　　　　　　　　　　　（　　　）

五、简答题

1．简述在选择期货合约标的物时，通常要考虑的条件。

2．简述期货市场的基本制度。

3．市价指令和限价指令的区别是什么？

4．期货交易的五个环节是什么？

第三章　期货的套期保值、投机与套利交易

【学习目标】

1. 掌握期货套期保值的方法及适用情形；
2. 理解期货投机及保证金的作用；
3. 理解套利的基本概念；
4. 掌握买入套利与卖出套利、牛市套利与熊市套利的原理与计算方法。

在第一章中，介绍了市场的交易者可以分成三种类型，分别为套期保值者、投机者和套利者。本章具体地介绍这三种类型的交易者的交易特点。读者在学习时，应当特别关注这三类交易者交易行为的目的、方式与风险特征。

第一节　期货的套期保值交易

套期保值是指某人在买进（或卖出）实际货物的同时，在期货交易所卖出（或买进）同等数量的期货合约以进行保值。它是一种为避免或减少价格发生不利变动的损失，而以期货交易临时替代实物交易的一种行为。本节主要介绍套期保值交易的基本原理，包括各种套期保值操作的适用情形，以及实际套期保值过程中的风险因素等。

一、套期保值交易的基本原理

当个人或公司在选择期货产品对冲风险时，其目的是选择适当的头寸来使得自身的风险敞口为零，即使价格的涨跌不影响套期保值者的盈亏。考虑这样的一家公司，已知在接下来6个月内，如果某一商品的价格上涨1元，公司将增加收益10 000元；但如果商品的价格下跌1元，公司将损失10 000元。为了对冲风险，公司应买入期货合约的空头头寸来抵消风险。对于期货空头而言，商品价格上涨1元，会给期货带来10 000元的损失；商品价格下跌1元，会给期货带来10 000元的收益。如果商品价格确实下跌，期货合约的收益会抵消公司由于商品价格下跌带来的损失；如果商品价格上升，期货的损失就会被公司由于商品价格上升带来

的收益抵消。这样一来，无论商品价格是上涨还是下跌，对于公司而言，其风险敞口均为零。

1. 卖出套期保值

卖出套期保值（Short Hedge，又称"空头头寸对冲"），指套期保值者选择进入期货的空头头寸方。当套期保值者已经拥有了某种资产并期望在将来某时刻卖出该资产时，选择期货卖出套期保值比较适合。例如，一个种植玉米的农场主知道自己会于 3 个月后在当地市场出售玉米，他可以选择卖出套期保值以应对玉米价格可能的下跌。

当某人当前并不拥有资产，但在将来某时刻会拥有资产时，也可以选择卖出套期保值。例如，一家美国进口商已知在 3 个月后将收进一笔欧元，进口商在欧元（相对于美元）升值时会有收益，而在欧元（相对于美元）贬值时会有损失，他可以选择卖出套期保值即卖空欧元。这时的套期保值策略在欧元升值时产生损失，而在贬值时产生赢利，从而消除了进口商的汇兑风险。

【例 3.1】假定今天是 7 月 1 日，一家原油生产商刚刚做空 100 万桶原油，合约约定的价格为 12 月 15 日的市场价格。因此，在今后 5 个月，原油价格每增长 1 美分，原油生产商的收益为 10 000 美元；原油价格每下跌 1 美分，原油生产商的损失为 10 000 美元。假设 7 月 1 日每桶原油的即期价格为 97 美元，12 月到期的原油期货价格为 94 美元。该原油生产商如何交易可使其风险敞口为零？

答：因为每份原油期货合约的规模为 1 000 桶原油，且原油生产商是计划卖出商品的。因此原油生产商可以通过卖出 1 000 份期货合约来对冲风险。如果原油生产商在 12 月 15 日平仓，这一交易策略的净效果是将原油价格锁定在 94 美元。

为了说明进行套期保值交易后会发生的情形，假定在 12 月 15 日原油的即期价格为每桶 90 美元。原油生产商因卖出原油而收入 9 000 万美元，由于 12 月是期货交割月份，所以在 12 月 15 日的期货价格应与这一天的即期价格 90 美元十分接近。原油生产商因持有原油期货，每桶收益近似为 94−90=4（美元）。

因此，期货空头头寸的收益近似为 400 万美元。卖出原油和期货的每桶收入近似为 94 美元，即整体收入近似为 9 400 万美元。

考虑另外一种情况，假定在 12 月 15 日原油的即期价格为每桶 100 美元。原油生产商以每桶 100 美元卖出石油，因持有原油期货，每桶亏损近似为 100−94=6（美元）。

这时，卖出原油和期货的整体收入大约为 9 400 万美元。可见，无论 12 月 15 日原油现货的价格是多少，原油生产商的整体收入大约总是 9 400 万美元。该套期保值使得原油生产商在原油价格上的风险敞口为零（如表 3.1 所示）。

表 3.1 空头头寸的对冲效果

（单位：美元/桶）

12 月 15 日原油现货价格	期货盈亏	现货收入	整体收入
90	4	90	94
100	−6	100	94

2. 买入套期保值

持有期货多头头寸的对冲策略称为买入套期保值（Long Hedge，又称"多头头寸对冲"）。当公司在将来需要买入一定资产，并想在今天锁定将来的买入价格时，可以采用买入套期保值。

【例 3.2】假设今天是 3 月 15 日，一家铜产品加工商为了完成订单，安排在 8 月 15 日需要 100 000 磅（1 磅约等于 0.453 6 千克）铜。8 月交割的铜期货合约价格为每磅 315 美分，而即期铜价为每磅320美分。COMEX每一份铜合约的规模为25 000磅。请问该铜产品加工商如何操作可以对冲掉其成本上升的风险？

答： 该加工商可以买入4份合约。这一策略的实际效果是将加工商所需铜的价格锁定在每磅315美分左右。

假定在8月15日铜的即期价格为每磅325美分。因为8月为铜期货的交割月份，即期价格与期货价格非常接近。加工商从期货合约中所得收益大约为

$$100\,000\times(3.25-3.15)=10\,000（美元）$$

同时，为买入铜而支付的费用为

$$100\,000\times3.25=325\,000（美元）$$

因此，整体费用大约为

$$325\,000-10\,000=315\,000（美元）$$

假定在8月15日铜的即期价格为每磅300美分，则加工商在期货交易中损失大约为

$$100\,000\times(3.15-3.00)=15\,000（美元）$$

而买入铜时的支出为

$$100\,000\times3.00=300\,000（美元）$$

因此，整体费用大约为315 000美元（15 000+300 000）。可见，无论8月15日铜现货价格是多少，铜产品加工商的整体费用大约总是315 000美元。该套期保值使得铜产品加工商可以对冲掉其成本上升的风险，见表3.2。

表3.2　多头头寸的对冲效果

（单位：美分/磅）

8月15日铜现货价格	期货盈亏	现货成本	整体成本
325	10	325	315
300	-15	300	315

二、关于套期保值的几点说明

1. 正确看待套期保值交易

在上面两例中，两家公司都通过期货合约使得自身对资产价格的风险敞口为零。但是一定会有人问，如果在例3.1中，石油价格上升，在例3.2中，铜价格下降，那么做套期保值的公司，都在套期保值的合约上亏损了，从而抵消了在现货市场的赢利。既然如此，套期保值有什么好处呢？

首先，需要理解套期保值交易的意义。原油生产商或铜加工商，其本身是工业企业，企业利润的主要来源是生产原油或者加工铜产品。因此，工业企业的首要目的是保证自身的主营业务稳定，避免市场的变化给自身带来负面影响。对于此类企业来说，做好本职工作就能产生赢利，进入期货市场只是帮助它们更好地完成本职工作。期货市场给它们提供了一种降低市场风险的金融工具。因此，不能简单地以期货或者现货合约的盈亏来评价该交易方式的好坏。

2. 套期保值的风险

在上述两个例子中，用到了几个理想化条件：第一，假设在临近期货合约到期日时，期货合约的价格与现货价格相等；第二，假设公司想要套期保值的商品恰好在期货市场存在；第三，暗含假设了公司计划套期保值的数量恰好是期货合约数量的整数倍；第四，假设在期货市场上存在交割日期和公司商品交付日期相同的合约。

然而，这些理想化条件由于种种原因在现实中都无法达成。违背第一个理想化条件会产生基差风险；违背第二个理想化条件会产生套期保值比率变化的风险；违背第三个理想化条

件会使得风险不能完全对冲；违背第四个理想化条件会因为展期而产生额外的费用与风险。

三、基差

上面举的两个关于套期保值的例子中，现货市场的亏损都恰好被期货市场的赢利所弥补，即实现了完美的套期保值，但这只是理想状态。完美套期保值在现实中很难实现，基差是其中很重要的一个因素。

（一）基差的概念

基差（Basis）是指某一特定的时间和地点，某种商品的现货价格与同种商品某种特定期货合约的价格之差，即

$$基差（B）=现货价格（S）-期货价格（F）$$

例如，12 月 3 日美国东部一个玉米产地的玉米现货价格是每蒲式耳 7.80 美元。当日，下个年度 3 月交割的玉米期货合约价格是每蒲式耳 7.90 美元，则基差为-10 美分。又如，7 月 8 日同地区小麦的现货价格为每蒲式耳 8.80 美元，同日，芝加哥期货交易所 9 月交割的小麦期货价格为 8.60 美元/蒲式耳，则基差为 + 20 美分。

基差可正可负，也可为零。这主要取决于现货价格与期货价格的比较。当现货价格高于期货价格时，基差为正数，称为远期贴水或现货升水。当现货价格低于期货价格时，基差为负数，称为远期升水或现货贴水。

基差的正数变大，如从 1 美分变成 5 美分，表示现货价格高于期货价格，并且相对于期货价格在上升，这种情况称为基差走强；反之，当基差由 5 美分变为 1 美分时，则称为基差走弱。同样，基差的负数绝对值变大，如从-1 美分变为-5 美分，表示现货价格低于期货价格，并且相对于期货价格在下跌，这种情况称之为基差走弱；反之，当基差由-5 美分变为-1 美分时，则称为基差走强。

基差包含两个因素，即分隔现货市场与期货市场之间的时间与空间。因此，基差表明现货市场与期货市场之间的空间运输成本和时间持有成本。运输成本反映同一时间，两个市场由于地点不同而产生的运输费用。持有成本反映两个市场由于交割期时间的差异而产生的费用，包括储藏费、利息、保险费和损耗费等。持有成本随时间而变动，期货合约交割期时间越长，持有成本越大。基差与运输成本和持有成本之间的关系如图 3.1 所示。

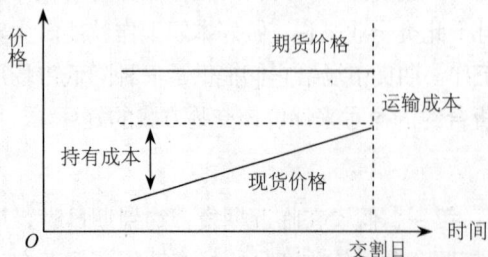

图 3.1 基差与运输成本和持有成本之间的关系

（二）市场状态

1. 正向市场

基差可以用来表示市场所处的状态，它是期货价格与现货价格之间实际运行的动态指标。对于同种商品，现货价格与期货价格关系存在三种情况，所以基差也会表现为正数、负数和零三种结果。

正向市场（Normal Market）是指在现货商品供应充足的正常情况下，期货价格高于现货价格，基差为负的情况。这是因为期货合约是一种远期交割合约，持有期货合约既需要承担一定的风险，又需要支付一定的成本。这

种成本包括运输成本和持有成本。其中，运输成本是相对固定的；持有成本指为拥有或保留某种商品有价证券等而支付的仓储费、保险费、利息等费用的总和。

假定某企业在 3 个月后需要某种商品，可以有两种选择：一是立即买入 3 个月后交割的该商品的期货合约并将其持有至合约到期日，接受现货交割；二是立即买入该种商品的现货，将其储存 3 个月后使用。购买期货合约除了支付少量的保证金外，不需要更多的投资成本。买入现货则不仅需要一次性缴足货款，还需要支付购入商品到使用商品这段时间的仓储费、保险费和可以将资金用于其他投资的利息收入。所以，在市场供求关系比较正常的情况下，期货合约的买入者必须支付高于现货商品的价格以抵补持有现货的较高成本。

【例 3.3】某企业需要的商品为大豆，现货价格为每吨 4 200 元，月仓储费为 80 元，月保险费为 10 元，银行贷款利息为月息 0.6%，3 个月后交割的期货合理价格应为多少？（不考虑运输成本，贷款利息为单利）

答：

期货合理价格 = 现货价格+持有成本 = 4 200+(80+10+4 200×0.6%)×3 = 4 545.6（元）

2. 反向市场

当现货市场上商品的供求出现供给短缺或出现暂时供不应求的情况时，现货价格常比期货价格高，基差为正，这种情况被称为反向市场（Inverted Market），又称逆向市场。因为人们认为现货现在短缺，等期货到交割期时，新季或新增的商品供给会增加，可能会使期货价格下跌。他们预期供应短缺的现象会逐渐缓解，通常近期的期价会高于远期的期价，从而使基差为正数。

基差为正有两个原因：一是近期对某种商品的需求非常迫切，远大于其近期的产量及库存量；二是预计将来商品的供给会大幅增加。因此，反向市场的出现在于人们对现货商品的需求迫切并愿意承担更高的价格。

3. 基差为零

基差为零意味着现货价格和期货价格一致。一般情况下，当期货合约趋于到期日和交割月份临近时，期货合约中所包含的远期因素逐渐消失，期货价格中含有的持有成本趋于零，现货价格与期货价格逐渐靠拢，最终合一，基差趋于零。

期货价格与现货价格最终走向趋同，是因为决定现货商品和到期期货合约两者价格的供求因素在实际交割时几乎相同，加之期货交易所的交割结算价是以期货市场最后交易日结束时的商品现货价格为基准的，以促使基差趋零。否则，一定会出现无风险套利活动，这正是形成套期保值交易的基本原理之一。

（三）基差的作用与影响因素

1. 基差的作用

第一，基差是套期保值成功的基础。因为基差是现货价格与期货价格的变动幅度和变化方向不一致所引起的，所以，只要套期保值者随时观察基差的变化，并选择有利的时机完成交易，就会取得较好的保值效果，甚至获得额外收益。同时，由于基差的变动比期货价格和现货价格相对稳定一些，这就为套期保值交易创造了十分有利的条件。而且，基差的变化主要受制于持仓费，一般比观察现货价格或期货价格的变化情况要方便得多。所以，熟悉基差的变动对套期保值者来说是大有益处的。

第二，基差是发现价格的标尺。期货价格是成千上万的交易者在分析了各种商品供求状况的基础上，在期货交易所公开竞价达成的，较之现货市场上买卖双方私下达成的现货价格，不失为公开、公平、公正的价格。同时，期货价格还具有预期性、连续性和权威性等特点，使那些没有涉足期货市场的生产经营者也能根据期货价格制订正确的经营策略。

第三，基差对于期现套利交易很重要。本章后面会详细讲解期现套利。基差对于投机交易，尤其是期货、现货套利交易也很重要。如果在期货合约成交后，在正向市场上现货价格和期货价格同时上升，并一直持续到交割月份，且基差的绝对值始终大于持仓费，就会出现无风险的套利机会，促使套利者在卖出期货合约的同时买入现货并持有到期货交割月份，办理实物交割。同理，期货合约成交后，期货价格与现货价格同时下跌，并持续到交割月份，且基差的绝对值始终小于持仓费，套利者就会采取与上述相反的无风险套利交易方式。

在反向市场上，套利者也可以利用期货价格与现货价格的价差进行套利交易。这些都有助于矫正基差与持仓费之间的相对关系，对维持期货价格与现货价格之间的同步关系、保持市场稳定均具有积极的作用。

2. 影响基差的因素

导致基差变化的因素众多，所有影响现货价格和期货价格的因素都可以造成基差的变化。其中，现货市场的供求是影响基差变化最主要的因素。当现货市场对某种商品的需求旺盛或者商品供应量减少时，现货价格可能会大幅上升，甚至可能会高于期货价格，基差会增大。反之，如果商品需求减少或商品供应量增加，现货价格会下跌，当跌幅大于期货价格时，基差就会减小。

其他因素如运输成本、上年转入的商品结转库存、当年产量的预测值、替代品的供求、国外同类产品的产量与需求、仓储费用、仓储设施、保险费、利率、国家政策等都会影响基差。

第二节　期货的投机交易

期货投机是指交易者通过预测期货合约未来价格的变化，以在期货市场上获取价差收益为目的的期货交易行为。简而言之，如果预期标的商品价格会上涨，则可买入期货合约，持有多头头寸；如果预期标的商品价格会下跌，则可卖出期货合约，持有空头头寸。

一、期货投机与套期保值交易的区别

期货投机与套期保值交易有明显的区别，主要表现在以下三个方面。

（1）从交易目的来看，期货投机交易是以赚取价差收益为目的的；而套期保值交易的目的是利用期货市场规避现货价格波动的风险。

（2）从交易方式来看，期货投机交易是在期货市场上进行买空卖空，从而获得价差收益的；而套期保值交易则是在现货市场与期货市场上同时操作，以期达到对冲现货市场价格风险的目的。

（3）从交易风险来看，投机者在交易中通常为博取价差收益而承担相应的价格风险；而套期保值者则通过期货市场转移现货市场价格风险。从这个意义上来说，投机者是风险偏好者，套期保值者是风险厌恶者。

二、期货投机的计算

【例3.4】某投机者预测9月大豆期货合约价格将会上升，故买入7手（10吨/手），成交价格为4 310元/吨。此后，合约价格迅速上升到4 350元/吨。此时，该投机者再次买入5手9月合约，持仓总数增加到12手。当市场价格升至4 400元/吨时，该投机者全部平仓，试计算他的盈亏情况。

答：有两种计算方法。第一种方法，将两次买入分开考虑盈亏：

$$第一笔的盈亏=(4\,400-4\,310)\times10\times7=6\,300（元）$$

$$第二笔的盈亏=(4\,400-4\,350)\times10\times5=2\,500（元）$$

$$总盈亏=6\,300+2\,500=8\,800（元）$$

第二种方法，先计算总体成本，再计算总盈亏：

$$总成本=(4\,310\times7+4\,350\times5)\div12\approx4\,326.67（元）$$

$$总盈亏=(4\,400-4\,326.67)\times10\times12\approx8\,800（元）$$

上面是多头投机的例子，下面看一个空头投机的例子。【例3.4】的两种计算方法是根据不同的交易笔数进行分类计算的。【例3.5】中，考虑根据交易时间的不同来进行分类计算。

【例3.5】某投机者预测小麦价格在接下来的6个月内会下跌，故卖出5手（10吨/手），成交价格为2 500元/吨。此后，合约价格下跌至2 450元/吨。此时该投机者选择平仓2手，继续持有3手。后价格继续下跌至2 400元/吨，该投机者全部平仓。试计算他的盈亏情况。

答：将盈亏计算分为两步。

第一步，计算价格跌至2 450元/吨的盈亏情况：

$$(2\,500-2\,450)\times10\times5=2\,500（元）$$

第二步，计算价格跌至2 400元/吨的盈亏情况：

$$(2\,450-2\,400)\times10\times3=1\,500（元）$$

$$总盈亏=2\,500+1\,500=4\,000（元）$$

三、保证金的杠杆放大作用

如果期货交易是和【例3.4】及【例3.5】一样的，那么期货投机交易和股票投机交易的区别就不那么明显了。通常说期货交易的风险大，带有杠杆，这是怎么回事呢？第二章提到过期货交易的保证金制度，事实上，在【例3.4】中，投资者最初购买7手大豆期货合约，并不需要支付301 700元（4 310×10×7），而只需按保证金比例支付规定的数目即可。假设大豆期货合约的保证金比例是5%（每家期货公司可能会不一样），那么该投资者只需支付15 085元（301 700×0.05）即可。

那么保证金是如何放大交易杠杆的呢？根据【例3.4】，看一下表3.3。从赢利百分比可以看出，保证金放大了赢利效应，同时保证金也会放大亏损。因此，做任何保证金的交易（包括期货、外汇、黄金贵金属等），都会增大投资者的风险。初级投资者应当十分谨慎地对待任何使用保证金的交易活动。

项目
分析一笔交易
的盈亏

表 3.3　期货投机保证金的杠杆作用（不考虑货币的时间成本）

	初始投入（元）	赢利（元）	赢利百分比（%）
无保证金的情形	519 200（4 310×10×7 + 4 350×10×5）	8 800	1.69
考虑保证金情形	25 960（519 200×0.05）	8 800	33.90

第三节　期货的套利交易

　　期货套利是指利用相关市场或相关合约之间的价差变化，在相关市场或相关合约上进行交易方向相反的交易，以期价差发生有利变化时，同时将持有头寸平仓而获利的交易行为。本节将介绍套利的分类、具体操作方法和套利策略的适用情形等内容。本节介绍的套利并非全部是无风险套利（Arbitrage），相当部分的套利策略，其赢利与否事实上取决于策略实施人事先判断或者预测准确与否，从某种意义上讲，这部分的策略也属于投机性质。

一、期货套利概述

1. 期货套利的分类

　　一般来说，期货套利交易主要是指期货价差套利的交易。所谓价差套利（Spread），是指利用期货市场上不同合约之间的价差进行套利的行为。价差套利根据所选择期货合约的不同，又可分为跨期套利、跨品种套利和跨市套利三种。

　　跨期套利是指在同一市场（即同一交易所）同时买入或卖出同种商品不同交割月份的期货合约，以期在有利时机同时将这些期货合约对冲平仓获利的行为。

　　跨品种套利是指利用两种或多种相互关联的商品之间的期货合约价格差异进行的套利，即同时买入或卖出某一交割月份的相互关联的商品期货合约，以期在有利时机同时将这些合约平仓获利的行为。

　　跨市套利是指在某个交易所买入或卖出某一交割月份的某种商品合约的同时，在另一个交易所卖出或买入同一交割月份的同种商品合约，以期在有利时机分别在两个交易所同时平仓在手的合约而获利的行为。

2. 价差的概念

　　期货价差是指期货市场上两个不同月份或不同品种期货合约之间的价格差。与投机交易不同，在价差套利交易中，交易者不关注某一期货合约的价格向哪个方向变动，而是关注相关期货合约之间的价差是否在合理的区间。如果价差不合理，交易者可以利用这种不合理的价差对相关期货合约进行方向相反的交易，等价差趋于合理时再同时将两个合约平仓来获取收益。因而，价差是价差套利交易中非常重要的概念。

　　所谓同时在相关合约上进行方向相反的交易，就是要同时建立一个多头头寸和一个空头头寸。通常说的套利必须是由两个相反交易构成的。但也有例外，例如在跨品种套利中，可能会涉及三个甚至更多的品种，那么

微课堂
价差

这时可能是一个多头、两个空头，或者两个多头、一个空头。无论如何组合，至少多、空两个方向都是要包含的。

计算开仓时的价差时，应用价格较高的一边减去价格较低的一边。例如，某套利者在买入 5 月铝期货合约的同时卖出 6 月的铝期货合约，其价格分别为 15 730 元/吨和 15 830 元/吨。因为 6 月价格高于 5 月价格，所以价差为 6 月价格减去 5 月价格，即 100 元/吨。可见，初始时刻的价差永远是正数。

在计算平仓时的价差时，为了保持计算上的一致性，也要用开仓时价格较高合约的平仓价格减去开仓时价格较低合约的平仓价格。例如，在前面的例子中，套利者开仓后，5 月铝期货合约价格上涨至 16 010 元/吨，6 月涨幅相对较小，为 15 870 元/吨，如果套利者按照此价格同时将两个合约对冲了结该套利交易，则在平仓时的价差仍应该用 6 月的价格减去 5 月的价格，即为–140 元/吨。

由于套利交易是利用相关期货合约间不合理的价差来进行的，价差能否在套利开仓之后回归正常，会直接影响套利交易的盈亏和套利的风险。具体来说，如果套利者认为目前某两个相关期货合约的价差过大，他会希望在套利开仓后价差能够缩小；同样，如果套利者认为目前某两个期货合约的价差过小，他会希望套利开仓后价差能够扩大。

如果当前（或平仓时）价差大于开仓时的价差，则价差是扩大的；如果相反，则价差是缩小的。

【例 3.6】某套利者在 8 月 1 日买入 9 月白糖期货合约的同时卖出 11 月白糖期货合约，其价格分别为 5 720 元/吨和 5 820 元/吨。到了 8 月 15 日，9 月和 11 月白糖期货合约价格分别变为 5 990 元/吨和 6 050 元/吨，价差是如何变化的？

答：

8 月 1 日开仓时的价差=5 820–5 720=100（元/吨）

8 月 15 日的价差=6 050–5 990=60（元/吨）

由此可以判断出，价差缩小了，相对于开仓时，价差缩小了 40 元/吨。

【例 3.7】某套利者以 4 326 元/吨的价格买入 1 月的螺纹钢期货合约，同时以 4 570 元/吨的价格卖出 5 月的螺纹钢期货合约。持有一段时间后，该套利者以 4 316 元/吨的价格将 1 月合约卖出平仓，同时以 4 553 元/吨的价格将 5 月合约买入平仓，价差是如何变化的？

答：

开仓时的价差=4 570–4 326=244（元/吨）

平仓时的价差=4 553–4 316=237（元/吨）

由此可以判断，相对于开仓时，价差缩小了 7 元/吨。

3. 期货套利的基本原则

当套利区间被确立，而当前的状态又显示出套利机会时，投资者就可以进行套利操作了。一般而言，进行期货套利操作要遵循以下基本原则。

（1）买卖方向对应的原则。在建立买仓的同时建立卖仓，而不能只建买仓或是只建卖仓。如果单方向开仓，则头寸不是套利而是投机了。

（2）买卖数量相等原则。在建立一定数量买仓的同时要建立同等数量的卖仓，否则，多、空数量的不相配就会使头寸裸露（即出现净多头或净空头的现象）而面临较大的风险。

（3）同时开仓的原则。一般来说，多、空头寸的建立要在同一时间。鉴于期货价格波动，交易机会稍纵即逝，如不能在某一时刻同时开仓，其价差有可能变得不利于套利，从而失去套利机会。

（4）同时套期保值原则。当套利头寸经过一段时间的波动之后达到了一定的所期望的利润目标时，需要通过套期保值来结算利润，且套期保值操作也要同时进行。因为如果对冲不及时，很可能使价差利润在顷刻间消失。

（5）合约相关性原则。套利一般要在两个相关性较强的合约间进行，而不是所有的品种（或合约）之间都可以套利。这是因为，只有相关性较强的合约，其价差才会出现回归，亦即价差扩大（或缩小）到一定的程度又会恢复到原有的平衡水平，这样才有套利的基础。否则，在两个没有相关性的合约上进行套利，与分别在两个不同的合约上进行单向投机没有什么两样。

二、跨期套利

跨期套利（Interdelivery Spread）是指投资者以赚取差价为目的，在同一市场（即同一交易所）同时买入、卖出同种商品不同交割月份的期货合约，以期在有利时机同时将这两个交割月份不同的合约对冲平仓获利的行为。

根据套利者对不同合约月份中价格较高的一边的买卖方向不同，跨期套利可分为买入套利和卖出套利两种。根据套利者对不同月份合约中近月合约与远月合约的买卖方向的不同，跨期套利可分为牛市套利、熊市套利和蝶式套利三种。

（一）买入套利和卖出套利

1. 买入套利

如果套利者预期两个或两个以上期货合约的价差将扩大，则套利者将买入其中价格较高的合约，同时卖出价格较低的合约，这种套利称为买入套利（Buy Spread）。如果价差变动方向与套利者的预期相同，则套利者就会通过同时将两份合约平仓来获利。

【例3.8】某套利者以350元/克（上海期货交易所黄金合约报价单位是"元/克"，而COMEX黄金合约报价是"美元/盎司"）卖出4月黄金期货，同时以361元/克买入9月黄金期货。假设经过一段时间之后，4月价格变为355元/克，同时9月价格变为372元/克，该套利者同时将两合约对冲平仓，套利结果如何？

答： 可用两种方法来分析。第一种方法是分别对两合约的盈亏进行计算，然后加总来计算净盈亏。

$$4月的黄金期货合约亏损=355-350=5（元/克）$$

$$9月的黄金期货合约赢利=372-361=11（元/克）$$

$$套利结果=-5+11=6（元/克）$$

即该套利可以获取净赢利6元/克。

第二种方法是使用价差的概念来计算盈亏。

该套利者买入的9月黄金的期货合约价格要高于4月，可以判断是买入套利。价差从开仓时的11元/克（361-350）变为平仓时的17元/克（372-355），价差扩大了6元/克，因此，可以判断该套利者的净赢利是6元/克。

可以发现，如果投资者预期价差将扩大，则会买入价差套利，即买入价高合约，同时卖出价低合约。如果平仓时，价差确实扩大，则该投资者将赢利；如价差缩小，则该投资者将会亏损。和单纯投机做多合约不同的是，买入套利是做多两个合约的价差，当价差扩大时，则获利，当价差缩小时，则亏损。而同时，此处买入套利和单纯投机做多合约相同的地方是，将来是否赢利取决于你对价差的判断或者预测是否准确，一旦判断或预测错误，那么你仍然会遭受亏损。当然，由于价差的规律相对于单个合约的价格规律而言，更具稳定性，所以，买入套利尽管仍是投机判断，却显得更稳妥些。

2. 卖出套利

如果套利者预期两个或两个以上相关期货合约的价差将缩小，套利者可通过卖出其中价格较高的合约，同时买入价格较低的合约来进行套利，这种套利称为卖出套利（Sell Spread）。

【例 3.9】某套利者以 361 元/克卖出 4 月黄金期货合约，同时以 350 元/克买入 9 月黄金期货合约。假设经过一段时间之后，4 月价格变为 364 元/克，同时 9 月价格变为 357 元/克时，该套利者同时将两合约对冲平仓，套利结果如何？

答：可用两种方法来分析。第一种方法是分别对两合约的盈亏进行计算，然后加总计算净盈亏。

$$4 月的黄金期货合约亏损 = 364 - 361 = 3（元/克）$$

$$9 月的黄金期货合约赢利 = 357 - 350 = 7（元/克）$$

$$套利结果 = -3 + 7 = 4（元/克）$$

即该套利可以获取净赢利 4 元/克。

第二种方法是使用价差的概念来计算盈亏。该套利者卖出的 4 月黄金期货价格要高于买入的 9 月价格，因而是卖出套利。价差从开仓时的 11 元/克变为平仓时的 7 元/克，价差缩小了 4 元/克，因此，可以判断出该套利者的净赢利为 4 元/克。

其实对于【例 3.9】，一个更合理的背景描述是，该投资者发现 4 月黄金期货合约同 9 月黄金期货合约之间的价差出现了相对于平常水平的较大偏离——现有的价差太大，因此该投资者判断在将来的一段时间内，两份合约的价差将恢复至正常水平——价差缩小。故在市场上进行了卖出套利的操作。

关于买入价差套利和卖出价差套利的总结如表 3.4 所示。

表 3.4　买入价差套利与卖出价差套利总结

预期	套利方法	具体操作	利润（负值代表亏损）
价差扩大	买入套利	买入价高合约	平仓价差 - 开仓价差
		卖出价低合约	
价差缩小	卖出套利	买入价低合约	开仓价差 - 平仓价差
		卖出价高合约	

（二）牛市套利、熊市套利和蝶式套利

1. 牛市套利

当市场出现供给不足，需求旺盛的情况时，会导致较近月份合约价格上涨幅度大于较远月份合约价格的上涨幅度，或者较近月份合约价格下降幅度小于较远月份合约价格的下跌幅度。此时，无论是正向市场还是反向市场，买入较近月份的合约，同时卖出较远月份的合约进行套利赢利的可能性比较大。这种套利为牛市套利（Bull Spread）。一般来说，牛市套利对于可储存并且是在相同的作物年度的商品最有效。例如，在买入 5 月棉花期货合约的同时卖出 9 月棉花期货合约。可以适用于牛市套利的可存储的商品有小麦、棉花、大豆、糖、铜等。对于不可储存的商品，如活牛、生猪等，其不同交割月份的商品期货合约价格间的相关性很

低或根本不相关，此时进行牛市套利是没有意义的。

可见，在正向市场下，预期近月合约价格上涨快，意味着投资者预期价差会缩小，那么根据表 3.4，正确的操作手法是卖出套利，即买入价低的近月合约，同时卖出价高的远月合约。而在反向市场下，预期近月合约价格上涨快，意味着投资者预期价差会扩大，那么就进行买入套利，即买入价高的近月合约，卖出较低的远月合约。

【例3.10】某年 5 月 15 日，某套利者经过分析认为，铜价将处于牛市上涨时期。根据历年铜市场 5 月底的 8 月合约与 9 月合约之间的价差分析发现，8 月合约的价格较低，其与 9 月合约之间的价差小于正常年份水平，于是该套利者决定在上海期货交易所买入 1 手 8 月铜期货合约，价格为 29 600 元/吨，同时卖出 1 手 9 月铜期货合约，价格为 29 080 元/吨，以期在未来某个有利时机同时平仓获取利润。

到 6 月 5 日，8 月铜期货合约涨至 34 370 元/吨，9 月铜期货合约涨至 33 360 元/吨，此时该套利者认为 8 月合约与 9 月合约的价差已经恢复到正常水平，决定双向平仓，卖出 8 月铜期货合约，买入 9 月铜期货合约。请描述该套利交易的盈亏情况。

答：分别计算 5 月开仓时和 6 月平仓时的价差：

$$5 月 15 日的价差=29 600-29 080=520（元/吨）$$

$$6 月 5 日的价差=34 370-33 360=1 010（元/吨）$$

由于该套利者的操作属于买入套利，且价差扩大了 490 元/吨（1 010-520），故该笔交易的赢利为

$$490×5×1=2 450（元）$$

需要注意的是，【例 3.10】中的铜期货市场是反向市场，故此时对铜做牛市套利的操作其实就是买入套利（认为该价差将进一步扩大）。

2. 熊市套利

当市场出现供给过剩、需求相对不足的情况时，一般来说，较近月份的合约价格下降幅度往往要大于较远月份合约价格的下降幅度，或者较近月份的合约价格上升幅度要小于较远月份合约价格的上升幅度。此时，无论是在正向市场还是在反向市场，卖出较近月份合约的同时买入较远月份的合约进行套利，赢利的可能性较大，这种套利称为熊市套利（Bear Spread）。

熊市套利的分析与牛市套利的分析正好相反，再来看一个例子。

【例3.11】某年 6 月 10 日，某套利者经过分析认为，玉米价格将在近期下跌，步入熊市。当前 7 月的玉米期货合约价格为 2 200 元/吨，9 月的玉米期货合约价格为 2 250 元/吨，根据历年玉米期货市场 6 月的 7 月合约与 9 月合约之间的价差分析发现，现价差小于正常年份水平。于是他决定在大连商品交易所卖出 20 手 7 月的玉米期货合约，价格为 2 200 元/吨，同时买进 20 手 9 月的玉米期货合约，价格为 2 250 元/吨，以期在未来某个有利时机同时平仓获取利润。

到 8 月 5 日，盘中价差出现异动，7 月的玉米期货合约价格下降为 2 150 元/吨，9 月的玉米期货合约价格下降为 2 220 元/吨，套利者果断决定兑现浮动赢利，以上述价格买入 20 手 7 月玉米期货合约，同时卖出 20 手 9 月玉米期货合约，平仓后完成了一笔套利交易。请描述该套利交易的盈亏情况。

答：分别计算 6 月开仓时和 8 月平仓时的价差：

$$6 月 10 日的价差=2 250-2 200=50（元/吨）$$

8 月 5 日的价差=2 220–2 150=70（元/吨）

由于该投资者的操作属于买入套利，且价差扩大了 20 元/吨（70–50），故该笔交易的赢利为

$20 \times 10 \times 20 = 4\ 000$（元）

需要注意的是，【例 3.11】中的玉米期货市场是正向市场，故此时对玉米做熊市套利的操作其实就是买入套利（认为该价差将进一步扩大）。

3. 蝶式套利

蝶式套利（Butterfly Spread）是跨期套利中的另一种形式。它是由共享居中交割月份的一个牛市套利和一个熊市套利组成的跨期套利组合。由于近期和远期月份的期货合约分居于居中月份的两侧，形同蝴蝶的两只翅膀，因此称之为蝶式套利。

例如，市场上有三份不同交割月份的同一品种期货合约，分别为 1 月、3 月和 5 月合约。如果投资者认为 1 月合约与 3 月合约价差过大，且 3 月合约与 5 月合约价差过小，并且认为这种偏离会在将来回归正常，那么对 1 月和 3 月合约做一个卖出套利（牛市套利），对 3 月和 5 月合约做一个买入套利（熊市套利）。这种操作就是典型的蝶式套利。

可见蝶式套利是两个跨期套利互补平衡的组合，可以说是"套利的套利"。蝶式套利与普通的跨期套利相比，从理论上看，其风险和利润都较小。

牛市套利和熊市套利的交易如表 3.5 所示。

表 3.5　牛市套利与熊市套利交易

牛市 套利	正向市场	卖出套利
	反向市场	买入套利
熊市 套利	正向市场	买入套利
	反向市场	卖出套利

三、跨商品套利

跨商品套利（Inter-Product Spread）是指利用两种不同但又相互关联的商品之间期货价格的差异进行的套利，即买进（卖出）某一交割月份某一商品的期货合约，同时卖出（买入）另一相同交割月份的另一关联商品的期货合约，以期在有利时机同时将这两种合约对冲平仓获利的行为。

跨商品套利必须具备以下条件：①两种商品之间应具有关联性与相互替代性；②交易受同一因素制约；③买进或卖出的期货合约通常应在相同的月份交割。

跨商品套利可分为两种情况，一是相关商品间的套利，二是原料与成品间的套利。

1. 相关商品间的套利

一般来说，商品的价格总是围绕着其内在价值上下波动的，而不同的商品因其内在的某种联系，如需求替代品、需求互补品、生产替代品或生产互补品等，它们的价格存在某种稳定、合理的比值关系。但由于受市场、季节、政策等因素的影响，这些有关联的商品之间的比值关系又经常偏离合理区间，出现一种商品价格被高估而另一种商品价格被低估的情况，从而为跨品种套利带来了可能。在此情况下，交易者可以在期货市场卖出被高估的商品合约，同时买入被低估的商品合约，等有利时机出现后再分别平仓，从中获利。例如，铜和铝都可以用作电线的生产原材料，两者之间具有较强的可替代性，铜的价格上升会引起铝的需求量上升，从而导致铝的价格上涨。因此，当铜和铝的价格关系脱离了正常水平时，就可以用这两个品种进行跨商品套利。具体做法是：买入（或卖出）一定数量的铜期货合约，同时卖出（或买入）与铜期货合约交割月份相同、价值量相当的铝期货合约，待将来价差发生有利变化时再分别平仓了结，以获得价差变化的收益。

【例 3.12】 6 月 1 日，次年 3 月上海期货交易所铜期货合约价格为 54 390 元/吨，而该交易所次年 3 月铝期货合约价格为 15 700 元/吨，前一合约价格比后者高 38 690 元/吨。套利者根据两种商品合约间的价差分析，认为价差小于合理的水平，如果市场机制运行正常，这两者之间的价差会恢复正常，于是套利者决定在买入 30 手（5 吨/手）次年 3 月铜期货合约的同时，卖出 30 手次年 3 月铝期货合约，以期在未来某个有利时机同时平仓获取利润。6 月 28 日，该套利者在以 54 020 元/吨卖出 30 手次年 3 月铜期货合约的同时，以 15 265 元/吨买入 30 手次年 3 月铝期货合约。试计算一下套利结果。

答： 由题目可以看出，该套利者认为价差过小，由于他预期价差会扩大，则应进行买入套利，即买入价高合约（此处是铜期货合约），卖出价低合约（此处是铝期货合约）。开仓时的价差是 38 690 元/吨，平仓时的价差是 38 755 元/吨。

$$套利盈亏=38\ 755-38\ 690=65（元/吨）$$

$$总体盈亏=65\times30\times5=9\ 750（元）$$

那么该如何判断两个商品之间是否相关呢？在还未开始深入学习了解商品基本面的情况下，借助于数学、统计学和计量经济学的方法可以初步确立商品之间的联系。

在统计学课程中，曾经介绍过相关系数的概念，相关系数是一个 –1 到 1 之间的数字。通俗地讲，这个相关系数能反映两个变量间线性相关关系。相关系数越接近 1，说明两个变量间的正的线性相关性越强（更趋于同向变动）；相关系数越接近 –1，说明两个变量间的负的线性相关性越强（更趋于反向变动）；相关系数越接近 0，说明两个变量间的线性相关性非常弱。如果两个商品表现出较强的正相关性，那么这两个商品的价格一定有着较为接近的走势，如同涨同跌，并且涨跌幅也较为接近；如果两个商品表现出较强的负相关性，那么这两个商品的价格一定有着截然相反的走势，此涨彼跌，并且涨跌幅较为接近。

因此，如果把两个商品的价格（更好的一个选择是每日涨跌幅）作为变量，估算两者的线性相关系数，就可以判断出两个商品是否相关了。但是这里需要指出的是，两个商品是否相关，不只由相关系数决定，没有基本面逻辑支持的相关性是没有意义的。

项目
探索合约的价差与相关性

2. 原料与成品间的套利

原料与成品间的套利是指利用原材料商品和它的制成品之间的价格关系进行的套利。最典型的是大豆与其他两种制成品——豆油和豆粕之间的套利。在我国，大豆与豆油、豆粕之间一般存在着"100%大豆=18%豆油 + 78.5%豆粕 + 3.5%损耗"的关系（出油率的高低和损耗率的高低要受大豆的品质和提取技术的影响，其比例关系并不是一成不变的）。因而，也就存在"100%的大豆×购进价格 + 加工费用 + 利润 = 18%的豆油×销售价格 + 78.5%的豆粕×销售价格"的平衡关系。这三种商品之间的套利有两种做法：大豆提油套利和反向大豆提油套利。

由于大豆的购买和成品的销售不能够同时进行，因而存在着一定的价格变动风险。大豆提油套利是大豆加工商在市场价格关系基本正常时进行的，目的是防止大豆价格突然上涨，或豆油、豆粕价格突然下跌，从而产生亏损，或将已产生的亏损降至最低。

大豆提油套利的做法是：在购买大豆期货合约的同时卖出豆油和豆粕的期货合约，当在现货市场上购入大豆或将成品最终销售时再将期货合约对冲平仓。这样，大豆加工商就可以锁定产成品和原料间的价差，防止市场价格波动带来的损失。

其实这就相当于对大豆、豆油、豆粕都做了套期保值交易。因为大豆加工商将购买大豆作为生产原料，而把豆粕和豆油作为产成品销售，所以，根据本章第一节所学，使其自身风险敞口为零的套期保值方法是在买入大豆期货的同时卖出豆油和豆粕期货。

反向大豆提油套利是大豆加工商在市场价格反常时采用的套利。当大豆价格受某些因素的影响出现大幅上涨时，大豆可能与其产成品出现价格倒挂的现象，大豆加工商将会采取反向大豆提油套利的做法：卖出大豆期货合约，买进豆油和豆粕的期货合约，同时缩减生产，减少豆粕和豆油的供给量，三者之间的价格将会趋于正常，大豆加工商在期货市场中的赢利将有助于弥补现货市场中的亏损。

四、跨市套利

跨市套利（Intermarket Spread）是指投机者利用同一商品在不同期货交易所的期货价格的不同，在两个交易所同时买进和卖出期货合约以谋求利润的活动。其具体操作方法是：在某一期货交易所买某交割月份的某种期货合约的同时，在另一交易所卖出同一交割月份该种期货合约，以期在有利时机时分别在两个交易所对冲手中的合约获利。当同一商品在两个交易所中的价格差额超出了将商品从一个交易所的交割仓库运送到另一交易所的交割仓库的费用时，可以预计，它们的价差将会缩小并在未来某一时期体现真正的跨市场交割成本。

在期货市场上，许多交易所都交易相同或相似的期货商品，如芝加哥期货交易所、大连商品交易所、东京谷物交易所都进行玉米、大豆期货交易，伦敦金属期货交易所、上海期货交易所、COMEX 都进行铜、铝等有色金属交易。一般来说，这些品种在各交易所间的价格会有一个稳定的差额，一旦这个差额发生短期的变化，交易者就可以在这两个市场间进行套利，购买价格相对较低的合约，卖出价格相对较高的合约，以期在期货价格趋于正常水平时平仓，赚取低风险利润。

举例来说，如果芝加哥期货交易所的小麦销售价格比堪萨斯期货交易所的高出许多，并且价差超过了运输费用和交割成本，那么就会有现货商买入堪萨斯期货交易所的小麦并用船运送到芝加哥期货交易所进行交割。

随着我国期货市场与国际期货市场加速接轨，上海期货交易所已成为与伦敦金属期货交易所、COMEX 并驾齐驱的世界三大有色金属交易中心，引导着东西半球有色金属的价格方向及资源流向。铜作为一种高度国际化和高度市场化的商品，其价格波动与世界经济的兴衰息息相关，上海铜跨市套利作为期货市场中一种较为成熟的投资方式，更充分显示了其存在的价值，引起了投资者的关注。

五、期现套利

期现套利是指当期货市场与现货市场在价格上出现差距时，利用两个市场的价格差距，投机者企图以低买高卖的方式获利的投资行为。理论上，期货价格是商品未来的价格，现货价格是商品目前的价格，按照经济学上的同一价格理论，两者间的差距，即基差应该等于该商品的持有成本。一旦基差与持有成本偏离较大，就出现了期现套利的机会。其中，期货价格要高出现货价格，并且超过用于交割的各项成本，如运输成本、质检成本、仓储成本、开具发票所增加的成本等。期现套利主要包括正向买进期现套利和反向买进期现套利两种。可以说，期现套利是跨市套利的扩展，它把套利行为发展到现货和期货两个市场中。

期现套利中，套利者扮演贸易商的角色来赚取正常的期现差价，适用于有现货基础的企业投资者。当同一商品的期货价格和现货价格出现巨大的差价时，套利者可以在现货市场和期货市场上同时进行反向操作，以赚取无风险利润。同时，当出现期货价格低于现货价格时，套利者可在期货市场上以更低的成本买入近期合约，通过交割拿到货品后自用。这样可以减少销售环节，节省费用。

【例 3.13】以棉花为例，收购棉花现货后注册仓单的费用在 300 元以内，其中包括交割费用约 86 元[交易手续费＋交割手续费＋入库费用＋配合公检费＋仓储费=6＋4＋15＋25＋18×2=86（元）]和增值税 207 元，而其他包装费和人工成本约 200 元，即每月的正常持仓成本大约为 500 元，期现价差只要超过 500 元就可以进行套利交易了。

某年 3 月初，现货市场上具有交割标准的棉花价格为 12 000 元/吨，郑州商品交易所棉花期货合约的价格为 13 800 元/吨左右，套利者该如何操作进行期现套利？

答：3 月初，套利者可在现货市场以 12 000 元/吨的现货价格买入具有交割标准的棉花 5 吨，同时在郑州商品交易所以 13 800 元/吨的期货价格卖出 1 手（5 吨/手）棉花期货合约。

该期货合约到期后，套利者用持有的现货交割，获利 6 500 元。计算方法如下：

$$(13\ 800 - 12\ 000 - 500) \times 5 \times 1 = 6\ 500（元）$$

本章小结

套期保值是指交易者在现货市场和期货市场对同一种类的商品同时进行数量相等但方向相反的买卖活动，经过一段时间后，当价格变动使现货买卖出现盈亏时，可由期货交易上的盈亏得到抵消或弥补。根据买入与卖出现货的区别，具体操作有卖出套期保值和买入套期保值两种方式。在实际交易过程中，套期保值会遇到基差风险，即平仓时，期货和现货的价格不一致。

期货投机是指交易者通过预测期货合约未来价格的变化，以在期货市场上获取价差收益为目的的期货交易行为。期货投机和股票投机最大的区别在于，期货交易由于存在保证金制度，因此会放大赢利或亏损。

期货套利是指交易者利用相关市场或相关合约之间的价差变化，在相关市场或相关合约上进行与交易方向相反的交易，以期在价差发生有利变化时，将持有头寸平仓而获利的交易行为。期货套利一般可分为跨期套利、跨商品套利、跨市套利和期现套利等。

综合练习

一、名词解释

价差　牛市套利

二、单选题

1. 在进行卖出套期保值（空头头寸对冲）时，使期货和现货两个市场出现盈亏相抵后存在净赢利的情况是（　　）（不计手续费等费用）。

A．基差不变 　　　　B．基差走弱 　　　　C．基差为零 　　　　D．基差走强

2．假设沪铜和沪铝的合理价差为 32 500 元/吨，表3.6所列情形中，理论上套利交易赢利空间最大的是（　　）。

A．② 　　　　　　B．③

C．① 　　　　　　D．④

3．期货的套期保值是指企业通过持有与现货市场头寸方向（　　）的期货合约，或将期货合约作为其现货市场未来要交易的替代物，以期对冲价格风险的方式。

A．相同 　　　　　B．相反

C．相关 　　　　　D．相似

表3.6 铜、铝价格

	沪铜（元/吨）	沪铝（元/吨）
①	45 980	13 480
②	45 980	13 180
③	45 680	13 080
④	45 680	12 980

4．根据套利者对相关合约中价格较高的一边的买卖方向不同，期货价差套利可分为（　　）。

A．正向套利和反向套利 　　　　　　　　B．牛市套利和熊市套利

C．买入套利和卖出套利 　　　　　　　　D．价差套利和期现套利

5．2月3日，交易者发现6月、9月和12月的美元/人民币期货价格分别为6.084 9、6.083 2、6.082 1。交易者认为6月和9月的价差会缩小，而9月和12月的价差会扩大，在芝加哥商品交易所卖出500手6月合约、买入1 000手9月合约的同时卖出500手12月合约。2月20日，3个合约价格依次为6.082 9、6.082 2、6.080 7，交易者同时将三个合约平仓，则可（　　）元人民币。（合约交易单位：100 000美元/手）

A．赢利70 000 　　B．亏损70 000 　　　C．赢利35 000 　　　D．亏损35 000

6．假设淀粉每个月的持仓成本为30～40元/吨，交易成本为5元/吨，某交易者打算利用淀粉期货进行期现套利，则一个月后的期货合约与现货的价差（　　）时不存在明显期现套利机会（假定现货充足）。

A．大于45元/吨 　　　　　　　　　　　　B．大于35元/吨

C．大于35元/吨，小于45元/吨 　　　　　D．小于35元/吨

7．如果企业在套期保值操作中，现货头寸已经了结，但仍保留着期货头寸，那么其持有的期货头寸就变成了（　　）头寸。

A．投机性 　　　　B．跨市套利 　　　　C．跨期套利 　　　　D．现货

8．在8月和12月黄金期货价格分别为940美元/盎司和950美元/盎司时，某套利者下达"买入8月黄金期货，同时卖出12月黄金期货，价差为10美元/盎司"的限价指令，（　　）美元/盎司是该套利者指令的可能成交价差。

A．小于10 　　　　B．小于8 　　　　C．大于或等于10 　　　D．等于9

9．期货市场可对冲现货市场风险的原理是（　　）

A．期货与现货的价格变动趋势相同，且临近交割日，价格波动幅度扩大

B．期货与现货的价格变动趋势相同，且临近交割日，价格波动幅度缩小

C．期货与现货的价格变动趋势相反，且临近交割日，价差扩大

D．期货与现货的价格变动趋势相同，且临近交割日，价差缩小

10．大量的期货套利交易在客观上使期货合约之间的价差关系趋于（　　）。

A．合理 　　　　　B．缩小 　　　　　C．不合理 　　　　D．扩大

三、多选题

1. 下列属于跨市套利的是（　　）。

　　A．卖出 A 期货交易所 7 月小麦期货合约，同时买入 B 期货交易所 7 月小麦期货合约

　　B．买入 A 期货交易所 9 月菜粕期货合约，同时卖出 B 期货交易所 9 月菜粕期货合约

　　C．卖出 A 期货交易所 7 月原油期货合约，同时买入 A 期货交易所 7 月豆油期货合约

　　D．买入 A 期货交易所 5 月白银期货合约，同时买入 A 期货交易所 7 月白银期货

2. 商品市场上，反向市场出现的原因主要有（　　）。

　　A．预计将来某商品的供给会大幅度减少　　B．近期对某种商品或资产需求非常疲软

　　C．预计将来某商品的供给会大幅度增加　　D．近期对某种商品或资产需求非常迫切

3. 下列情况，适合进行钢材期货卖出套期保值（空头头寸对冲）操作的有（　　）。

　　A．某钢材经销商已按固定价格买入未来交收的钢材

　　B．某房地产企业预计需要一批钢材

　　C．某钢厂有一批钢材库存

　　D．某经销商特售一批钢材，但销售价格尚未确定

4. 对买入套期保值者（多头头寸对冲）而言，能够实现期货与现货两个市场盈亏相抵后还有净赢利的情形有（　　）（不计手续费等费用）。

　　A．基差从 10 元/吨变为 -20 元/吨　　　　B．基差从 30 元/吨变为 10 元/吨

　　C．基差从 -10 元/吨变为 -30 元/吨　　　　D．基差从 -10 元/吨变为 20 元/吨

5. 石油交易商在（　　）时，可以通过原油卖出套期保值对冲原油价格下跌风险。

　　A．计划将来卖出原油现货　　　　　　B．持有原油现货

　　C．计划将来买进原油现货　　　　　　D．卖出原油现货

四、判断题

1. 投资者下达套利市价指令时，需要注明具体的价位、买入和卖出的期货合约的种类和月份。　　　　　　　　　　　　　　　　　　　　　　　　　　　　　　　　　（　　）

2. 价差套利开仓时的价差计算，须用价格较高的一边减去价格较低的一边。（　　）

3. 套期保值的核心是获取风险性收益，即将期货交易的赢利增加到被套期保值项目的盈亏上，以提高企业的利润。　　　　　　　　　　　　　　　　　　　　　　　　　（　　）

4. 当玉米期货的基差从 200 元/吨变为 250 元/吨时，由于其绝对值变大，因此属于基差走强。　　　　　　　　　　　　　　　　　　　　　　　　　　　　　　　　　　（　　）

五、简答题

1. 简述套期保值交易中可能遇到的风险。

2. 简述期货投机交易与套期保值交易的区别。

3. 简述期货套利的基本原则。

4. 简述跨市套利的原理。

第四章 金融期货

【学习目标】

1. 掌握股指期货的套期保值方法及适用情形；
2. 理解股指期货的套利原理；
3. 掌握利率期货的套期保值方法及适用情形；
4. 理解利率期货的套利原理。

金融期货（Financial Futures）是指交易双方在金融市场上，以约定的时间和价格，买卖某种金融工具的具有约束力的标准化合约，是一种以金融工具为标的物的期货合约。

金融期货作为期货中的一种，具有期货的一般特点，但与商品期货相比，其合约标的物不是实物商品，而是传统的金融商品，如证券、货币、利率等，因此金融期货一般分为股指期货、货币期货和利率期货三类。

本章结合我国市场现有的金融期货产品，主要介绍股指期货和利率期货两类金融期货。

第一节 股指与股指期货

股票指数（简称"股指"）是描述股票市场总体价格水平变化的指标，可以反映该指数所代表的市场的总体走势。而股指对应的股指期货则给股票市场中的投资者提供了具有良好流动性的套期保值产品。本节将介绍股票指数的编制以及股指期货的概念及运作机制。

一、股票指数的编制

股票指数是由证券交易所或金融服务机构编制的表明股票行市变动的一种供参考的指示数字。由于股票价格起伏无常，投资者必然面临市场价格风险。对于具体某一种股票的价格变化，投资者容易了解；而对于多种股票的价格变化，要逐一了解，既不容易，也不胜其烦。为了适应这种情况和需要，一些金融服务机构就利用自己的业务知识和熟悉市场的优势，编制出股票指数，并公开发布，将其作为市场价格变动的指标。投资者据此可以检验自己投资的效果，并用以预测股票市场的动向。同时，新闻界、企业界乃至政界领导人等也以此为参考指标，来观察和预测社会政治、经济的发展形势。

编制股票指数时通常需考虑以下四点：①样本股票必须具有典型性、普遍性，为此，选择样本时要综合考虑其行业分布、市场影响力、股票等级、适当数量等因素；②计算方法应具有高度的适应性，能对不断变化的股市行情做出相应的调整或修正，使股票指数或平均数有较好的敏感性；③要有科学的计算依据和手段，计算依据的口径必须统一；④基期应有较好的均衡性和代表性。

以全部上市股票作为样本计算的股票指数称为综合指数，选取一些具有代表性的样本股票计算的股票指数一般称为成分指数。

二、股指期货概述

（一）股指期货的概念

股指期货（Stock Index Futures），也可称为股票指数期货、期指，是指以股票指数为标的物的标准化期货合约，双方约定在未来的某个特定日期，按照事先确定的股票指数的大小，进行标的指数的买卖。作为期货交易的一种类型，股指期货交易与普通商品期货交易具有基本相同的特征和流程。

股指期货的主要作用表现在它能帮助股票投资者避免股票投资的系统性风险。所谓系统性风险指的是错综复杂的各类因素给市场上所有的股票带来损失的风险，也是整个股票市场上各种股票的持有人所普遍面临的风险。它与一国的总体经济状况和指标（如利率水平的变化及市场环境的整体变化）等因素密切相关。而非系统性风险指的是某些因素给某种或某类股票带来损失的风险。它与股票所代表公司所处的行业状况和公司的经营状况相关。

股指期货以有代表性的权威股票指数作为合约计价的基础，期货合约的价格随着股票指数的涨跌而发生相应的变化。股票投资者在投资股市时，可利用套期保值的方式使股票投资的损失由股指期货交易的赢利弥补。因此，股指期货合约的产生为股票投资者提供了避免系统性风险的保值手段，对股票市场的稳定和发展具有非常重要的积极作用。

（二）股指期货与股票交易的不同

股指期货与股票相比，有几个非常鲜明的特点，这对股票投资者来说尤为重要。

第一，期货合约有到期日，不能无限期持有。股指期货都有固定的到期日，到期就要摘牌。因此交易股指期货不能像买卖股票一样，交易后就不管了，必须注意其合约到期日，以决定是提前了结头寸，还是等待合约到期，或者将头寸转到下一个月。

第二，期货合约是保证金交易，必须每天结算。股指期货合约采用保证金交易制度，一般只要付出合约面值 10%~15%的资金就可以买卖一张合约，这一方面提高了赢利的空间，但另一方面也带来了风险，因此必须每日结算盈亏。

第三，期货合约可以卖空。股指期货合约可以十分方便地卖空，等价格回落后再买回。股票融券交易也可以卖空，但难度相对较大，限制条件苛刻。

第四，股指期货实行现金交割方式。期指市场虽然是建立在股票市场基础之上的衍生市场，但期指交割以现金形式进行，即在交割时只计算盈亏而不转移实物，在期指合约的交割期，投资者完全不必购买或者抛出相应的股票来履行合约义务，这就避免了在交割期股票市场出现"挤市"的现象。

第五，一般来说，股指期货市场是专注于根据宏观经济资料进行的买卖，而股票市场则是专注于根据个别公司状况进行的买卖。

（三）股指期货交易的基本制度

为了叙述方便，在这里以中国金融期货交易所推出的沪深300股指期货为例来说明股指期货交易的基本制度。

1. 保证金制度

投资者在进行期货交易时，必须按照其买卖期货合约价值的一定比例来交纳资金作为履行期货合约的财力保证，然后才能参与期货合约的买卖。这笔资金就是通常所说的保证金。

【例4.1】假设股指期货价位现在为3 000点，则一手合约的相应面值是多少？如果交易保证金比例为8%，则交易一手合约所需的保证金为多少？

答：

$$合约面值=合约乘数×股指期货点位=300×3 000=900 000（元）$$

$$交易所需保证金=合约面值×保证金比例=900 000×8\%=72 000（元）$$

2. 当日无负债结算制度

当日无负债结算制度，其原则是当日交易结束后，交易所按当日结算价对结算会员结算所有合约的盈亏、交易保证金及手续费、税金等费用，对应收应付的款项实行净额一次划转，相应增加或减少结算准备金。结算完毕后，结算会员的结算准备金余额低于最低余额标准时，该结算结果即视为交易所向结算会员发出的追加保证金通知，两者的差额即为追加保证金金额。

3. 涨跌停板制度

涨跌停板是指期货合约在一个交易日中的交易价格波动不得高于或者低于规定的涨跌幅度，超过该涨跌幅度的报价将被视为无效。涨跌停板制度，能够锁定会员和投资者每一交易日所持有合约的最大盈亏；能够有效地减缓、抑制一些突发性事件和过度投机行为对期货价格的冲击。

沪深300股指期货合约中规定沪深300股指期货合约的涨跌停幅度为上一交易日结算价的±10%，股指期货合约最后交易日涨跌停幅度为上一交易日结算价的±20%。

4. 熔断机制

一般认为，熔断机制对于股指期货乃至整个期货市场的风险控制都是非常有效的。熔断机制对于股指期货的作用主要表现在对股指期货市场的交易风险提供预警，有效防止风险的突发性和风险发生的严重性。

国外交易所采取的熔断机制一般有两种形式，即"熔即断"与"熔而不断"。前者是指当价格触及熔断点后，随后的一段时间内交易暂停；后者是指当价格触及熔断点后，随后的一段时间内买卖申报在熔断价格区间内继续撮合成交。国际上采用比较多的是"熔即断"的熔断机制。

视野拓展

熔断机制的实践与探索

5. 强行平仓制度

强行平仓制度是与持仓限额制度和涨跌停板制度等相互配合的风险管理制度。当交易所会员或客户的交易保证金不足并且未在规定时间内补足，或当会员或客户的持仓量超出规定的限额，或当会员或客户违规时，交易所为了防止风险进一步扩大，将对其持有的未平仓合约进行强制性平仓处理，这就是强行平仓制度。《中国金融期货交易所风险控制管理办法》规定，在下列五种情况下会出现强行平仓：①结算会员结算准备金余额小于零，且未能在第一节结束前补足；②非期货公司会员、客户持仓超出持仓限额标准，且未能在第一节结束前平仓；③因违规、违约受到交易所强行平仓处理；④根据交易所的紧急措施应当予以强行平仓；⑤交易所规定应当予以强行平仓的其他情形。

6. 持仓限额制度

中国金融期货交易所实行持仓限额制度。持仓限额是指交易所规定的会员或者客户对某一合约单边持仓的最大数量。

中国金融期货交易所规定：进行投机交易的客户某一合约单边持仓限额为 5 000 手；某一合约结算后单边总持仓量超过 10 万手的，结算会员下一交易日该合约单边持仓量不得超过该合约单边总持仓量的 25%；会员、客户持仓达到或者超过持仓限额的，不得进行同方向开仓交易。

7. 大户报告制度

大户报告制度是指当投资者的持仓量达到交易所规定的持仓限额时，应通过结算会员或交易会员向交易所或监管机构报告其资金和持仓情况的制度。

8. 强制减仓制度

当期货交易出现同方向连续涨跌停板单边无连续报价或者市场风险明显增大情况时，交易所有权将当日以涨跌停板价格申报的未成交平仓报单，以当日涨跌停板价格与该合约净持仓赢利客户按照持仓比例自动撮合成交。强制减仓造成的经济损失由会员及其客户承担。

9. 结算担保金制度

结算担保金是指由结算会员依交易所的规定缴存的，用于应对结算会员违约风险的共同担保资金。当个别结算会员出现违约时，在动用完该违约结算会员交纳的结算担保金之后，可要求其他会员的结算担保金按比例共同承担该会员的履约责任。结算会员联保机制的建立确保了市场在极端行情下的正常运作。

10. 风险警示制度

风险警示制度是指交易所认为必要时可以单独或同时采取要求会员和客户报告情况、谈话提醒、书面警示、公开谴责、发布风险警示公告等措施中的一种或多种，以警示和化解风险的制度。

中国金融期货交易所规定，出现下列情形之一的，交易所有权约见指定的会员高管人员或客户谈话以提醒风险，或要求会员或客户报告情况：期货价格出现异常；会员或客户交易异常；会员或客户持仓异常；会员资金异常；会员或客户涉嫌违规、违约；交易所接到涉及会员或客户的投诉；会员涉及司法调查；交易所认定的其他情况。

（四）股指期货的结算

股指期货的结算大致可以分为两个层次：首先是结算所或交易所的结算部门对会员结算，然后是会员对投资者的结算。不管哪个层次，都需要做三件事情：一是交易处理和头寸管理，就是每天交易后要登记做了哪几笔交易，头寸是多少；二是财务管理，就是每天要对头寸进行盈亏结算，赢利部分退回保证金，亏损部分追缴保证金；三是风险管理，对结算对象评估风险，计算保证金。

（五）股指期货的交割

股指期货合约到期时和其他期货一样，都需要进行交割。不过一般的商品期货和国债期货、外汇期货等采用的是实物交割，而股指期货和短期利率期货等采用的是现金交割。所谓现金交割，就是不需要交割一篮子股票指数成分股，而是用到期日或第二天的现货指数作为最后结算价，通过与该最后结算价进行盈亏结算来了结头寸。

第二节　股指期货交易策略

股指期货和商品期货一样，其市场上的交易者也可分为套期保值者、投机者和套利者。本节将介绍投资者在使用股指期货进行套期保值、投机和套利交易时的操作方式和注意事项。

一、股指期货套期保值

（一）股指期货套期保值的原理

股指期货套期保值和商品期货套期保值一样，其基本原理是利用股指期货与股票现货之间的类似走势，通过在期货市场进行相应的操作来管理现货市场的头寸风险。

1. 股指期货的空头套期保值

由于股指期货的套利操作，股指期货的价格和股票现货（股票指数）之间的走势是基本一致的，如果两者步调不一致到足够程度，就会引发套利盘入市。这种情况下，如果套期保值者持有一篮子股票现货，他认为目前股票市场可能会出现价格下跌，但如果直接卖出股票，他的成本会很高（可以想象一下，短时间大笔地卖出手头的几十只股票，市场会如何反应）。于是他可以在股指期货市场建立空头头寸，在股票市场出现价格下跌的时候，通过股指期货获利，以此弥补股票现货的损失。这就是所谓的股指期货的空头套期保值。

【例4.2】5月4日，某投资者现持有价值1 080万元的股票组合，由于他对近期股市前景看淡，于是便卖出沪深300指数期货IF1005，价格为3 000点。请计算其适当的合约卖出份数，并分析截至5月15日其股票组合和沪深300指数期货价格同时下跌10%时，其头寸持有状况。

答：

$$卖出份数 = 10\ 800\ 000 \div (3\ 000 \times 300) = 12（份）$$

5月15日时，其持有的股票组合价值972万元［1 080万×(1−10%)］，赢利为−108万元（972万−1 080万）。

由于其事前做了空头套期保值交易，期货市场指数此时为2 700点，做买进平仓，期货市场上的赢利为108万元［(3 000−2 700)×300×12］。买卖相抵后，股票市场损失的108万元就由期货市场赢利的108万元弥补，达到了保值的目的。具体操作见表4.1。

表 4.1　股指期货的空头套期保值

	股票市场	期货市场
5 月 4 日	持有价值 1 080 万元的股票组合	卖出 12 份沪深 300 指数期货 IF1005，价格为 3 000 点，总值 1 080 万元
5 月 15 日	持有的股票价值下降到 972 万元，跌幅 10%	期货市场指数此时为 2 700 点，做买进平仓，合约价值为 972 万元（2 700×300×12）
盈亏	972–1 080= –108（万元）	1 080–972=108（万元）

2. 股指期货的多头套期保值

股指期货的多头套期保值也称为买入套期保值，其参与者主要是因种种原因未持有股票的个人或机构，为避免股价上涨可能出现的损失或投资成本的增加，他们就会采用买进股指期货的套期保值方式。这样，一旦股票价格真的上涨，他们就可以用在期货市场上的获利来弥补由于股价上升在股票现货交易中所受的损失。

【例 4.3】某证券公司在 4 月 15 日预计 1 个月后将会收到一笔 360 万元的资金，并计划收到这笔资金后投资买入某银行的股票。目前该股价格为 12 元/股。经综合分析后该公司认为大盘正处于上涨趋势，该银行的股票作为蓝筹股，股价可能会上涨许多，将使届时的投资成本大增。为规避此种风险的发生，该证券公司在利用沪深 300 指数期货进行多头套期保值后，使其购买某银行股票的成本锁定在每股 12 元。具体操作过程见表 4.2。

表 4.2　股指期货的多头套期保值

	股票市场	期货市场
4 月 15 日	预计 1 个月后将会收到一笔 360 万元的资金，若当天以 12 元/股买进某银行的股票，可买进 30 万股	买入 4 份 5 月到期的沪深 300 股指期货，期货指数为 3 000 点，总价值为 360 万元（3 000 ×300 ×4）
5 月 15 日	股市行情上涨，某银行股价升至 13.2 元/股，买入 30 万股某银行股票需要 396 万元	股市行情上涨导致股指期货价格上涨，期货指数为 3 300 点，卖出平仓总价值为 396 万元（3 300 × 300 × 4）
盈亏	360–396=–36（万元）	396–360=36（万元）

（二）β 系数与股指期货套期保值

在上述各例中，为方便起见，实际上已做了这样的假设：现货市场上由投资者所持有发行或购买的股票同股票指数所包含的一篮子股票有着完全相同的价格变动特性，现货价格与期货价格有着完全相同的价格变动幅度，投机者通过套期保值可将全部风险予以回避。但现实中，这样的假设并不正好存在。

在一般情况下，各投资者所持有的证券组合的风险与整个股市的风险是不一致的。某证券组合的风险，特别是个别股票的风险通常大于整个股市的风险。因此，在套期保值时，如果人们不考虑这一因素，则在现货市场上所存在的全部风险中，至少有一部分风险在实际上根本没有得到应有的防范。为了避免上述情况的发生，以尽可能实现完全的套期保值，在利用股指期货进行套期保值时，人们通常用 β 系数来调整套期保值所需的期货合约数，以尽可能地使全部风险都得到防范。

1. β 系数概述

β 系数（Beta Coefficient）是一种评估证券系统性风险的工具，用以度量一种证券或一个证券投资组合相对总体市场的波动性。若 β 系数为 1，则证券的价格与市场价格一同变动；

若 β 系数大于 1，则证券价格比总体市场的价格波动幅度更大；若 β 系数小于 1（大于 0），则证券价格比总体市场的价格波动幅度更小。

β 系数的计算公式如下：

$$\beta_a = \frac{Cov(r_a, r_m)}{\sigma_m^2}$$ 公式 4.1

式中，$Cov(r_a, r_m)$ 是证券 a 的收益与市场收益的协方差；σ_m^2 是市场收益的方差。由于：

$$Cov(r_a, r_m) = \rho_{am} \cdot \sigma_a \cdot \sigma_m$$ 公式 4.2

所以 β 的公式也可以写成：

$$\beta_a = \rho_{am} \cdot \frac{\sigma_a}{\sigma_m}$$ 公式 4.3

式中，ρ_{am} 为证券 a 收益与市场的相关系数；σ_a 为证券 a 收益的标准差；σ_m 为市场收益的标准差。

β 系数并不代表证券 a 价格波动与总体市场价格波动的直接联系。不能绝对地说，β 越大，证券 a 价格波动（σ_a）相对于总体市场价格波动（σ_m）越大；同样，β 越小，也不完全代表证券 a 价格波动相对于总体市场价格波动越小。甚至即使 $\beta=0$ 也不能代表证券 a 无风险，而有可能是证券 a 价格波动与总体市场价格波动无关（$\rho_{am}=0$）。但是，可以确定的是，如果证券 a 无风险（$\sigma_a=0$），β 一定为零。

β 系数反映了个股对市场变化的敏感性，也就是个股与大盘的相关性，反映了市场系统性风险的大小。为避免非系统性风险，可以在相应的市场走势下选择那些与 β 系数相同或相近的证券进行投资组合。例如，一只个股 β 系数为 1（【例 4.2】和【例 4.3】中股票的 β 为 1），说明当大盘涨 10% 时，该个股价格可能涨 10%，反之亦然；一只个股 β 系数为 1.3，说明当大盘涨 10% 时，该个股价格可能涨 13%，反之亦然；但如果一只个股 β 系数为 -1.3，说明当大盘涨 10% 时，该个股价格可能跌 13%，同理，大盘如果跌 10%，该个股价格有可能涨 13%。在利用股指期货来对一组有价证券进行保值时，β 系数是确定套期保值比率的重要因素。套期保值所需的合约数计算公式如下：

$$套期保值所需的合约数 = \frac{现货股票或证券组合的总值}{一张期货合约的价值} \times \beta系数$$ 公式 4.4

2. β 系数与套期保值

先来看一个 β 系数应用在空头套期保值的例子。

【例 4.4】国内某证券投资基金，在某年 6 月 2 日时，其股票组合的收益达到了 40%，总市值为 5 亿元。该基金预期银行可能加息，一些大盘股要相继上市，股票可能出现短期深幅下调，但对后市还是看好，决定用沪深 300 指数期货进行保值。

当年 6 月 2 日的现货指数为 2 700 点，当年 9 月到期的沪深 300 指数期货合约为 2 850 点。假设其股票组合与沪深 300 指数的 β 系数为 0.9。

当年 7 月 10 日，股票市场企稳，现货指数为 2 650 点，9 月到期的期货合约为 2 797 点。分析该基金的套期保值情况。

答：该基金的套期保值数量为

$$\frac{500\,000\,000}{2\,850 \times 300} \times 0.9 = 526（手）$$

该基金对后市继续看涨，决定继续持有股票。具体操作见表 4.3。

表 4.3　β 系数与空头套期保值

	现货市场	期货市场
6月2日	股票市值为 5 亿元，上证指数为 2 700 点	以 2 850 点卖出 526 手 9 月到期的沪深 300 指数期货，合约总值为 4.497 3 亿元（526×2 850×300）
7月10日	上证指数为 2 650 点（跌幅 1.85%），该基金持有的股票价值减少 1.67%（1.85%×0.9），市值为 4.916 5 亿元	以 2 797 点买入平仓 526 手 9 月到期的沪深 300 指数期货，合约价值为 4.413 666 亿元（526×2 797×300）
损益	损失 835 万元（5 亿×1.67%）	赢利 836.34 万元（4.497 3 亿–4.413 666 亿）
	赢利 1.34 万元（836.34 万–835 万）	
状态	继续持有 5 亿元股票	没有持仓

这里有人可能会问，要转移持有股票的风险为什么非要在指数期货市场上做空头保值，而不是简单地卖掉股票呢？这可以从两方面加以说明：①运用一个流动性好的指数期货合约做对冲交易，并不会引起期货价格的显著波动，但在股票市场上抛出同等价值的股票则会引起股票价格大幅度下跌，造成损失；②很多基金经理人认为抛出股票并不是一种可行的选择，因为他们受持有特定种类股票的限制，售出股票以后，所获得的现金并不能立即投资于其他领域，但期货市场却给基金经理人以机会和灵活性，即在无须完全抛出全部股票的情况下，可以对手中持有的一组股票进行潜在的调整。可以从现有总投资中抽出部分资金（其数额相当于买卖指数期货的保证金）进行股指期货交易，从而使其成为股票市场组合全面管理的有机组成部分。

β 系数也可以应用于利用股指期货进行多头套期保值，其原理和方法和空头套期保值类似，此处不再赘述。

在股指期货套期保值中，投资者能否准确地估计其现货部分的 β 系数，并据此确定套期保值比率，是套期保值的关键。

二、股指期货的投机与套利

（一）股指期货的投机

股指期货市场上的投机是必不可少的。投机者买卖股指期货合约的目的，不是避免价格变动带来的损失，而是利用价格波动获得利润。具体来说，股指期货的投机分为多头投机和空头投机两种方式。

1. 股指期货的多头投机

股指期货的多头投机是指投机者在对市场行情看涨的时候，买入股指期货合约，再在行情涨至一定高度的时候卖出合约的行为。

【例 4.5】4 月 26 日，某投资者预测股票市场行情最近将上涨，于是他立即买入 1 份沪深 300 股指期货合约 IF1006，指数为 3 000 点，1 份合约的价值为 90 万元（3 000×300），需交纳保证金 7.2 万元（900 000×8%）。

5 月 6 日，股指如果上涨了 300 点，涨幅 10%，该投资者卖出合约平仓，售价为 99 万元（3 300×300），获利 9 万元，收益率达 125%（90 000÷72 000×100%）。

如果投资者当时用 7.2 万元以每股 12 元买入招商银行股票 6 000 股，到 5 月 6 日也涨 10%，为每股 13.2 元，卖出获利 0.72 万元，收益率为 10%。如果该投资者觉得股指还要上涨，可不平仓，继续持有，随着股指上涨会赚得更多，当然也有可能因股指下跌将获利损耗掉。

假设 5 月 6 日，股指下跌了 150 点，跌幅为 5%，该投资者卖出合约平仓，售价为 85.5 万元（2 850 × 300），赢利为 -4.5 万元（85.5-90），盈亏率达 -62.5%（-4.5 ÷ 7.2×100%）。平仓后保证金只剩 2.7 万元（7.2-4.5）。

如果不平仓继续持有到 5 月 11 日，股指跌至 2 760，跌幅 8%，账面亏损 7.2 万元[(2 760-3 000)×300]，刚好等于预交的保证金。期货公司会于当日通知其追加保证金，否则将强行平仓，使其保证金损失殆尽。如果投资者同意追加，若股价继续下跌可能会亏损更多。当然也可能因股价上涨而扭亏为盈。要注意：一是如果该投资者的资金有限，可能会爆仓出局；二是股指期货合约有到期日约束。

2. 股指期货的空头投机

股指期货的空头投机是指投机者在对股票市场行情看跌的情况下，卖出股指期货合约，然后再在行情下跌之后，买入股指期货合约对冲平仓，以高卖低买的方式，获得可观的利润。如果预测失误，股票指数不跌反涨，则会造成亏损。

（二）股指期货的套利

股指期货的套利是指交易者同时卖出和买进两种不同种类的股指期货合约，以利用股指期货间的价格差来获取利润的行为。在进行套利交易时，交易者买进自认为是便宜的合约，同时卖出那些自认为是高价的合约，他们并不注重价格的绝对水平，而是注重合约之间的价格关系。假如交易者估计合约价格将上升或下降，而实际上价格也确实如所料那样上升或下降了，那么交易者就可以从两合约的价格关系变动中获得利润。

一般来说，股指期货的套利主要有跨期套利、跨品种套利、跨市场套利和期现套利四种形式。

1. 股指期货的跨期套利

股指期货的跨期套利是指交易者利用股指期货不同交割月份的合约之间的价差进行相反交易以从中获利的行为。根据采用的方法，跨期套利可分为多头跨期套利和空头跨期套利两种。

（1）多头跨期套利。当交易者对市场抱乐观态度时会采用多头跨期套利的方法。具体地说，当股票市场趋势向上时，对于交割月份较迟的合约，其价格就会比近期月份合约的价格更易迅速上升。进行多头跨期套利的人正是基于这一认识，出售近期月份合约而买进远期月份合约的，这种做法就是多头跨期套利。

【例 4.6】某投资者预测股票市场指数将上涨，于是进行 S&P 500 指数期货（每手合约为指数乘 500 美元）的多头跨期套利。具体操作如表 4.4 所示。

正如投资者所料，市场指数上涨，较远的 12 月合约与较近的 6 月合约之间的差额扩大，于是产生净差额利润 125 美元（0.25 × 500）。

（2）空头跨期套利。当交易者对市场抱悲观态度时会采用空头跨期套利的方法。具体地说，当股票市场趋势向下时，对于交割月份较迟的合约，其价格就会比近期月份合约的价格更易迅速下跌。进行空头跨期套利的人正是基于这一认识，买进近期月份合约而出售远期月份合约，从而在价格差异中获利的，这种做法就是空头跨期套利。

表 4.4　股指期货的多头跨期套利

	近期合约	远期合约	差额
开始	以 94.50 售出 1 手 6 月 S&P500 指数期货合约	以 97.00 买入 1 手 12 月 S&P500 指数期货合约	2.50
结束	以 95.00 买入 1 手 6 月 S&P500 指数期货合约	以 97.75 售出 1 手 12 月 S&P500 指数期货合约	2.75
差额价格变动	−0.50	+ 0.75	变动 0.25

2. 股指期货的跨品种套利

跨品种套利指的是交易者利用两种不同但相关联的指数期货产品之间的价差进行的交易，这两种指数期货之间具有相互替代性或受同一供求因素制约。跨品种套利的交易形式是同时买进和卖出相同交割月份但不同种类的股指期货合约。例如，道琼斯指数期货与标准普尔指数期货、迷你标准普尔指数期货与迷你纳斯达克指数期货等都可以进行跨品种套利交易。中国金融期货交易所的沪深 300 股指期货、中证 500 股指期货、上证 50 股指期货之间也可进行跨品种套利交易。

3. 股指期货的跨市场套利

股指期货的跨市场套利是指交易者在不同的交易所同时买进和卖出相同交割月份的同种或类似的股指期货合约，以赚取价差利润的套利方式。例如，日经 225 指数期货合约分别在大阪证券交易所（OSE）、新加坡交易所（SGX）和芝加哥商品交易所上市交易。三种期货合约的标的资产都是日经 225 指数，但其合约乘数、报价单位及交易时间不尽相同。其中，大阪证券交易所上市的日经 225 指数期货合约，以日元报价，合约乘数为 1 000 日元/指数点。新加坡交易所和芝加哥商品交易所则既有日元报价的日经 225 指数期货合约，合约乘数为 500 日元/指数点，又有美元报价的日经 225 指数期货合约，合约乘数为 5 美元/指数点。而且在芝加哥商品交易所开仓买卖的日经 225 指数期货合约，可以在新加坡交易所对冲平仓，而新加坡交易所的开始交易时间比大阪证券交易所开市时间长，这就为三个交易所的日经 225 指数期货合约的套利提供了机会以及方便、快捷的交易通道。

4. 股指期货的期现套利

股指期货的期现套利是指针对股指期货与现货之间的不合理关系进行套利的交易行为。股指期货合约是以股票指数作为标的物的金融期货合约，期货指数与现货指数维持一定的动态联系。但有时期货指数与现货指数会产生偏离，当这种偏离超出一定的范围时（无套利定价区间的上限和下限）就会产生套利机会。

当期货价格被价高估时，买进现货，同时卖出期货，通常称为正向套利；当期货价格被低估时，卖出现货，买进期货，称为反向套利。由于套利是在期、现两市同时进行的，将利润锁定，不论价格涨跌，都不会有风险，故常称为无风险套利。从理论上讲，这种套利交易不需资金，因为资金都是借贷来的，所需支付的利息已经考虑了，那么套利利润实际上是已经扣除机会成本之后的净利润，是无本之利。

第三节　利率期货概述与交易规则

利率期货是指以债券类证券为标的物的期货合约，它可以回避由银行利率波动所引起的证券价格变动的风险。利率期货的种类繁多，分类方法也有多种。通常，按照合约标的的期限，利率期货可分为短期利率期货和长期利率期货两大类。本节将介绍利率期货的基本概念和利率期货合约的交易规则。

一、利率期货概述

（一）债券概述

为了更好地理解利率期货的性质、特点、交易规则和交易策略，有必要先对利率风险及利率期货交易的标的物（即各种债券）作一概述。

1. 债券的种类

债券的种类繁多，按发行主体不同可分为政府债券、公司债券和金融债券三大类，各类债券根据其要素组合的不同又可细分为不同的种类。而目前被作为利率期货交易标的物在世界各大金融期货市场上交易的主要有美国的国库券（Treasury Bills，T-Bills）、欧洲美元定期存单（Eurodollar CDs）和美国中长期国债。

美国的国库券是由美国财政部发行的一种短期债券，期限有 1 个月期、3 个月期、6 个月期及 1 年期四个品种。

欧洲美元定期存单，是指一切被存放于美国境外的非美国银行或美国银行设在境外的分支机构的美元存款。欧洲美元市场是一种"离岸（境外）金融市场"，它既不受货币发行国的货币管制，又不受市场所在国的管制。银行吸收这种存款可免交存款准备金，故其成本较低，能以较高的利率吸收存款，而以较低的利率发放贷款。目前，欧洲美元存款已成为国际金融市场上最重要的融资形式之一。

美国中长期国债与国库券一样，由美国财政部发行，期限都超过 1 年。10 年期以下的被称为中期国债（Treasury Notes，T-Notes），期限在 10 年以上的被称为长期国债（Treasury Bonds，T-Bonds）。

2. 美国国库券的价格与收益

国库券是以贴现方式发行的，美国财政部以低于面值的价格发行国库券，投资者以低于国库券面值的价格买进国库券后，到期按面值得到偿还，其差额便是投资者取得的收益。国库券价格的计算公式为

$$P = F \times (1 - r \times \frac{t}{360})$$ 公式 4.5

式中，P 为国库券价格；F 为国库券面值；r 为年贴现率；t 为现在距到期日的天数。

【例 4.7】假定国库券的面值为 1 000 000 元，贴现率为 6%，期限为 90 天，则该国库券的价格为多少？

答：

$$P = F \times (1 - r \times \frac{t}{360}) = 1\,000\,000 \times (1 - 6\% \times \frac{90}{360}) = 985\,000 \quad （元）$$

若已知国库券的面值和价格，也可以计算出它的贴现率，其公式如下：

$$r = \frac{F - P}{F} \times \frac{360}{t} \qquad\qquad 公式 4.6$$

【例 4.8】假定国库券的面值为 100 万元，价格为 98.8 万元，到期的天数为 50 天，则该国库券的贴现率为多少？

答：

$$r = \frac{F - P}{F} \times \frac{360}{t} = \frac{100 - 98.8}{100} \times \frac{360}{50} = 8.64\%$$

由于国库券是以贴现形式发行的，国库券的实际收益率一定高于贴现率。国库券的实际收益率可用以下公式计算：

$$R = \frac{F - P}{P} \times \frac{360}{t} \qquad\qquad 公式 4.7$$

式中，R 为国库券的实际收益率。

【例 4.9】某投资者以 97.75 万元的价格买进一张面值为 100 万元、期限为 90 天的国库券。计算其贴现率和实际收益率。

答：

$$贴现率\ r = \frac{F - P}{F} \times \frac{360}{t} = \frac{100 - 97.75}{100} \times \frac{360}{90} = 9\%$$

$$实际收益率\ R = \frac{F - P}{P} \times \frac{360}{t} = \frac{100 - 97.75}{97.75} \times \frac{360}{90} = 9.21\%$$

在货币市场上，国库券通常以贴现率报价，而此贴现率并不是实际收益率；在利率期货交易中，国库券期货与欧洲美元定期存单期货等其他短期利率期货均以指数方式报价，此指数都是以 100 减去一定的年利率来表示的。由于国库券的年利率（年贴现率）与其他债务凭证的年利率有着不同的性质，因此，即使指数相同，其实际的价格也不同。

为了进一步明确说明这些区别，把国库券等以贴现方式发行的债务凭证称为贴现式证券（Discount Securities），而把欧洲美元定期存单等以面值发行的债务凭证称为加息式证券（Add-on Interest Type Securities）。相应地，把贴现式证券的年贴现率称为贴现收益率（Discount Yield），而把加息式证券的年利率称为加息收益率（Add-on Interest Yield）。

3. 欧洲美元定期存单的价格与收益

欧洲美元定期存单是以面值发行的债务凭证，属于加息式证券，投资者（存款人）必须先以一定面值的美元存入银行，在到期日时收回本金，并取得相应利息，利息率就是存款人的实际收益率。与国库券不同，欧洲美元定期存单是一种不可转让的债务凭证，因此，只有发行价格而没有转让价格。由于国库券的收益在投资者购买国库券时即已取得，而欧洲美元定期存单的收益必须于到期日才能取得，所以，在国库券的贴现率与欧洲美元定期存单的利息率相等时，投资者投资于国库券的实际收益率必然高于投资于欧洲美元定期存单的实际收益率。

4. 美国中长期国债的价格与收益

美国的中长期国债不仅在期限上不同于国库券，而且在发行方式和利息支付方式等方面也不同于国库券。中长期国债是一种附有息票的债券，投资者购进这种债券后，可凭息票在债券期满之前定期地收取利息。美国的中长期国债有规定，每半年支付一次利息，最后一期利息则于债券期满时随本金一同支付。

这种特定的发行方式与利息支付方式决定了其特定的定价方法。一般而言，中长期国债的价格，是包括债券期满时收取的本金在内的各期收益的现值之和。这一价格取决于债券的面值、债券的剩余期限、债券的息票利率和当时的市场利率四个因素。其计算公式如下：

$$P = \sum_{t=1}^{s} \frac{R}{(1+r/2)^t} + \frac{F}{(1+r)^n}$$
公式 4.8

式中，P 为中长期国债的市场价格；R 为各期利息收入（等于债券面值与息票利率的乘积）；F 为中长期国债的面值（即本金）；r 为市场利率；S 为付息次数（每半年付息一次，剩余 10 年，付息 20 次）；n 为债券剩余年限（$S=2n$）。

【例 4.10】某债券的面值为 100 000 美元，距到期日还剩 5 年，息票利率为年利率 10%，利息每半年支付一次，市场利率为 8%，则该债券的市场价格为多少？

答：

$$P = \sum_{t=1}^{s} \frac{R}{(1+r/2)^t} + \frac{F}{(1+r)^n} = \sum_{t=1}^{10} \frac{5\,000}{(1+8\%/2)^t} + \frac{100\,000}{(1+8\%)^5} = 40\,554.48 + 68\,058.32 = 108\,612.8 \ (\text{美元})$$

需要指出的是，上述公式计算出来的中长期国债价格还只是一种市场理论价格，不是实际交易价格，债券的实际交易价格除了受上述各因素的制约外，还要受其他多种复杂因素的影响。限于篇幅，本书对此不做深入探讨。

（二）利率风险

利率风险是指利率的变动导致债券价格与收益率发生变动的风险，债券是一种法定的契约，大多数债券的票面利率是固定不变的（浮动利率债券与保值债券例外），当市场利率上升时，债券价格下跌，使债券持有者的资本遭受损失。因此，投资者购买的债券时间离到期日越长，利率变动的可能性越大，其利率风险也相对越大。

固定票面利率的债券价格受市场利率变动的影响表现在：当市场利率上升时，债券价格下降；反之则债券价格上升。这是由于当市场利率上升时，固定票面利率的债券原票面利率较低，因此现金流量对投资者的吸引力下降，从而导致债券价格下降。反之，当市场利率下降时，固定票面利率相对上升，带来的现金流量对于投资来说就显得比较有吸引力，因此债券价格上升。对投资者来说，以某种投资金额购买债券，当市场利率变动时，其投资的债券价格也会变动，造成不确定的风险。此种利率风险属于市场风险，即市场利率变动造成债券市场价格不确定的风险。

（三）利率期货的概念及种类

利率期货（Interest Rate Futures）是指由交易双方订立的，约定在未来某日期以成交时确定的价格交收一定数量的某种利率相关产品的标准化合约。

利率期货种类繁多，其分类方法也很多。通常人们按照合约标的物的期限，将利率期货分为短期利率期货和长期利率期货两大类。短期利率期货是指期货合约标的物的期限在一年以内的各种利率期货，即以货币市场的各类债券为标的物的利率期货，包括各种期限的商业票据期货、短期国库券期货及欧洲美元定期存单期货；长期利率期货是指期货合约标的物的期限在一年以上的各种利率期货，即以资本市场的各类债务凭证为标的物的利率期货，包括各种期限的中长期国债期货。

由于品种设计、市场需求等各方面的原因，并非所有推出的利率期货合约都能获得成功。在现存的众多利率期货品种中，交易呈现出集中的趋势。以美国为例，目前几乎所有重要的交易合约的利率期货都集中在芝加哥期货交易所和芝加哥商品交易所（国际货币市场分部），这两个交易所分别以长期利率期货和短期利率期货为主。在长期利率期货中，最有代表性的是美国长期国债期货和 10 年期美国中期国债期货，短期利率期货的代表品种则是 3 个月期的美国国库券期货和 3 个月期的欧洲美元定期存单期货。

二、利率期货交易规则

（一）短期利率期货交易规则

在短期利率期货中，比较典型的品种是在芝加哥商品交易所国际货币市场分部交易的 3 个月期的美国国库券期货及 3 个月期的欧洲美元定期存单期货。下面仅以这两个品种为例，说明短期利率期货的交易规则。

1. 美国国库券期货交易规则

在现货市场上，国库券是以贴现方式发行的，发行价格为国库券面值减去按一定的贴现率和一定的期限计算出的利息。在期限一定时，贴现率越高，价格就越低；贴现率越低，则价格越高。

在期货市场上，国库券期货的价格是以指数方式报出的，等于 100 减去国库券的年贴现率。例如，当国库券的贴现率为 6% 时，期货市场即以 94 报出国库券期货的价格；当国库券的贴现率为 5.5% 时，期货市场就以 94.5 报出国库券期货的价格。期货市场之所以用指数方式报价，是为了使国库券期货的买入价格低于卖出价格，以符合交易者低价买进、高价卖出的报价习惯。同时也使这一指数的变动方向与国库券期货价格的变动方向一致，以便投资者或投机者在预期指数上升时买入，在预期指数下跌时卖出。

在芝加哥商品交易所国际货币市场分部上市的国库券期货合约有以下七个方面的规定。

（1）交易单位：面值为 1 000 000 美元的 3 个月期（13 周）的美国国库券。

（2）最小变动价位：1 个基点。所谓 1 个基点，是指 1 个百分点的百分之一。所以，国库券期货的最小变动价位为 1 个基点，即表示其年贴现率变动的最小幅度是 0.01%，故通常用指数表示为 0.01。由于一张国库券期货合约的交易单位是面值为 100 万美元的 3 个月期国库券，因此，其每 1 基点的价值应为 25 美元。

（3）每日价格波动限制：无。

（4）合约月份：3 月、6 月、9 月、12 月。

（5）交易时间：芝加哥时间上午 7:20 至下午 2:00，到期合约在最后交易日于上午 10:00 收市。

（6）最后交易日：各到期期货合约于该月份的第一交割日前的那个营业日停止交易。交割将于连续三个营业日内进行。第一交割日是现货月份的第一天，那天正是新的 3 个月期的国库券发行，而原来发行的 1 年期国库券尚有 3 个月到期的一天。

（7）国库券期货的交割。3 个月期国库券期货合约是以 90 天期国库券为标的物的，但在合约到期时，国库券期货的卖方用于交割的却不限于 90 天期国库券。根据芝加哥商品交易所国际货币市场分部的规定，可用于交割的既可以是新发行的 3 个月期的国库券，也可以是剩余 90 天的其他期限的国库券。

2. 欧洲美元定期存单期货交易规则

欧洲美元定期存单期货通常简称为"欧洲美元期货"，但请不要把其误解为外汇期货。欧洲美元期货是管理利率风险的工具，二者是两种截然不同的金融期货种类。在芝加哥商品交易所国际货币市场分部上市的欧洲美元定期存单期货的合约规则如下。

（1）交易单位。欧洲美元期货以 3 个月期的欧洲美元定期存单为标的物，每张合约的单位是本金 1 000 000 美元。必须注意的是欧洲美元是泛指一切存放于美国境外银行的美元存款，但是被作为期货合约标的物的欧洲美元定期存单却只是其中的 3 个月期的短期存款。

（2）报价方式。欧洲美元期货的报价方式与美国国库券期货的报价方式类似，也采取指数报价的形式，其指数为 100 减去 3 个月期欧洲美元定期存单的年利率。

（3）最小变动价位。与美国国库券期货一样，欧洲美元期货的最小变动价位也是 1 个基点，即其收益率的 0.01 个百分点。

（4）最后交易日。欧洲美元期货的最后一个交易日为合约月份的第三个星期三之前的第二个伦敦银行营业日。

（5）交易时间。欧洲美元期货交易时间为每一交易日的芝加哥时间上午 7:20 至下午 2:00，到期合约于最后交易日的交易时间则为上午 7:20 至上午 9:30。

（6）结算方式。金融期货的最后结算有两种方式：一是实物交割；二是现金结算。欧洲美元期货是第一个实行现金结算方式的期货品种。在现金结算方式下，所有到期而未平仓的欧洲美元期货头寸都将自动地以最后结算价格进行冲销。在结清头寸时，亏损的一方需向赢利的一方支付价格变动的差额。

需要指出的是，欧洲美元期货的最后结算价格并不是由期货市场决定的，而是由现货市场决定的，这一最后结算价格等于 100 减去合约之最后交易日的 3 个月期伦敦银行同业拆借利率（LIBOR）。所谓伦敦银行同业拆借利率，是指在伦敦金融市场上的主流银行之间的短期借贷利率。这一利率是欧洲货币市场广泛使用的关键利率。一般的贷款利率均是在这一利率基础上，根据贷款的金额、期限及客户的资信等级等因素，酌收一定的加息而确定的。

（二）长期利率期货交易规则

所谓长期利率期货，主要是指各国的中长期国债期货。在这些中长期国债期货中，最有代表性的是美国的长期国债期货及 10 年期的中期国债期货。仅就交易规则而言，这两种国债期货大同小异。因此，此处主要以美国长期国债期货为例，简要介绍长期利率期货的基本交易规则。

1. 报价方式及合约单位

与国库券期货的指数报价法不同，长期国债期货的报价方式采取价格报价法。长期国债期货以合约所规定的标的债券为基础，报出其每 100 美元面值的价格，且以 1/32 为最小报价单位。例如，美国长期国债期货合约是以标准化的期限为 20 年、息票利率为 6% 的美国长期国债作为其标的物的。因此，若期货市场报出的价格为"97-18"，则表示每 100 美元面值的该种国债的期货价格为"97 + 18/32"美元，若以小数点来表示，则为 97.562 5 美元。由于在芝加哥期货交易所上市的美国长期国债期货合约的交易单位是面值 10 万美元/手，因此，当期货市场报价为"97-18"时，合约总值即为 97 562.5 美元。也就意味着在该期货合约的交割日，期货合约的买方为取得这种面值为 10 万美元、期限为 20 年、息票利率为 6% 的美国长期国债，必须向期货合约的卖方支付 97 562.5 美元。

2. 最小变动价位与每日价格波动限制

美国长期国债期货的最小变动价位及每日价格波动限制均以"点"来表示。所谓 1 个点是指交易单位（面值）的 1%。因此，美国长期国债期货的 1 个点即代表面值 1 000 美元。

3. 交割日

美国长期国债期货的交割日为合约月份的任一营业日。在长达一个月的交割期中，具体在哪一日交割由期货合约的卖方决定。一旦卖方做出交割的决定，他必须比实际交割日提前两个营业日向交易所的结算单位发出交割通知。与交割期相对应的交割通知期也是一个月。也就是说，对每一准备交割期合约而言，其第一通知日比第一交割日早两个营业日。

4. 交割品级

美国长期国债期货的标的债券是期限为 20 年、息票利率为 6% 的美国长期国债。但是在现货市场上，实际存在的债券往往并不符合这一标准化的要求。因此，在这种标准化的国债期货合约到期时，卖方可用于交割的债券并不限于这一标准化的债券。根据芝加哥期货交易所的规定，卖方可用于交割的债券在期限上只要满足以下条件即可：如该债券是不可提前赎回的债券，即从期货合约的第一交割日至债券到期日，它必须有至少 15 年的剩余期限；如该债券为可提前赎回的债券，自期货合约的第一交割日至该债券的第一个赎回日，它必须有至少 15 年的剩余期限。另外，期货合约的卖方可用于交割的债券的息票利率也未必是 6%，即只要在期限上满足上述条件，任何息票利率的美国长期国债均可用于交割。当然交割时必须进行等价转换，转换时利用交易所按一定公式计算的转换系数进行。

5. 转换系数

由于国债期货的标的是名义债券，实际上并没有完全相同的债券，所以，在实物交割中采用的是指定一篮子近似的国债来交割的方式，符合条件的交割债券通过转换系数（Conversion Factor，CF）进行发票金额计算，并由卖方选择最便宜的可交割债券，通过有关债券托管结算系统进行结算。

转换系数也称为转换因子，是指可使中长期国债期货合约的价格与各种不同息票利率的可用于交割的现货债券价格具有可比性的折算比率，其实质是将面值 1 美元的可交割债券在其剩余期限内的现金流量，用 6% 的标准息票利率所折成的现值。因此，确切地说，转换系数实际上是一种"价格转换系数"。

转换系数一般有两种计算方法，其公式较为复杂，这里不再赘述。更为重要的是转换系数一般由期货交易所定期公布，投资者无须自己计算，只要查询交易所公告即可得到。

期货交易实务（附微课　第 3 版）

6. 发票金额

发票金额是指在中长期国债期货的交割日，由买方向卖方实际支付的金额。这一金额由期货交易所的结算单位根据卖方交付的债券、实际交割日及交割结算价格算得。和转换系数一样，该金额通常也能在报价终端中查询到，此处不再赘述其计算公式。

7. 最便宜可交割债券

债券的卖方在选择交割债券时，一般总是选择能产生最大利润或最小损失的债券进行交割，这种债券被称为最便宜可交割债券（Cheapest To Deliver Bond，CTD Bond）。

【例 4.11】假设有三种可交割债券，其现货报价和转换系数如表 4.5 所示。目前的债券期货报价为 92.50，请确定最便宜可交割债券。

答：根据表 4.5 中的数据，可以求出三种债券的交割差距。

债券 1 的交割差距=141.5-（92.5×1.502）=2.565（美元）

债券 2 的交割差距=119.5-（92.5×1.274）=1.655（美元）

债券 3 的交割差距=97.5-（92.5×1.022）=2.965（美元）

由此可知，债券 2 的交割差距最小，为最便宜可交割债券。

表 4.5 可交割债券的现货报价及其转换系数

债券	现货报价	转换系数
1	141.5	1.502
2	119.5	1.274
3	97.5	1.022

（三）我国的国债期货

1992 年 12 月，上海证券交易所最先开放了国债期货交易，共推出 12 个品种的国债期货合约，且只针对机构投资者。1993 年 10 月 25 日，上海证券交易所向个人投资者开放了国债期货交易。但是由于"327"国债期货事件的发生，国债期货交易被暂停。2013 年 9 月 6 日，国债期货重新在中国金融期货交易所上市交易，其合约标准见表 4.6。截至 2021 年年底，中国金融期货交易所已有 3 个上市交易的国债期货产品。

表 4.6 中国金融期货交易所 5 年期国债期货合约标准

合约标的	面值为 100 万元人民币、票面利率为 3%的名义中期国债
可交割国债	发行期限不高于 7 年、合约到期月份首日剩余期限为 4～5.25 年的记账式附息国债
报价方式	百元净价报价
最小变动价位	0.005 元
合约月份	最近的三个季月（3 月、6 月、9 月、12 月中的最近三个月循环）
交易时间	09:30—11:30；13:00—15:15
最后交易日交易时间	09:30—11:30
每日价格最大波动限制	上一交易日结算价的±1.2%
最低交易保证金	合约价值的 1%
最后交易日	合约到期月份的第二个星期五
最后交割日	最后交易日的第三个交易日
交割方式	实物交割
交易代码	TF
上市交易所	中国金融期货交易所

根据财政部和托管机构关于国债转托管的相关规定，为保证国债期货交割的顺利进行，因付息导致合约交割期间暂停转托管的国债不纳入该合约可交割国债的范围。

第四节　利率期货交易策略

利率期货和商品期货一样，其市场上的交易者也可分为套期保值者、投机者和套利者。本节将介绍投资者在使用利率期货进行套期保值、投机和套利交易时的操作方式和注意事项。

一、利率期货套期保值

与其他金融期货及各种商品期货的套期保值相比，利率期货的套期保值要复杂一些。因此这里仅简要介绍利率期货中套期保值的一些基本方法。

（一）美国国库券期货套期保值

1. 国库券期货的多头套期保值

对于国库券期货的多头套期保值，此处举例说明。

某投资者在 4 月初预测 7 月市场利率将降低，他目前持有的面值为 2 000 万美元的国库券将于 7 月 5 日到期，他打算到期后再将这笔钱继续投资于国库券。由于 4 月初利率较高，因而国库券价格较低。若 7 月真如他所料市场利率下降，他投资国库券将由于利率降低、收益减少而受损，这表明他届时只能以较高的价格购买国库券。为避免这种风险，他可以现在在期货市场上以较低价格买进一批国库券合约，7 月再以较高价格卖出，以期货市场的赢利来弥补现货市场的损失，具体操作见表 4.7。

表 4.7　国库券期货的多头套期保值

现货市场	期货市场
4 月 5 日 持有 7 月 5 日到期的面值为 2 000 万美元的国库券，当时的国库券贴现率为 9%（相当于芝加哥商品交易所国际货币市场分部报价 91.00 点，后文为和市场报价统一，将省略报价单位，将国库券报价写成 91.00），即到 7 月 5 日将有一笔 1 955 万美元款项： 2 000×(1−9%×3÷12)=1 955（万美元）	**4 月 5 日** 购入 20 手 9 月到期的国库券期货合约，成交价为 91.00。合约总值： 100×(1−9%×3÷12)×20=1 955（万美元）
7 月 5 日 兑换到期的 2 000 万美元国库券，再购面值为 2 000 万美元的 3 个月期国库券，成交价为 92.00（贴现率降为 8%），需支出 1 960 万美元： 2 000×(1−8%×3÷12)=1 960（万美元）	**7 月 5 日** 卖出 20 手 9 月到期的国库券期货合约，成交价为 92.00。合约总值： 100×(1−8%×3÷12)×20=1 960（万美元）
购买国库券的成本增加了 5 万美元： 1 955−1 960=−5（万美元）	期货市场赢利 5 万美元： 100×(9%−8%)×3÷12×20=5（万美元）

7 月 5 日实际购买国库券成本为 1 955 万美元（1 960−5）。购买国库券的实际贴现率为 9%［(2 000−1 955)÷2 000×12÷3×100%］。

可见，当国库券的贴现率从 4 月初的 9%（芝加哥商品交易所国际货币市场分部报价为 91.00）跌到 7 月初的 8%（芝加哥商品交易所国际货币市场分部报价为 92.00）时，由于投资者在期货市场做了多头套期保值交易，期货市场的赢利弥补了现货市场的损失，使其实际贴现率仍可达 9%。反过来，如果 7 月初利率没有降低，反而升高了，芝加哥商品交易所国际货币市场分部报价为 90.00，贴现率为 10%。这时虽然期货市场亏损了，但现货市场有了赢利，相互抵销后实际收益还是没有下降，仍锁定在 9%左右。

2. 国库券期货的空头套期保值

利率期货的空头套期保值是指当投资者在某一期间内持有现货国债时，为规避市场利率上升、国库券价格下跌的风险，可在利率期货市场上卖出相当面值的国库券期货合约，以实现空头套期保值。下面举例说明。

4 月 3 日，某投资者买进价值总额为 1 亿美元的 3 个月期美国国库券，买进价格为 93，他准备在 20 天后将这批国库券售出。为防止这 20 天内市场利率上升、国库券价格下跌而遭受损失，该投资者便在买进国库券现货的同时卖出面值相同的国库券期货，以实现保值。其具体过程如表 4.8 所示。

表 4.8　国库券期货的空头套期保值

现货市场	期货市场
4 月 3 日 以 93 的价格买进面值总额为 1 亿美元的 3 个月期国库券，共支付价款 98 250 000 美元	4 月 3 日 以 92.6 的价格卖出 100 手 9 月到期的国库券合约，合约总值为 98 150 000 美元
4 月 23 日 以 92.4 的价格卖出面值总额为 1 亿美元的 3 个月期国库券，共收取价款 98 100 000 美元	4 月 23 日 以 92 的价格买进 100 手 9 月到期的国库券期货合约，合约总值为 98 000 000 美元
赢利为–150 000 美元（98 100 000–98 250 000）	赢利为 150 000 美元（98 150 000–98 000 000）

从上述例子可以看出，投资者通过国库券期货的套期保值将现货市场的全部损失都抵销了。在这一过程中有三点值得注意：一是投资者卖出的期货与其持有的现货有着正好相同的面值；二是在套期保值过程中，期货价格与现货价格变动的方向相同；三是期货价格与现货价格变动幅度也相同，即基差没有变动。正是在这样的前提条件下，套期保值者在现货市场的损失与期货市场的赢利正好相抵。当然，在实际金融期货的套期保值中，这样的条件不一定能经常遇见。

3. 国库券期货的交叉套期保值

在上述两个例子中，假设套期保值的现货金融工具与期货标的物都是 3 个月期的美国国库券，此时套期保值对象与套期保值工具有着相同的价格变动性，所以在计算套期保值比率时，只要以现货头寸的面值除以期货合约的交易单位即可得到套期保值所需的合约数。

实际上，这种直接的套期保值并不多，而更多的是形形色色的各种交叉套期保值。国库券的期货套期保值主要有两种不同的情况：一种情况是用 3 个月期的国库券期货来对期限不是 3 个月期的现货国库券实行套期保值；另一种情况是用国库券期货来对不是国库券的其他短期金融工具实行套期保值。对于前一种情况，可用到期日调整系数来调整套期保值所需的合约数来解决；而对于后一种情况，必须采用回归分析法，算出被作为套期保值对象的其他短期金融工具与国库券期货合约的利率相关性，以此来调整套期保值所需的合约数。限于篇幅，此处对此类复杂情况不做探讨。

（二）欧洲美元期货套期保值

在许多场合，欧洲美元期货合约均可替代国库券期货而为各种短期金融工具实施套期保值的操作，而且其操作方法也基本一致。然而，由于欧洲美元期货是以 LIBOR 作为报价基础的，所以，它更适用于对那些以浮动利率计息的资产、负债或投资组合的套期保值。

1. 欧洲美元期货的多头套期保值

欧洲美元期货的多头套期保值主要适用于投资者规避市场利率下跌、减少利率收入风险等情况。通过买进一定数量的欧洲美元期货合约，投资者可在市场利率下跌时从期货市场获得利润，以弥补现货市场利息收入减少的损失。

例如，某一出口公司于 3 月 15 日同外国进口公司签订合同。根据合同规定，该出口公司将于 6 月 10 日向外国进口公司收取 10 000 000 美元的款项，出口公司的财务经理准备将此款项投资于 3 个月期的欧洲美元定期存单，当时存款利率为 5.62%。但该财务经理预期欧洲美元定期存单利率将在近期下降，于是他通过买进 6 月欧洲美元期货合约来锁定未来的收益率。其具体过程如表 4.9 所示。

表 4.9　欧洲美元期货的多头套期保值

	现货市场	期货市场
3 月 15 日	预期 6 月 10 日可收取 1 000 万美元，并准备将它存为 3 个月期欧洲美元定期存单，当时利率为 5.62%	以 94.35 的价格买进 10 手 6 月到期的欧洲美元定期存单期货合约
6 月 10 日	收到 1 000 万美元，并以 3.75% 的利率将此款项存为 3 个月期欧洲美元定期存单	以 96.24 的价格卖出 10 手 6 月到期的欧洲美元定期存单期货合约
损益	$1000 \text{ 万美元} \times (3.75\% - 5.62\%) \times \dfrac{90}{360} = -46\,750$（美元）	$\dfrac{96.24 - 94.35}{0.01} \times 25 \times 10 = 47\,250$（美元）
结果	47 250−46 750=500（美元）	

从表 4.9 可看出，由于存款利率从 5.62% 跌至 3.75%，该出口公司减少了利息收入 46 750 美元。但由于事先做了套期保值，所以其可在期货市场获利 47 250 美元，最后不仅抵补了现货市场所减少的利息收入，还赢利了 500 美元。

2. 欧洲美元期货的空头套期保值

欧洲美元期货的空头套期保值主要适用于投资者规避市场利率上升、增加利息支出的风险等情况。通过卖出一定数量的欧洲美元期货合约，投资者可在市场利率上升时从期货市场获取利润，以弥补现货市场增加利息支出的损失。

例如，在某年 4 月 1 日，某公司预计在第四季度需借入 1 亿美元资金，该公司的融资利率一般为 LIBOR＋0.5%。现在该公司所面临的问题不是届时能否借到这笔资金，而是届时以什么利率借入这笔资金。为避免利率上升而加重利息负担，该公司决定以欧洲美元期货做套期保值。假定在 4 月 1 日时，芝加哥商品交易所国际货币市场分部欧洲美元期货有表 4.10 所示行情。

表 4.10　芝加哥商品交易所国际货币市场分部欧洲美元期货行情（4 月 1 日）

合约月份	期货价格	收益率（%）
当年 6 月	91.55	8.45
当年 9 月	91.50	8.50
当年 12 月	91.45	8.55
次年 3 月	91.40	8.60
次年 6 月	91.35	8.65

从表 4.10 可看到，当年 9 月欧洲美元期货合约的价格为 91.50，相应地，期货收益率为 8.50%。如果该公司认为 9% 的借款利率是可以接受的，那么，其只要卖出当年 9 月到期的欧洲美元期货合约，即可将此利率锁定。

在计算套期保值所需合约数时，应注意这样一个问题，即 3 个月期欧洲美元期货的价值变动系数是根据实际天数（如 91 天）计算的。于是，当利率变动 1 个基点时，一张欧洲美元期货合约的价值将变动 25 美元，而本金为 100 万美元、期限为 91 天的借款成本将变动 25.28 美元。在这种情况下，投资者需卖出较多欧洲美元期货合约，才能将利率变动所导致的借款成本的增减数抵销。在这里为简化分析，我们权且将 3 个月期借款的天数以 90 天计算。这样，前面假设的那个公司只要卖出 100 张当年 9 月到期的欧洲美元期货合约，便可实现有效的套期保值。

在利率为 9% 时，该公司为借入本金 1 亿美元、期限 3 个月（以 90 天计算）的资金需支付利息 225 万美元（100 000 000 × 9% × 90 ÷ 360）。现在分析一下，当该公司以 91.50 的价格卖出 100 张当年 9 月交割的欧洲美元期货合约后，能否有效地将实际利率锁定为 9% 的水平，见表 4.11。

表 4.11　欧洲美元期货的空头套期保值

情况	A	B	C
开仓时的期货价格	91.50	91.50	91.50
期货头寸	卖出 100 手	卖出 100 手	卖出 100 手
平仓时的期货价格	92.00	91.50	90.50
现货市场利率	8.50%	9.00%	10.00%
利息总支出（美元）	2 125 000	2 250 000	2 500 000
期货损益（美元）	−125 000	0	250 000
利息净支出（美元）	2 250 000	2 250 000	2 250 000

在表 4.11 中，分别列出了 A、B、C 这三种可能的情况。由表 4.11 可以清楚地看到，当该公司利用欧洲美元期货做了空头套期保值后，无论市场利率上升还是下降，其利息净支出将稳定于 2 250 000 美元这一水平，而这一水平正是该公司愿意接受的 9% 的利率水平。之所以如此，是因为当市场利率下降时（如情况 A），实际利息支出的减少将被期货市场的损失所抵销；在市场利率上升时（如情况 C），实际利息支出的增加将由期货市场的利润弥补。

（三）长期利率期货套期保值

长期利率期货的套期保值与短期利率期货的套期保值在基本原理上是一致的，但在具体操作上却有着很大的不同。这种不同主要是由长期利率风险管理的特点和长期利率期货特定的交易规则所决定的。

在长期利率期货的套期保值中，人们使用最多的套期保值工具是各种中长期国债期货。而在中长期国债期货的套期保值中，最重要而又最复杂的一个环节就是套期保值比率的确定，即在套期保值中，人们究竟应该如何确定所需买进或卖出的期货合约数。

目前，可供人们选择的用于确定套期保值比率的模型有很多，其中久期模型是使用最广泛的。所谓久期（Duration），一般以年来表示，它是指债券的到期收益率变动一定幅度时，债券价格因此而变动的比例。例如，根据计算，某债券的到期收益率若变动一个基点（0.01%），则该债券的价格变动 0.095%，这样，该债券的久期即为 9.5 年。用公式表示，即

$$\frac{\Delta P}{P} = -D \times \Delta r$$

公式 4.9

或：

$$D = \frac{-\dfrac{\Delta P}{P}}{\Delta r}$$ 公式 4.10

式中，D 为久期；P 为债券价格；r 为债券的到期收益率。在这里，负号通常被省略。可见，久期与债券的期限（Maturity）不同，它反映着债券价格的利率敏感性。

一种有效的套期保值，应使现货头寸的价格变动恰为期货头寸的价格变动所抵销。如果以 ΔP_c 表示每一美元面值的现货头寸的价格变动额，以 ΔP_f 表示每一美元面值的期货合约的价格变动额，以 HR 表示套期保值比率（计算套期保值所需的期货合约数的一个乘数），则

$$\Delta P_c = \Delta P_f \times HR$$ 公式 4.11

根据公式 4.9，可得现货头寸的价格变动额：

$$\Delta P_c = D_c \times P_c \times \Delta r$$ 公式 4.12

式中，D_c 为现货债券（即套期保值对象）的久期；P_c 为现货债券的价格。

同样，也可得到期货合约的价格变动额：

$$\Delta P_f = D_f \times P_f \times \Delta r$$ 公式 4.13

其中，D_f 为期货合约的久期；P_f 为期货价格。需要指出的是，这里所谓的"期货合约的久期"，实际是指最便宜可交割债券从交割日至到期日的久期。

将式 4.11 和式 4.12 代入式 4.10，得

$$D_c \times P_c \times \Delta r = D_f \times P_f \times \Delta r \times HR$$ 公式 4.14

假设现货利率与期货利率同时、同向且同幅度变动，则公式 4.14 两边同除以 Δr，得

$$D_c \times P_c = D_f \times P_f \times HR$$

因此，

$$HR = \frac{D_c \times P_c}{D_f \times P_f}$$ 公式 4.15

现在，用一个简单的例子来说明久期模型的应用。

假设某投资者持有面值总额为 10 000 000 美元、2026 年到期、息票利率为 9.25% 的美国长期国债，准备用美国长期国债期货来进行套期保值。并且该投资者所持现货有 9.5 年的久期，价格为 116。与此同时，期货的久期为 10.45 年，期货价格为 91-12。则根据公式 4.15 可以算得

$$HR = (9.5 \times 116) \div (10.45 \times 91.375) \approx 1.15$$

因此，套期保值比率约为 1.15，说明套期保值工具（期货合约）的面值应为套期保值对象的 1.15 倍。在本例中，因现货债券的面值总额为 10 000 000 美元，而美国长期国债期货合约的交易单位为面值 100 000 美元。因此，该投资者必须卖出 115 张美国长期国债期货合约，方可实现比较有效的套期保值。

二、利率期货的投机与套利

（一）利率期货的投机

由于利率期货合约的价格经常变动，不同时期同质的期货合约的买和卖之间总是有一个

差价，所以，投机者可以在期货市场上利用不同时期的价差来追逐利润。又由于利率期货合约的交易是一种买卖保证金的交易，所以，投机者可以较少的成本获取较高的收益。当投机者预测利率可能下跌，即固定收益证券的价格上升时，他就会购进利率期货合约，当利率下降时再以较高的价格售出，从一买一卖的差额中谋取利益。当投机者预测利率可能上升，即固定收益证券价格下跌时，他就会先出售利率期货合约，等到利率上升，即固定收益证券价格下跌时，他又可重新购回利率期货合约，从中赚取差额利润。正是由于投机者参与了利率期货交易，才保证了利率期货市场的流动性和活跃性。

1. 利率期货的多头投机

假设某投机商预测国库券的贴现率将会下降，于是在 7 月 8 日以 95.46 的价格买进 50 手 9 月到期的 3 个月期美国国库券利率期货。到 8 月 5 日国库券贴现率果然下降，于是投机商决定在 96.84 的价位上卖出对冲平仓，具体交易过程见表 4.12。投机商由于判断准确，赢利 172 500 美元。如果投机商判断失误，短期利率的实际走向正好与预期相反，那么他在交易中就会亏损。

表 4.12　国库券利率期货的多头投机

7 月 8 日	8 月 5 日
买进 50 手 9 月到期的 3 个月期美国国库券利率期货，价格为 95.46，贴现率为 4.54%	卖出 50 手 9 月到期的 3 个月期美国国库券利率期货，价格为 96.84，贴现率为 3.16%

结果：总盈亏 $= \dfrac{96.84 - 95.46}{0.01} \times 25 \times 50 = 172\,500$（美元）

2. 利率期货的空头投机

假定目前市场上 3 个月期的国库券的贴现率为 6%（期货市场上的报价显示为 94），某投机商预测短期内利率会上涨。于是，他在期货市场上以 94 的价格卖出一份同质国库券期货。如果过了几天，贴现率上涨到了 8%，国库券期货的价格跌到了 92，那么，他就可以 92 的价格买进一份同质的国库券期货，与前期的卖出合约对冲，完成平仓。

以 94 的期货价格卖出一份 3 个月期的国库券期货合约，其价值为

$$1\,000\,000 - 1\,000\,000 \times 6\% \times (90 \div 360) = 985\,000 \text{（美元）}$$

以 92 的期货价格买进一份 3 个月期的国库券期货合约，其价值为

$$1\,000\,000 - 1\,000\,000 \times 8\% \times (90 \div 360) = 980\,000 \text{（美元）}$$

$$差价 = 985\,000 - 980\,000 = 5\,000 \text{（美元）}$$

该投机商获利 5 000 美元（未扣除佣金）。

如果过了几天，事与愿违，贴现率下降到了 4%，国库券期货的价格升到了 96，交易商以 96 的价格买进一份同质的国库券期货进行对冲平仓，则会亏损 5 000 美元。

（二）利率期货的套利

1. 跨期套利

利率期货的跨期套利是指在同一交易所对同一商品但不同交割月份的利率期货做空头交易或多头交易的行为。当市场行情看涨（牛市）时，交易者买入近期利率期货合约，并卖出远期利率期货合约（牛市买近卖远），希望近期利率期货价格涨势快于远期利率期货，待这种

情况出现时，再卖出近期利率期货合约，买回远期利率期货合约，从中赚取差价。

例如，某投资者估计未来几个月利率下降，债券价格上涨，于是他决定做跨期利率期货套利交易。具体交易过程见表 4.13。

表 4.13　利率期货的跨期套利

3 月 20 日 买入一份 6 月到期的 3 个月期利率期货合约，年利率为 7%，价值为 982 500 美元[100 万美元×(1−7%÷12×3)]	3 月 20 日 卖出一份 9 月到期的 3 个月期利率期货合约，年利率为 7.2%，价值为 982 000 美元[100 万美元×(1−7.2%÷12×3)]
4 月 20 日 卖出一份 6 月到期的 3 个月期利率期货合约，年利率为 6.2%，价值为 984 500 美元[100 万美元×(1−6.2%÷12×3)]	4 月 20 日 买入一份 9 月到期的 3 个月期利率期货合约，年利率为 6.8%，价值为 983 000 美元[100 万美元×(1−6.8%÷12×3)]
获利：2 000 美元	损失：1 000 美元

最终该投资者获利 1 000 美元。当然，如果出现近期期货价格涨幅小于远期期货价格涨幅的现象，则会造成亏损。

反之，当市场行情看跌（熊市）时，利率期货投机交易者应做相反的操作，即买入远期利率期货合约，卖出近期利率期货合约（熊市买远卖近），希望近期利率期货价格跌幅大于远期期货价格跌幅，待这种情况出现时，再卖出远期利率期货合约，买入近期利率期货合约，以赚取差价。

2．跨品种套利

跨品种套利是指在买进某种期货合约的同时，卖出另一不同种类但相互关联的期货合约的交易活动。

例如，在某年 1 月 5 日，同在芝加哥期货交易所交易的美国长期国债期货与 10 年期美国中期国债期货行情如表 4.14 所示。从表 4.14 可以看出，美国长期国债期货与美国中期国债期货的 3 月合约之间的价差最大。某投资者认为这一价差为一不合理的价差。因此，他预期经过一段时间后，这一价差将缩小。于是，他买进 3 月美国长期国债期货合约，同时卖出 3 月美国中期国债期货合约。

表 4.14　芝加哥期货交易所利率期货行情（1 月 5 日）

合约月份	美国长期 国债期货	10 年期美国 中期国债期货	价差
3 月	99-12	100-02	0-22
6 月	99-04	99-21	0-17
9 月	98-29	99-14	0-15

假如到 3 月 10 日，美国长期国债期货合约的价格涨至 99-23，而美国中期国债期货合约价格涨至 100-09。因美国长期国债期货合约的值为 10 万美元/手，当合约报价变动 1/32 时，合约价值变化 31 万美元（100 000÷100÷32）。投资者通过对冲美国长期国债期货而获利 343.75 美元（31.25×11），同时通过对冲美国中期国债期货而损失了 218.75 美元（31.25×7）。两者相抵销后，该投资者还可在此交易中获净利 125 美元（343.75−218.75）（忽略交易成本和其他支出）。

可见，在跨品种套利中，如果投资者发现两种金融期货合约之间的价差大于其正常的价差，预期此价差将缩小时，他只要买进价格被低估的合约，卖出价格被高估的合约，随着价差的缩小和两头寸的对冲，便可获取相应的利润；如果投资者发现两种金融期货合约之间的价差小于其正常价差，预期此价差将扩大时，他只要买进价格被低估的合约，卖出价格被高估的合约，随着价差的扩大和两头寸的对冲，便可获取利润。在此两种情况下，无论价格是上涨还是下跌，只要投资者对价差的预期准确，他都可获利。因此，在跨品种套利中，投资者所要关心的只是价格相对变动的情况，而不是价格绝对的变动情况。

3. 跨市套利

跨市套利是指同时在两个不同的交易所对两种相近的商品期货合约进行交易方向相反的交易，以赚取价差利润的套利行为。

例如 5 月 8 日，欧洲美元期货有表 4.15 所示的行情。

表 4.15　欧洲美元期货行情

合约月份	芝加哥商品交易所国际货币市场分部价格	伦敦国际金融期货期权交易所价格	价差
6 月	87.20	87.21	1 个基点
9 月	87.30	87.32	2 个基点
12 月	87.32	87.40	8 个基点

由表 4.15 可知，同样是 12 月交割的欧洲美元定期存单期货合约，在伦敦国际金融期货期权交易所的价格高 8 个基点，于是投资者纷纷在芝加哥商品交易所国际货币市场分部买进而在伦敦国际金融期货期权交易所卖出。这种套利行为使芝加哥商品交易所国际货币市场分部的需求增加，伦敦国际金融期货期权交易所的供给增加。因此芝加哥商品交易所国际货币市场分部的期货价格上升，伦敦国际金融期货期权交易所的期货价格下跌，两市场的期货价差缩小。投资者通过对冲可在两个市场上同时获利。如果这种套利活动使两个市场的期货价格趋于一致，即原有的价差全部消除，套利者在这两个市场上每手合约共可获利 200 美元（25×8）。

在跨市套利中，两个不同的市场既可在同一国家，也可在不同国家。如果两个市场在不同国家，合约又以不同货币计价，这种套利就比较复杂。因为在这种套利中，投资者既要考虑两种合约间的价差及其变动，又要考虑两种货币间的汇率及其变动。

本章小结

金融期货是指交易双方在金融市场上，以约定时间和价格，买卖某种金融工具的标准化合约，一般可分为货币期货、利率期货和指数期货。目前，金融期货的交易量占整个期货市场的 80%左右。

股指期货的标的物为股票指数。和商品期货类似，市场上的交易者同样可以利用股指期货做套期保值、投机或套利交易，其中，套期保值交易主要是为了规避该股指期货标的股指所代表的市场风险。

利率期货的标的物为债券，其同样可被用于套期保值、投机或套利交易，其中，套期保值主要是为了规避利率变动对所持有的债券（利率产品）组合市值的影响。

综合练习

一、名词解释

β 系数　利率风险

二、单选题

1．股指期货套期保值是规避股票市场系统性风险的有效工具，但套期保值过程本身也存在（　　　　），需要投资者高度关注。

　　A．期货价格风险、成交量风险、流动性风险

　　B．基差风险、成交量风险、持仓量风险

　　C．现货价格风险、期货价格风险、基差风险

　　D．基差风险、流动性风险和展期风险

2．以下关于利率期货的说法，正确的是（　　　　）。

　　A．中国金融期货交易所国债期货属于短期利率期货品种

　　B．欧洲美元期货属于中长期利率期货品种

　　C．中长期利率期货一般采用实物交割

　　D．短期利率期货一般采用实物交割

3．市场上沪深 300 指数报价为 4 951.34，IF1512 的报价为 5 047.8。某交易者认为相对于指数报价，IF1512 报价偏低，因而卖空沪深 300 指数基金，同时买入同样规模的 IF1512，以期一段时间后反向交易赢利，这种行为是（　　　　）。

　　A．买入套期保值　　B．跨期套利　　　　C．反向套利　　　　D．正向套利

4．当出现股指期货价格被高估时，利用股指期货进行期现套利的投资者适宜进行(　　　　)。

　　A．水平套利　　　　B．垂直套利　　　　C．反向套利　　　　D．正向套利

5．关于 β 系数，下列说法正确的是（　　　　）。

　　A．某股票 β 系数越大，其非系统性风险越大

　　B．某股票 β 系数越大，其系统性风险越小

　　C．某股票 β 系数越大，其系统性风险越大

　　D．某股票 β 系数越大，其非系统性风险越大

6．10 月 20 日，某投资者预期未来的市场利率水平将会下降，于是以 97.3 的价格买入 10 手 12 月到期的欧洲美元期货合约；当期货合约价格涨到 97.8 时，投资者以此价格平仓。若不计交易费用，投资者该笔交易的盈亏状况为（　　　　）。

　　A．赢利 1 250 美元/手　　　　　　　　B．亏损 1 250 美元/手

　　C．赢利 500 美元/手　　　　　　　　D．亏损 500 美元/手

7．（　　　　）是指对整个股票市场产生影响的风险。

　　A．财务风险　　　　B．经营风险　　　　C．非系统性风险　　D．系统性风险

8．货币市场利率工具的期限通常不超过（　　　　）。

　　A．3 个月　　　　　B．5 个月　　　　　C．1 年　　　　　　D．2 年

9．某投资者共购买了三种股票 A、B、C，其占用资金比例分别为 30%、20%、50%，A、B 股票相对于股票指数而言的 β 系数分别为 1.2 和 0.9。如果要使该股票组合的 β 系数为 1，则 C 股票 β 的系数应为（　　　　）。

　　A．0.92　　　　　　B．0.78　　　　　　C．0.9　　　　　　　D．1.2

三、多选题

1．关于期货合约最小变动值，以下表述正确的是（　　　　）。

A．股指期货每手合约的最小变动值=最小变动价位×合约价值

B．商品期货每手合约的最小变动值=最小变动价位×报价单位

C．股指期货每手合约的最小变动值=最小变动价位×合约乘数

D．商品期货每手合约的最小变动值=最小变动价位×交易单位

2．以下关于国债期货最便宜可交割债券的描述，正确的是（　　　）。

A．卖方拥有最便宜可交割债券的期权

B．买方拥有最便宜可交割债券的期权

C．最便宜可交割债券可使期货多头获取最高收益

D．可以通过计算隐含回购利率确定最便宜可交割债券

3．以下属于中国金融期货交易所上市的 5 年期国债期货合约（最小变动价位 0.002 个点）可能出现的报价是（　　　）。

A．96.714　　　　B．96.169　　　　C．96.715　　　　D．96.168

4．下列属于利率期货品种的是（　　　）。

A．欧元期货　　　B．欧洲美元期货　　　C．5 年期国债期货　　　D．美元指数期货

5．10 月 20 日，某投资者预期未来的市场利率水平将会下降，于是以 97.3 的价格买入 10 手 12 月到期的欧洲美元期货合约，当期货合约价格涨到 97.8 时，投资者以此价格平仓。若不计交易费用，投资者该笔交易的盈亏状况为（　　　）。

A．总赢利 12 500 美元

B．亏损 1 250 美元/手

C．总亏损 12 500 美元

D．赢利 1 250 美元/手

四、判断题

1．债券的付息频率与久期呈负相关关系。　　　　　　　　　　　（　　）

2．股票组合的 β 系数等于构成组合的那些股票的 β 系数的算术平均值。　　（　　）

3．投资者买入 IF1506，卖出 IF1509，以期持有一段时间后反向交易获利，这种情况属于指数期货反向套利。　　　　　　　　　　　　　　　　（　　）

4．如果预期市场利率下降，适宜采用多头策略，应买入国债期货合约。　　（　　）

5．只有当股指期货市场价格高于无套利区间的上限时，正向套利才能获利。　（　　）

五、简答题

1．当股票基金经理人担心所持有的股票组合市值下跌时，应当如何利用股指期货合约进行套期保值？

2．目前我国有哪些可交易的金融期货品种？其合约分别在哪些交易所上市交易？

第五章　期　权

    1．掌握期权的概念及功能；

    2．理解期权交易的基本策略；

    3．了解期权价值的构成要素。

近年来，随着豆粕期权（大连商品交易所 2017 年 3 月上市）、白糖期权（郑州商品交易所 2017 年 4 月上市）、上证 50ETF 期权（上海证券交易所 2015 年 2 月上市）、铜期权（上海期货交易所 2018 年 9 月上市）、沪深 300 指数期权（中国金融期货交易所 2019 年 12 月上市）、300ETF 期权（深圳证券交易所 2019 年 12 月上市）的上市，我国已有六家交易所交易期权类产品，标的品种不断丰富，标志着我国的金融衍生品市场正在稳步发展。期权作为金融体系中重要的风险管理、套利投机的衍生工具，早已是国际金融市场中公认的不可或缺的组成部分。因此，了解期权的概念、交易规则和策略对于学习金融的学生而言是非常有必要的。

第一节　期权交易概述

期权作为一种衍生性金融工具，其实质是在金融领域中将权利进行定价，其收益的不对称性使其成为一种受人青睐的套期保值工具。本节将介绍期权的基本概念、种类、特征及功能。

一、期权的概念及种类

（一）期权的概念

期权（Option）又称为选择权，是指在未来特定时期内按约定价格买进或卖出一定数量商品或金融工具的权利。期权交易是指对这种买卖权利进行买卖的活动。在期权交易中，期权购买者向期权出售者支付一定费用后，就获得了能在未来某一特定时间以某一特定价格向期权出售者买进或卖出一定数量的某种商品或期货合约的权利。在这里，为了准确理解期权的相关概念，先举以下两个简单案例说明。

【例 5.1】有两位期权交易者甲和乙。甲是期权的购买者，乙是期权的出售者。某年 1 月 10 日，投资者甲向乙支付 1 美元购买了一个到当年 6 月 20 日可以以每股 10 美元的价格购买 A 股票 1 股的权利；在同一天，乙收取了 1 美元。

假设到 6 月 20 日，出现了以下四种情况（交易费用忽略不计）。

（1）A 股票市场价格上涨至 14 美元，投资者甲执行其权利：按协议规定，甲以每股 10 美元的价格从乙手中买进 A 股票 1 股，然后以每股 14 美元的价格将 A 股票在市场上出售。甲的收益为 3 美元。

（2）A 股票市场价格上涨至 11 美元，投资者甲执行其权利：按协议规定，甲以每股 10 美元的价格从乙手中买进 A 股票 1 股，然后以每股 11 美元的价格将 A 股票在市场上出售。甲的收益为 0。

（3）A 股票市场价格仍为 10 美元，投资者甲放弃其权利，损失 1 美元。

（4）A 股票市场价格下跌至 7 美元，投资者甲放弃其权利，损失 1 美元。

【例 5.2】同样有两位期权交易者丙和丁。丙是期权的购买者，丁是期权的出售者。某年 2 月 15 日，投资者丙向丁支付 1 美元购买了一个到当年 7 月 20 日可以以每股 10 美元的价格出售 B 股票 1 股的权利；在同一天，丁收取了 1 美元。

假设到 7 月 20 日，出现了以下四种情况（交易费用忽略不计）。

（1）B 股票市场价格下跌至 6 美元，投资者丙执行其权利：丙在市场上以每股 6 美元的价格买进 B 股票 1 股，然后按协议规定，以每股 10 美元的价格向丁出售 B 股票 1 股。丙的收益为 3 美元。

（2）B 股票市场价格下跌至 9 美元，投资者丙执行其权利：丙在市场上以每股 9 美元的价格买进 B 股票，然后按协议规定，以每股 10 美元的价格向丁出售 B 股票 1 股。丙的收益为 0。

（3）B 股票市场价格仍为 10 美元，投资者丙放弃其权利，损失 1 美元。

（4）B 股票市场价格上涨至 13 美元，投资者丙放弃其权利，损失 1 美元。

根据以上两个例子给出期权及与期权有关的几个基本概念。

1. 期权购买者与期权出售者

期权购买者是在支付一笔费用（期权费）之后，从而获得了期权合约所赋予的权利的人。这一权利就是在期权合约所规定的某一特定时间，可以以期权合约事先所确定的价格（执行价格）向期权出售者买进或卖出一定数量的某种商品或期货合约。在期权合约所规定的时间内（即期权有效期内）或期权合约所规定的某一特定的履约日，期权购买者既可以行使他所拥有的这一权利，也可以放弃这一权利，但是无论期权购买者行使其权利还是放弃其权利，他所支付给期权出售者的期权费均不予退还。上面两个案例中的甲和丙都属于期权购买者。

期权出售者是收取期权购买者所支付的期权费之后，承担着在规定时间内履行该期权合约义务的人。期权出售者在期权合约所规定的时间内或期权合约所规定的某一特定履约日，只要期权购买者要求行使其权利，必须无条件地履行期权合约所规定的义务。期权出售者在向期权购买者收取一定的期权费之后，就只有履行期权合约的义务，而没有选择的权利。上面两个案例中的乙和丁都属于期权出售者。

2. 看涨期权和看跌期权

看涨期权（Call Options）是指在协议规定的有效期内，合约持有人拥有按规定的价格和数量购进某种商品或期货合约的权利。期权购买者购进看涨期权，是因为他认为该商品或期货合约的价格看涨，将来可获利。购进该期权后，当市场价格高于执行价格和期权费之和时

（不考虑佣金），期权购买者可按合约的价格和数量购买该商品或期货合约，然后按市价出售，或转让看涨期权，以获取利润；当市价低于或等于执行价格加期权费之和时（不考虑佣金），期权购买者的期权费将全部损失，期权购买者将放弃看涨期权。因此，期权购买者的最大损失不过是期权费加佣金。【例 5.1】中甲和乙交易的期权就属于看涨期权。

看跌期权（Put Options）是指在合约有效期内，合约持有人拥有按合约规定的价格和数量出售该商品或期货合约的权利。期权购买者购进这种看跌期权是因为他对市场价格看跌，认为将来可以获利，即在市场价格下跌时，期权购买者可以较低价格买进该商品或期货合约，然后按合约价格出售来获取利润。如果市场价格继续下跌，期权购买者获利更高，也可以将看跌期权以高于购进时的费用转让，同样可获得可观利润。【例 5.2】中丙和丁交易的期权就属于看跌期权。

无论是看涨期权还是看跌期权，对期权购买者而言，其均只有权利而无义务，对期权出售者而言，其均只有义务而无权利。这就说明，所谓看涨期权与看跌期权，只是期权合约对期权购买者赋予不同的权利以及对期权出售者规定不同的义务。

3. 执行价格

执行价格（Strike Price 或 Exercise Price）也称协定价格、敲定价格或期权行使价，是指事先规定的期权的买方行使权利时适用的相关商品的买卖价格。这一价格一经确定，则在期权有效期内，无论相关商品或期货合约价格上涨到什么水平或下跌到什么水平，只要期权购买者要求执行该期权，期权出售者都必须以此价格履行期权合约规定的义务。【例 5.1】中的 A 股票每股 10 美元和【例 5.2】中的 B 股票每股 10 美元就是执行价格。

4. 期权费

期权费（Premium）也即期权价格、权利金，是期权合约的价格，是指期权购买者在购买某种期权权利时支付的价格（费用）。一旦支付了期权费，不管期权购买者执行该期权还是放弃该期权，均不再退还。期权费是期权合约中唯一的变量，是由买卖双方在期权市场公开竞价形成的，是期权的买方为获取期权合约所赋予的权利而必须支付给卖方的费用。对于期权的买方来说，期权费是其损失的最高限度。对于期权的卖方来说，卖出期权即可得到一笔期权费收入，而不用立即交割。【例 5.1】和【例 5.2】中的期权费都为 1 美元。

5. 标的资产

标的资产（Underlying Assets）是期权合约中规定的用来在期权合约到期时买进或卖出的某种商品或期货合约。每一期权合约都有相应的标的资产，标的资产可以是众多的商品或期货合约中的任何一种，如普通股票、股票指数、期货合约、债券、外汇等。通常，把标的资产为股票的期权称为股票期权，以此类推还有股票指数期权、外汇期权、利率期权、期货期权等，它们通常在证券交易所、期权交易所、期货交易所挂牌交易，当然，也有场外交易。【例 5.1】中的 A 股票和【例 5.2】中的 B 股票就是标的资产，而且两例都属于场外交易。

6. 合约到期日

合约到期日即行使期限（Expiration date 或 Expiry date）。每一期权合约都具有有效的行使期限，如果超过这一期限，期权合约即失效。同一品种的期权合约的有效期时间长短不尽相同，通常按周、季、年以及连续月等不同时间期限划分。【例 5.1】中的 6 月 20 日和

【例 5.2】中的 7 月 20 日就是期权合约到期日。

（二）期权的种类

1. 看涨期权、看跌期权和双向期权

期权按买方的权利划分可分为看涨期权、看跌期权以及双向期权。如前所述，看涨期权的买方有权在某一确定的时间以确定的价格买进相关资产；看跌期权的买方有权在某一确定的时间以确定的价格出售相关资产。

双向期权（Double Options）是指买方在同一时间内，既买入某种商品或期货合约的看跌期权，又买入该种商品或期货合约的看涨期权，即以同一合约定价，同时购入看涨期权和看跌期权，因而称为双向期权。当人们预期某种商品或期货合约的价格将有较大波动，并且波动方向捉摸不定时，就会购买双向期权。因为不管市场价格将大幅上涨或下跌，行使权利都将获利，但双向期权的期权费较高。

2. 美式期权、欧式期权和百慕大期权

期权按履约时间划分可以分为美式期权、欧式期权和百慕大期权。

美式期权（American Options）是指期权购买者可以在期权到期日之前的任何一个营业日行使其权利的期权。

欧式期权（European Options）是指期权购买者只能在期权到期日这一天行使其权利的期权，行使权利的时间既不能提前，也不能推迟。这里的欧式与美式实际上并非地理概念，它们只是区分期权购买者执行期权时间的约定俗成的叫法而已。目前在世界各主要的期权市场上，美式期权的交易量远大于欧式期权的交易量。

百慕大期权（Bermuda Options）是一种可以在期权到期日前所规定的一系列时间行权的期权。百慕大期权有几个固定的到期日可以执行，其他时候不能执行。例如，期权能够有 3 年的到期时间，但只有在 3 年中每一年的最后一个月才能被执行，它的应用常常与固定收益市场有关。百慕大期权可以被视为美式期权与欧式期权的混合体。

3. 实值期权、虚值期权和平价期权

执行价格与市场价格关系有实值、虚值和平价三种不同的情况。实值期权（In the Money Options）是内在价值为正的期权，也称为价内期权；虚值期权（Out of the Money Options）是内在价值为负的期权，也称为价外期权；平价期权（At the Money Options）是内在价值为零的期权。所以，对看涨期权而言，市场价格高于执行价格为实值，市场价格低于执行价格为虚值；对看跌期权而言，市场价格低于执行价格为实值，市场价格高于执行价格为虚值。若市场价格等于执行价格，则无论看涨期权还是看跌期权均为平价期权。

在一般情况下，只有当期权为实值时，期权购买者才要求执行期权，当期权为虚值或平价时，期权购买者将自愿放弃期权。不过，在期权合约到期前，尤其是在离到期日还有较长一段时间的时候，即使期权为平价，甚至为虚值，其期权费仍将大于零。也就是说，在期权合约到期前，期权购买者即使买进一种平价期权或虚值期权，也必须向期权出售者支付一定的期权费。之所以如此，是因为期权费由内在价值和时间价值两部分构成。

4. 现货期权、期货期权和复合期权

期权按标的物的性质可分为现货期权、期货期权以及复合期权。

现货期权（Physical Options）是指以各种商品或金融工具本身作为期权合约之标的物的期权，如玉米期权、棉花期权、大豆期权，以及股票期权、股票指数期权、外汇期权和债券期权等。

期货期权（Futures Options）是指以各种期货合约作为期权合约之标的物的期权，如各种商品期货期权、外汇期货期权、利率期货期权及股票指数期货期权等。

复合期权（Compound Options）是指以期权合约本身作为标的物交易的期权，也称"期权的期权"。它允许购买者在事先确定的时期内，以一个固定价格购买或出售期权。这种期权通常以利率工具或外汇为基础，投资者通常在波幅较大的时期内购买复合期权，以减少因标准期权费的波动而带来的损失。

5. 商品期权和金融期权

期权按标的物的物理特征可分为商品期权和金融期权。商品期权（Commodity Options）指标的物为实物的期权，如农产品中的小麦、大豆，金属中的铜等。商品期权是一种很好的商品风险规避和管理的金融工具。金融期权（Financial Option）是指以金融商品或金融期货合约为标的物的期权，其购买者在向出售者支付一定费用后，就获得了能在规定期限内以某一特定价格向出售者买进或卖出一定数量的某种金融商品或金融期货合约的权利。

6. 场内期权和场外期权

根据交易场所的集中性不同以及期权合约是否标准化，期权可分为场内期权（Exchange-Traded Options）与场外期权（Over-the-Counter Options）两种类型。所谓场内期权是指在集中性的期货市场或期权市场所进行的标准化的期权合约的交易；所谓场外期权则是指在非集中的交易场所进行的非标准化的期权合约的交易。

场内期权与场外期权的最主要区别是期权合约是否标准化。场内期权是一种标准化的期权合约，其交易数量、执行价格、到期日以及履约时间等均由交易所统一规定；场外期权则是一种非标准化的期权合约，其交易数量、执行价格、到期日以及履约时间等均由交易双方自由协定。

二、期权的特征及功能

（一）期权合约的构成要素

期权合约是一种标准化的合约。一般来说，一份标准化的期权合约主要包括以下内容。

1. 交易单位

每份期权合约中所包含的商品或期货合约的数量就是交易单位。期权的交易单位是由各交易所分别加以规定的。一般一张标准的期权合约所买卖股票的数量为 100 股。

2. 执行价格

场内期权交易的执行价格是由期货交易所规定的。一般来说，交易所按某种期权合约标的物的最近收盘价，依某一特定的形式确定一个中心价格，然后再根据既定的幅度设定该中心执行价格的上、下各若干个级距的执行价格。因此，在合约规格中，交易所通常只规定执行价格的级距。例如，在芝加哥期权交易所股票期权的交易中，假定国际商业机器公司（IBM）股票的最近收盘价为 135 美元，以此为中心价格，级距为 5 美元，则针对国际商业机器公司股票的期权交易就有 9 个执行价格，即 115 美元、120 美元、125 美元、130 美元、135 美元、140 美元、145 美元、150 美元、155 美元，其中 4 个为实值的执行价格，1 个为平价的执行价格，4 个为虚值的执行价格，买卖双方可以根据各自对市场价格走势的判断选择其所要交易的期权的执行价格。

3. 最小变动价位

最小变动价位是指买卖双方在出价时，期权费变动的最小单位。

4. 每日价格最大波动限制

每日价格最大波动限制是指期权合约在一个交易日中的期权费波动不得高于或低于规定的涨跌幅度，超出该涨跌幅度的报价视为无效。

5. 合约月份

期权的合约月份是指期权合约实际执行的月份，一般规定它与期货的合约月份基本相同。

6. 最后交易日

期权的最后交易日与期货合约的最后交易日相似，它是指期权买卖双方被允许对冲期权合约的最后一日。在此交易日之前，无论是期权的买方还是卖方都可以将该期权卖掉或买回，以此来对冲其所承担的义务，或者赚取一定的买卖差价。在此交易日之后，期权交易各方就不得再进行对冲或平仓了，期权的买方要么执行期权，要么放弃该权利。期权合约的最后交易日一般规定在标的期货合约的最后交易日之前，这是因为，期权的卖方在买方行使期权时必须建立买方方向的期货交易头寸，如果他不愿意进行期货合约的实际交割，可以有时间再通过期货交易进行对冲和平仓。

7. 履约日

期权交易的履约日也即期权的执行日，是指期权合约所规定的、期权购买者可以实际执行该期权的日期。对于欧式期权，履约日即指该期权的到期日；对于美式期权，履约日则是指期权有效期内的任一营业日。

（二）期权交易的基本制度

期权市场既包括场内市场，也包括场外市场，场内市场显然比场外市场有着高得多的效率。之所以如此，主要是因为场内市场有着一整套严格而又规范的交易制度。在这里，主要针对场内期权市场的基本制度做一简要的介绍。

1. 合约的标准化

凡是在集中性的市场上交易的期权合约都是标准化的合约。这些标准化的合约中，交易单位、最小变动价位、执行价格、合约月份、交易时间、最后交易日和履约日等内容均由交易所做统一的规定。在这些规定中，有些是与期货合约中的规定相同或相似的，有些则是期权合约中所特有的。标准化的期权合约大大增强了期权交易的流动性，从而促进了交易效率的提高。

2. 保证金制度

与期货一样，期权交易也实行严格的保证金制度，以保证到期期权合约的顺利执行，防止出现操作风险。在期权交易中，买方向卖方支付一笔期权费，买方获得了权利但没有义务，因此除期权费外，买方不需要交纳保证金。对卖方来说，获得了买方的期权费，只有义务没有权利，因此，需要交纳保证金，保证在买方执行期权的时候履行期权合约。另外，即使是期权出售者也并非必须以现金交纳保证金，如果期权出售者在出售看涨期权时实际拥有该期权的标的资产，并预先存放于经纪人处作为履约保证，则可免交保证金。

在期权交易中，保证金的额度计算比较复杂。这是因为不同类型的期权有着不同的保证金额度的计算方法，而且即使是同一类型的期权，亦会因在不同交易所上市而有不同的保证金要求。

卖方期权保证金按传统方式计算，每一张卖空期权的保证金为下列两者中的较大者：期权费+期货合约的保证金−期权虚值额的 1/2（实值和平价为零）；期权费+期货合约保证金的 1/2。对保证金计算公式有以下几点说明。

（1）卖方收取买方的期权费，在期权到期前（即义务没有结束前），需要作为卖方保证金的一部分存入交易所。

（2）实值期权执行后，卖方期权合约将转化为期货合约。因此，期权保证金公式中包含了期货合约保证金的部分。

（3）虚值期权执行的可能性小，按照国际惯例，收取的保证金须减去期权虚值额的1/2。但是，对于深度虚值期权来说，减去期权虚值额的 1/2，可能会导致保证金计算结果为负数（或零）。因此，在这种情况下，一般是收取相当于期货合约保证金一半的资金。

3. 套期保值

在期权交易中，交易双方都是通过套期保值或履约来了结自己的义务或实现自己的权利的。如果交易者不想继续持有未到期的期权头寸，那么，在最后交易日或在最后交易日之前，他可随时通过反向交易予以结清，这与期货交易中的套期保值是完全一样的。相反，如果在最后交易日或在最后交易日之前，交易者所持有的期权头寸并未平仓，那么期权购买者就有权要求履约，期权出售者必须做好履约的准备。

4. 期权的执行

期权能否执行完全由买方决定，在商品或期货价格对买方有利时，买方会执行权利，买入或卖出相应数量的商品或期货合约，这时卖方要承担交割的义务。一般情况下，期权合约的执行程序为：欲执行期权的买方先向清算所会员发出执行通知，再由后者通知清算所，清算所将此通知按随机的方式分配给一个或多个拥有同种期权的尚未对冲的处于卖方地位的清算所会员，清算所会员再按交易所或清算所规定的程序分配给相应的一个或多个客户。

在期权的履约中，不同的期权有不同的履约方式。一般来说，除股指期权之外的其他各种现货期权履约时，交易双方将以执行价格做实物交割；各种股指期权依执行价格与市场价格之差实行现金结算；期货期权则依执行价格将期权头寸转化为相应的期货头寸。

5. 头寸限制

为了防止某一投资者承受过大的风险或者对市场有过大的操纵能力，交易所对每一账户所持有的期权头寸的最高限额都有严格规定，即所谓的头寸限制。对于头寸限制的高低，各交易所的规定不尽相同。股票期权的仓位限制与其标的股票的发行量及交易量有关，且同一标的物看涨期权的买方仓位和看跌期权卖方仓位的加总有上限，看涨期权的卖方仓位与看跌期权的买方仓位的加总也有上限，通常此两种限制数量是相同的，主管机关也保有随时调整限制数量的权利。

（三）期权交易的基本功能

1. 期权交易的保值功能

期权交易具有一定的保值功能，这有点近似于保险业务。如果从期权购买方角度来看，购入某种商品或金融工具的期权，实际上可以视为一种对该商品或金融工具价格波动的保险业务。

【例5.3】某美国投资商预测 S&P 500 股票指数将上涨。于是，他以 960 点的 S&P 500 股票指数买入一份 9 月到期的股票指数看涨期权，期权费（可以视作一种保险金）点数为 10，每份合约的交易单位为 "100 美元× S&P 500 股票指数"，则他付出的期权费应为 1 000 美元（10×100）。

如果临近 9 月，S&P 500 股票指数上升，由 960 点升至 985 点，该投资者执行此期权，即以 96 000 美元（960×100）购入 S&P 500 股票指数合约，并以当时的市价 98 500 美元（985×100）将该合约出售，获差价 2 500 美元（98 500–96 000），减去已支付的期权费 1 000 美元，最终获利 1 500 美元。

如果 S&P 500 股票指数没有上涨，反而下跌，这位投资者会放弃执行期权合约，他的损失以其支付的期权费为最大限度，相对于他可能遭受的巨大损失，可以理解为他支付了一笔期权费（即保险金）而买了一份预防股票指数下跌风险的保险。反过来，对于该例中的期权卖出方来说，由于他收取了期权费（即保险金），无论 S&P 500 股票指数是涨还是跌，他预先收取的这笔期权费都不用退还，如同保险公司收取的保险费一样，起着一种预防和分散风险、抵补损失的作用。

2. 期权交易的价格发现功能

期权交易的价格发现功能是通过其投机交易或套利交易实现的。和期货一样，期权也具有较强的投机功能。

【例5.4】某人买了 1 000 股 A 公司股票的欧式看涨期权，有效期为 3 个月，执行价格为 65 美元/股，期权费为 4 美元/股，经纪人佣金为 1 美元/股。若到期后，A 公司股票升至 80 美元/股，期权购买者行使期权，每股便可收入 15 美元，扣除期权费和经纪人佣金，每股获利 10 美元，共计获利 10 000 美元，这 10 000 美元可以被看作投机获利。如果 3 个月后的到期日 A 公司的股票价格一直不超过 70 美元/股，他就会亏本。可见，期权购买者正是因为投机才获得 10 000 美元的投机报酬的。

同样，出售期权也具有投机功能。这是因为期权交易出售方从交易中得到的期权费也同样有一定的风险。

大量的期权投机与套利交易促使期权交易实现了价格发现的经济功能。因为有很多潜在买家及卖家自由竞价，所以，期权交易实际是建立均衡价格的一种有效的方法。而这些均衡价格可以反映当时市场投资者预期现货在将来某一天的价值，这对社会是有益的，因为可帮助生产者和投资者做出一个更有效的生产及投资决策。

2008 年美国小麦价格快速上涨事件

受小麦库存大幅下降及美元贬值的影响,美国三家交易所小麦期货价格在 2008 年年初呈现"幅度大、速度快"的上涨行情。

明尼安娜波利斯交易所小麦 3 月合约由 2008 年年初的 10.36 美元/蒲式耳涨至 2008 年 2 月末的 24 美元/蒲式耳,涨幅达 132%。其中,该合约于 1 月出现了 10 个涨停板,于 2 月出现了连续 11 个涨停板。在此时间段,芝加哥期货交易所小麦 3 月合约由 8.85 美元/蒲式耳涨至 11.99 美元/蒲式耳,涨幅达 35%。堪萨斯期货交易所小麦 3 月合约由 9.13 美元/蒲式耳涨至 12.57 美元/蒲式耳,涨幅达 38%。此外,上述三家交易所小麦品种其他月份合约也有一定程度的涨幅。2008 年 2 月 25 日,上述三家交易所小麦各月份合约全部涨停,2 月 26 日大部分合约涨停。

与期货价格快速上涨趋势一致,上述三家交易所小麦 3 月合约各期权系列也出现了快速上涨行情。

美国商品期货交易委员会和上述三家交易所采取了两项措施。一是扩大涨跌停板限制。小麦期货交易涨跌限制由 30 美分/蒲式耳提高至 60 美分/蒲式耳。二是制定涨跌停板放宽机制。如果在一个交易日内,同年交割的两个或两个以上的小麦期货合约达到涨跌停限制,那么下一交易日所有月份小麦期货合约的涨跌停限制将在原有基础上递增 50%。如果连续三个交易日内没有小麦合约达到涨跌停限制,那么将重回 60 美分/蒲式耳。

思考与讨论

1. 为什么美国商品期货交易委员会扩大涨跌停板限制?这样做的好处是什么?

2. 如果不扩大涨跌停板限制,对市场的流动性会造成哪些影响?

第二节 期权交易策略

本节介绍的期权交易策略包含了四种基本的投机策略和三种较为简单的价差套利策略。其中,四种基本的投机策略由于风险较大,在实际中较少使用,却是学习其他复杂期权策略的基础。因此学习时读者应特别关注这些策略的收益盈亏曲线。而关于价差套利策略,由于篇幅所限,下面只介绍最为基础的三种。

一、期权交易的基本策略

期权是一种复杂的交易技术,在现实的交易活动中,无论是套期保值者,还是套利者或投机者,都有许多可选择的交易策略。这些不同的交易策略有其不同的适用场合和适用时机,从而可产生不同的交易结果。所有交易策略都源于以下四种基本的交易策略。

(一)买进看涨期权

在期权交易中,投资者买进看涨期权是对未来看涨,所以愿意支出期权费购买,认为未来价格波动幅度会超过损益平衡点（执行价格+期权费）。只要商品价格超出执行价格与期权费之和，购买方就有赢利。因此，对于购买看涨期权的投资者来说，其赢利的可能性很大程度上要看期权费的多少和商品或期货合约价格的波动性。如果购买的是虚值看涨期权，其期权费要少一些，因为商品价格小于期权执行价格，期权费中只有时间价值。如果购买的是实值看涨期权，其期权费要多一些，因为商品价格大于期权执行价格，期权费中既有时间价值，也有内在价值。

【例 5.5】某投资者预测香港恒生指数将会上涨，于是他以 50 点的期权费（每点 10 美元，合 500 美元）买进一份 12 月到期、执行价格 8 000 点的恒生指数期货合约的美式看涨期权。假设在到期日之前的某一日，12 月恒生指数期货升至 8 500 点。该投资者决定执行期权，他以执行价格 8 000 点买进一份恒生指数期货，并立即以市场价格 8 500 点将此期货合约卖出平仓，可获毛利 500 点，扣除 50 点的期权费，还可获净利 450 点，合 4 500 美元（不计佣金）。如果直至到期日，12 月恒生指数期货市场价格都处于 8 000 点以下，该期权购买者可放弃 50 点的期权费（500 美元）。一般来说，当标的资产的市场价格上涨时，其看涨期权的期权费也上涨。因此，在标的资产的市场价格上涨后，买进看涨期权的投资者既可通过履约获利，也可通过转让期权合约而获利。

如果就投资收益率而言，转让期权的收益率往往比执行期权所获得的收益率更高。尤其是在期权合约临近到期、投资者一时又难以筹措履约所需的资金时，转让期权合约不失为一个可取的策略。图 5.1 所示的是【例 5.5】买卖看涨期权的盈亏曲线。该曲线说明，从理论上讲，买进看涨期权的损失是有限的，赢利是无限的，但是现实中期权合约有到期日的时间约束，其赢利到一定时间会终止。

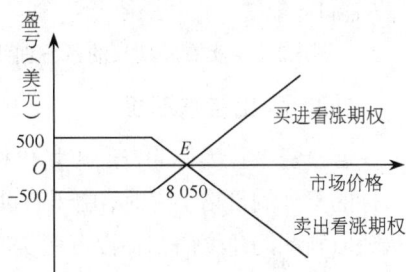

图 5.1　买卖看涨期权的盈亏曲线

（二）卖出看涨期权

如果投资者预计后市转空或者进行调整，标的物的市场价格将有一定程度的下跌，从而将引起看涨期权跌价，他可以卖出看涨期权并收到一笔期权费。在标的物的市场价格下跌至执行价格或以下时，看涨期权的购买者将自愿放弃执行期权。即使标的物的市场价格低于执行价格与期权费之和，看涨期权卖方也仍然有利可图，只是其利润少于他所收取的期权费而已。因此，对看涨期权卖方而言，其最大利润是他出售期权所得的期权费；因标的物的市场价格上涨空间无限，因而从理论上说，其最大损失将是无限的。在实际的期权交易中，投资者未必在大幅度看跌时才出售看涨期权，只要预期市场价格不会有较大幅度的上涨或市场价格处于盘整状态，他即可卖出看涨期权。同时，如果市场价格大幅上涨，期权卖方也可以较高的价格买回同样的看涨期权平仓，以避免损失进一步扩大。

值得注意的是，在图 5.1 中，E 为损益平衡点，其价格是 8 050 点，是执行价格与期权费之和。图 5.1 中看涨期权买卖双方的盈亏曲线是对称的，横轴为盈亏平衡线。这说明，期权交易双方具有零和关系，即标的物市场价格发生变动时，期权买卖双方必有一方赢

利，一方亏损，且双方盈亏金额相等。

（三）买进看跌期权

当投资者预期标的资产的市场价格将大幅下跌时，将买进看跌期权。若标的资产的市场价格果然下跌，且跌至执行价格之下，该投资者可行使其权利，以较高的执行价格卖出他所持有的标的资产，从而避免因市场价格下跌造成的损失。如果期权购买者并不持有标的资产，在标的资产的市场价格下跌时，他可以较低的市场价格买进标的资产，而以较高的执行价格卖出标的资产，从而获利，获利的幅度将视标的资产的市场价格下跌幅度而决定。反之，在买进看跌期权后，若标的资产的市场价格没有下跌，或者反而上涨，投资者可放弃期权，损失他所支付的期权费。

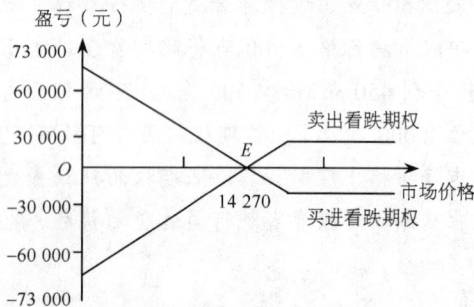

图 5.2　买卖看跌期权的盈亏曲线

图 5.2 为买卖看跌期权的盈亏曲线。E 为损益平衡点，是执行价格减去期权费之差。该曲线说明，从理论上讲，买进看跌期权的损失是有限的，赢利也是有限的，但是一旦赢利其获利的幅度将大于亏损的幅度。且看跌期权卖方的盈亏曲线与看跌期权买方的盈亏曲线是对称的，横轴为盈亏平衡线。

（四）卖出看跌期权

若投资者认为标的资产市场价格将小幅上涨，他可以卖出看跌期权，收取期权费。这样，当标的资产的价格上涨时，由于看跌期权的出售者会放弃执行，从而他可以获取一笔期权费。从获取利润的角度而言，投资者卖出看跌期权与他卖出看涨期权一样，其最大利润是他收取的期权费。所以，对投资者来说，他卖出看跌期权的最大利润是有限的，且是已知的。但从产生亏损的角度而言，因卖出看跌期权与买进看跌期权在盈亏方面的对称性，投资者的最大损失是执行价格与期权费之差。与看涨期权的卖方类似，看跌期权的卖方也可采取各种防御措施，避免损失进一步扩大。

说起卖出看跌期权的策略，沃伦·巴菲特可以称得上是该策略成功的运用者了，请阅读下面的案例。

▶ 微课堂

卖出看跌期权

~~ 案例阅读与分析 5.2 ~~

沃伦·巴菲特投资可口可乐的传奇

沃伦·巴菲特在人们心中往往是一位保守的价值投资者，他长期钟情于大盘蓝筹股票，并曾公开将金融衍生品称为"大规模金融杀伤性武器"。但事实上，他自己却是看跌期权的投资者，多次利用卖出看跌期权的方式以优质的价格成功完成资产配置。

可口可乐是巴菲特持有的股票中，占比最多的一只股票。巴菲特曾不止一次在公开场合表示，他将永久持有可口可乐股票（约 4 亿股，占他所持全部股票的 20%）。巴菲特 1988 年首次买入大约 10 亿美元的可口可乐股票。那时候，华尔街人士认为他的行为太过疯狂。但仅仅两年以后，他的投资就升值了 2.66 倍。

1992 年年初，可口可乐公司的股价结束了约五年的快速上涨，进入调整阶段。虽然巴菲特在 1988 年买入可口可乐股票后已经获得了约 300% 的回报，但他仍然坚定地看好这家公司的发展。巴菲特曾说，他将永久"坐镇"可口可乐。最好的情景便是，坐在可口可乐公司里，什么也不做。他说："如果你给我 1 000 亿美元，让我放弃可口可乐，我会把这 1 000 亿美元退还给你，并告诉你，这办不到。"

那么巴菲特是怎样机智地利用期权交易实现心仪股票底部增持的呢？

1993 年 4 月，巴菲特以每份 1.5 美元的价格卖出了 300 万份可口可乐公司股票的价外（虚值）看跌期权合约，这些期权的执行日期为 1993 年 12 月，执行价为 35 美元，当时可口可乐公司的股票价格约为 40 美元。在此之后他觉得还不够，又加卖了 200 万份看跌期权合约。这样，通过卖出看跌期权，巴菲特一共拿到了 750 万美元（1.5 美元×500 万份）的现金。

如果在 12 月 17 日，可口可乐股票价格高于 35 美元，那么巴菲特这些期权费就落袋为安了，如果可口可乐价格低于 35 美元，那么他就必须以 33.5 美元（35–1.5）的价格购入可口可乐。但由于巴菲特本身就有不断增持可口可乐的意愿，在他看来，这也是一个非常合理的价格。因此，对他这样的一位长期投资者而言，这是一个双赢的局面。

可口可乐公司的股价走势确实没让巴菲特失望，1994 年年初开始持续上涨。

需要特别注意的是，这种策略的前提一是投资者希望以低于当前市价买入股票，二是投资者对后市行情的判断应该是偏中性，或略微看涨的。这样期权到期会变成虚值。

思考与讨论

比较一下当时直接购买可口可乐股票和卖出实值看跌期权合约的异同。

二、期权的价差套利

期权的价差套利策略是在买入某种期权的同时，卖出种类相同但履约价格或交割月份不同的另一种期权，是利用两种期权费差异的变化赚取收益的策略。价差套利按套利的对象不同分为垂直套利、水平套利、蝶式套利、转换套利、反向转换套利等，限于篇幅，这里只介绍前三种基础的价差套利。

（一）垂直套利

垂直套利（Vertical Spread）是指期权之间执行价格不同但合约到期日相同的任何期权套利策略。垂直套利的交易方式为买进一个期权，同时卖出一个相同品种、相同到期日但执行价格不同的期权，这两个期权应同属看涨或看跌期权。垂直套利可分为四种形式，下面一一介绍。

1. 牛市看涨期权套利

牛市看涨期权套利（Bullish Vertical With Call）交易方式是买进一个执行价格较低的看涨期权，同时卖出一个到期日相同但执行价格较高的看涨期权。投资者在看多后市但又认为不会大幅上涨的时候可采用这种方式套利。其特点在于期权费成本低，风险与收益均有限，而且不用交纳保证金。

【例 5.6】棉花期货价格为 15 000 元/吨，某投资者看好棉花期货后市，买入一手执行价格为 15 000 元/吨的棉花看涨期权，支付期权费 510 元/吨；但他又认为价格不会突破 15 600

元/吨，所以卖出一手执行价格为 15 600 元/吨的同月份看涨期权，收入期权费 280 元/吨，净支付期权费 230 元/吨，损益平衡点为 15 230 元/吨。

假设期权到期后，棉花期货价格为 15 600 元/吨，该投资者通过执行价格为 15 000 元/吨的棉花看涨期权获利 90 元/吨（15 600–15 000–510），由于执行价格为 15 600 元/吨的同月份看涨期权被对方放弃，获得原先收入的期权费 280 元/吨，两者相加净获利 370 元/吨。

如果棉花期货价格为 15 800 元/吨，该投资者通过执行价格为 15 000 元/吨的棉花看涨期权获利 290 元/吨（15 800–15 000–510），由于执行价格为 15 600 元/吨的同月份看涨期权被对方执行，获利 80 元/吨（15 600–15 800+280），两者相加净获利 370 元/吨。如果棉花期货价格上涨，其获利仍为 370 元/吨。

如果棉花期货价格为 15 000 元/吨，该投资者放弃执行价格为 15 000 元/吨的棉花看涨期权，损失原先支付的期权费 510 元/吨，由于执行价格为 15 600 元/吨的同月份看涨期权被对方放弃，获得原先收入的期权费 280 元/吨，两者相加净获利-230 元/吨（280–510）。

如果棉花期货价格为 14 700 元/吨，该投资者放弃执行价格为 15 000 元/吨的棉花看涨期权，损失原先支付的期权费 510 元/吨，由于执行价格为 15 600 元/吨的同月份看涨期权被对方放弃，获得原先收入的期权费 280 元/吨，两者相加净获利-230 元/吨（280–510）。

该策略的盈亏曲线可以参考图 5.3。

限于篇幅，本节以下套利策略的分析相对简化，其分析思路与此例基本相同。

2. 牛市看跌期权套利

牛市看跌期权套利（Bullish Vertical With Put）的交易方式是指在买进一个执行价格较低的看跌期权的同时，卖出一个到期日相同但是执行价格较高的看跌期权。一般情况下，套利者预期市场价格将上涨，因此卖出看跌期权以获得期权费收入，但为了预防市场价格下跌的风险，买入较低执行价格的看跌期权作为保护。如果标的物价格上涨，套利者将获得有限的收益，反之，套利者将承担有限的损失。

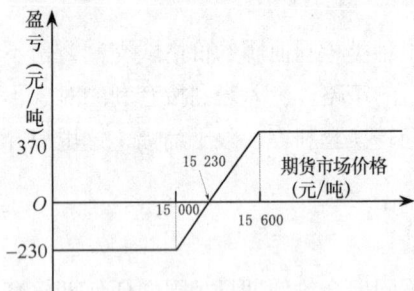

图 5.3 牛市看涨期权套利的盈亏曲线

该策略的盈亏曲线和图 5.3 类似。牛市套利策略的缺陷在于该策略限制了套利者在资产价格上升时的潜在收益，同时也限制了套利者在资产价格下降时的损失。也就是说，该类型套利的预期收益和潜在风险均受到了一定的限制。

3. 熊市看涨期权套利

熊市看涨期权套利（Bearish Vertical With Call）的交易方式是指在买入某一较高执行价格的看涨期权的同时卖出另一相同标的物、相同到期日但执行价格相对较低的看涨期权。一般情况下套利者预期市场价格将下跌，因此卖出看涨期权，但又通过买入看涨期权来降低风险。如果标的物价格下跌会获取有限收益，如果标的物价格上涨则会承担有限损失。

【例 5.7】当一个投资者以 1 元价格购买一个执行价格为 32 元的某股票看涨期权，同时以 4 元价格出售一个执行价格为 27 元的该股票的看涨期权时，该熊市套利策略的初始收入为 3 元（4–1）。如果到期日股票价格高于或等于 32 元，则这一熊市套利策略的收益为-2 元（–5+3）；如果到期日股票价格等于或低于 27 元，则这一策略的收益为 3 元（0+3）。损益平衡点为 30 元。

该策略的盈亏曲线可以参考图 5.4。

4. 熊市看跌期权套利

熊市看跌期权套利（Bearish Vertical With Put）的交易方式是指在买入较高执行价格的看跌期权的同时卖出相对较低执行价格的看跌期权。这两个看跌期权的标的物相同，到期日也相同。一般情况下套利者预期市场价格将下跌，因此买入看跌期权，但又通过卖出较低执行价格的看跌期权来降低风险。如果标的物价格下跌会获取有限收益，如果标的物价格上涨则会承担有限损失。

【例 5.8】当一个投资者以 4 元的价格购买一个执行价格为 32 元的某股票的看跌期权，同时以 1 元价格出售一个执行价格为 27 元的该股票的看跌期权时，该熊市套利策略的初始支出为 3 元（4-1）。如果到期日股票价格等于或高于 32 元，则两个期权均不会被执行，其最大损失为期初的期权费净支出即 3 元；如果到期日股票价格等于或低于 27 元，投资者买进的期权被执行，或者两个期权都被执行，获取最大收益为 2 元〔(32-27) - (4-1)〕。损益平衡点为 29 元。

该策略的盈亏曲线可以参考图 5.5。

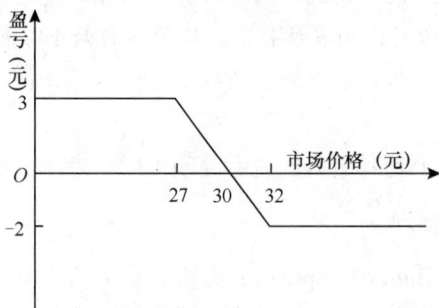

图 5.4　熊市看涨期权套利的盈亏曲线　　　图 5.5　熊市看跌期权套利的盈亏曲线

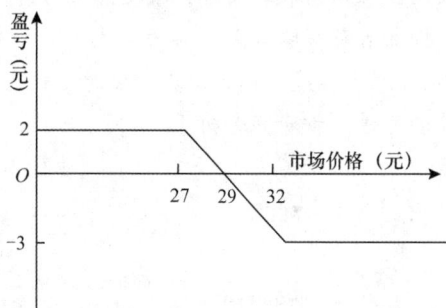

熊市套利策略的缺陷与牛市套利策略的类似，熊市套利在限制标的物价格向不利方向变动时损失的同时，也限制了标的物价格向有利方向变动时的潜在赢利。

针对上述垂直套利的四种基本交易策略，投资者潜在的最大利润和最大损失都是有限的。垂直套利策略只能使投资者在承受较小风险的基础上为其带来较少的利润，因而该策略只适用于投资者预期标的物的市场价格有温和上涨或温和下跌的情况。

（二）水平套利

对不同交割月份的期权合约进行的套利称为水平套利（Horizontal Spread），也称为日历价差（Calendar Spread）。因为期权的行情报价表中交割月份都是横向排列的，所以把这类套利称为水平套利。其做法是按照不同的交割月份同时买进和卖出同一履约价格、同一标的物的看跌期权或看涨期权。与垂直套利不同的是，交易者在相同执行价上同时买进和卖出不同到期月份的期权合约。由于近期期权的时间衰减速度快于远期期权的时间衰减速度，因此，通常的做法是在卖出近期期权合约的同时买进远期期权合约。

水平套利分为看涨期权水平套利和看跌期权水平套利两种。预计长期价格将稳中趋涨时，运用前者；预计长期价格将稳中趋疲时，运用后者。期权费主要由内在价值和时间价值决定。

内在价值的判断依据是实值期权、虚值期权或平价期权；时间价值的判断是，期权剩余有效日越长，时间价值就越大。假设水平套利时，以价格 P_1 卖出近期期权，以价格 P_2 买进远期期权，因其他条件都一样，所以决定期权费的因素就是离到期日的远近。交易者再在适当时机对冲期权合约，设以 P_1' 买进近期期权，以 P_2' 卖出远期期权，最终收益为 $(P_1-P_1')+(P_2'-P_2)$。在实际交易中，如果结果大于零，则交易者可获赢利。

水平套利适用于投资者预期标的物的市场价格比较稳定的情况。在建立水平价差套利头寸时，一般以买卖平价期权为宜。由于平价期权的内在价值为零，故期权费仅反映其时间价值，而且与其他期权相比，平价期权的时间价值最大。若市场价格果真稳定，在近期期权到期时，该期权仍为平价期权，因其内在价值为零，买方将放弃权利，与此同时，远期期权因尚有一定的剩余期限，仍有一定的时间价值，投资者可继续持有该期权，以期在市场价格发生有利变动时从中获取收益，也可以在当时以其时间价值为期权费将其出售。如果投资者在近期期权到期时将远期期权出售，因远期期权的时间价值消失得较慢，其所得的期权费净收入将补偿其建立头寸时发生的期权费净支出并有盈余。

【例 5.9】某投资者卖出有效期为 0.5 年、执行价格为 50 元的某股票的看涨期权，收取期权费 3 元，同时买入有效期为 1 年、执行价格为 50 元的该股票的看涨期权，支付期权费 5 元。假设当短期期权到期时，该股票市场价仍为 50 元，未到期的远期期权的期权费下降为 4 元，该投资者可获取最大收益为 2 元（3−5+4）。但是，如果该股票市场价格与两个期权的执行价格 50 元大幅度背离，投资者会遭受较大损失。其损益平衡点的确切价格不易算出，对此问题读者可进一步研究分析。

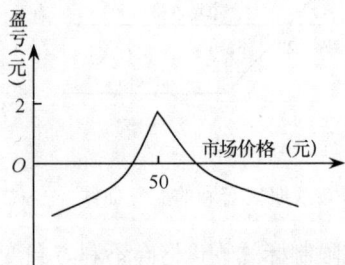

图 5.6　水平套利的盈亏曲线

【例 5.9】水平套利策略的盈亏曲线可以参考图 5.6。

（三）蝶式套利

蝶式套利（Butterfly Spread）实质上是由两组垂直套利构成的，即由买进两个期权和卖出两个期权所组成，但比牛市套利和熊市套利复杂。这些买进和卖出的期权属于同一个垂直系列，即到期日相同而执行价格不同。具体操作方式是：买入（或卖出）低执行价格的看涨（或看跌）期权，卖出（或买入）居中执行价格的看涨（或看跌）期权，同时买入（或卖出）高执行价格的看涨（或看跌）期权。居中执行价格的期权的交易数量是低执行价格和高执行价格期权交易量之和，这就相当于两个垂直套利组合。

低执行价格和高执行价格的期权分居于执行价格的两边，像蝴蝶的两个翅膀一样，所以称为蝶式套利。蝶式套利又可以分为多头蝶式套利和空头蝶式套利两种形式，但无论是多头蝶式套利还是空头蝶式套利，都既可以用看涨期权来操作，也可以用看跌期权来操作。下面仅以看涨期权为例，对蝶式套利的基本原理进行介绍。

1. 多头蝶式套利

多头蝶式套利（Long Butterfly Spread）是指投资者买进一个执行价格较低的看涨期权和一个执行价格较高的看涨期权，同时卖出两个执行价格介于上述两个执行价格之间的看涨期权。当投资者认为标的物的市场价格不可能发生较大波动时，采用蝶式套利是一个比较适当的策略。该策略可以保证标的物市场价格在一定幅度内波动时，投资者可以获得一定的收益，并在价格超过既定波动幅度时面临有限亏损。该策略的盈亏曲线可以参考图 5.7。

2. 空头蝶式套利

空头蝶式套利（Short Butterfly Spread）是多头蝶式套利的反向操作，是指投资者在卖出一个执行价格较低的期权和一个执行价格较高的期权的同时，买进两个执行价格介于上述两个执行价格之间的期权。

当投资者认为标的物的市场价格将发生较大波动，并预期标的物的结算价会在损益平衡点之外时，采用蝶式套利是一个比较适当的策略。该策略可以保证标的物市场价格在较大幅度内波动，并无论向上或向下突破时，投资者都可以获得一定的收益，即使没有如期出现波动，其损失也是有限的。该策略的盈亏曲线可以参考图 5.8。

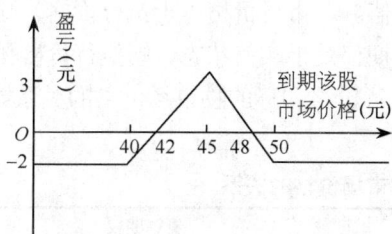

图 5.7 多头蝶式套利的盈亏曲线   图 5.8 空头蝶式套利的盈亏曲线

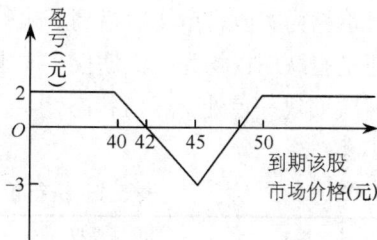

第三节 期权的价值

在期权交易中，虽然期权费受多种复杂因素的影响，但从理论上看，期权价值由两部分价值组成，即内在价值和时间价值。

一、期权的内在价值

期权的内在价值是指立即履行期权合约时可获得的利润，它反映了期权执行价格和该商品或相关期货合约市价的关系。例如，一种股票的市场价格为每股 70 美元，而以这种股票为标的物的看涨期权的执行价格为每股 50 美元，若这一看涨期权的交易单位为 100 股该股股票，则它的购买者只要立即执行期权即可获得 2 000 美元（差价 20 美元乘以 100 股）的收益；反之，若是市场价格为 30 美元、执行价格为 50 美元的看跌股票期权，则它的购买者只要立即执行期权即可获得 2 000 美元的收益。总之，无论是看涨期权还是看跌期权，当期权处于有利价时，它就具有内在价值（Intrinsic Value），反之则不具有内在价值。一般来说，决定期权内在价值的主要因素有两点，即执行价格状况和标的物的市场价格。

1. 执行价格状况

看涨期权执行价格越低，标的物市场价格超过执行价格的概率也就越高，期权也越易于转向有利价，对看涨期权的需求就会增加。因此，期权购买方会用较高的期权费购入。同样，看跌期权的执行价格越低，可能达成的期权费也就越低。而看涨期权执行价格越高，标的物市场价格超过执行价格的概率也就越低，因此，该看涨期权的期权费就越低。看跌期权执行价格越高，标的物市场价格低于执行价格的概率就越高，该看跌期权的期权费也就越高。

2. 标的物的市场价格

在执行价格一定、其他条件不变的情况下，如果标的物市场价格上升，看涨期权的价值也将会上升，看跌期权的价值则会下降；如果标的物市场价格下降，看涨期权的市场价值也会下降，而看跌期权的市场价值会上升。因此，执行价格与标的物市场价格的关系是决定期权内在价值的重要因素。

3. 两者的关系

两者的关系之前在介绍实值、虚值和平价的概念时已经讨论过了。对看涨期权而言，市场价格高于执行价格为实值，市场价格低于执行价格为虚值；而对看跌期权而言，市场价格低于执行价格为实值，市场价格高于执行价格为虚值。若市场价格等于执行价格，则无论看涨期权还是看跌期权均为平价期权。如果某个看涨期权处于实值状态，则执行价格和标的物相同的看跌期权一定处于虚值状态，反之亦然。执行价格和标的物市场价格的关系如表 5.1 所示。

表 5.1　执行价格和标的物市场价格的关系

	看涨期权	看跌期权
实值期权	期权执行价格<标的物市场价格	期权执行价格>标的物市场价格
虚值期权	期权执行价格>标的物市场价格	期权执行价格<标的物市场价格
平价期权	期权执行价格=标的物市场价格	期权执行价格=标的物市场价格

二、期权的时间价值

期权的时间价值是指期权费扣除内在价值的剩余部分，它是指随着时间的延长，相关标的物价格的变动有可能使期权在增值时期权的买方愿意为买进这一期权所付出的期权费金额。它同时也反映出期权的卖方愿意接受的期权的卖价。因此，时间价值的确定是通过期权的买方和卖方依据对未来时间内期权价值增减趋势的不同判断而互相竞价形成的。

【例 5.10】某年 1 月 10 日，3 月到期的执行价格为 1.347 8 美元/欧元的欧元看涨期权的期权费为 0.045 1 美元/欧元，当日 3 月到期的欧元期货价格为 1.388 8 美元/欧元，则该看涨期权的内在价值为 0.041 美元/欧元（1.388 8–1.347 8），而其时间价值为 0.004 1 美元/欧元（0.045 1–0.041）。

一般来说，决定期权时间价值的主要因素可概括为以下四点。

1. 标的物市场价格及执行价格

执行价格与市场价格的关系决定了时间价值的有无和大小。一般来说，执行价格与市场价格的差额越大，时间价值就越小；反之，差额越小，时间价值就越大。当一种期权处于极度实值或极度虚值时，时间价值都将趋于零；当一种期权正好处于平价期权时，其时间价值却达到最大。因为时间价值是人们预期市场价格的变动能使虚值期权变为实值期权，或使有内在价值的期权变为更有内在价值的期权而付出的代价，所以当一种期权处于极度实值时，市场价格变动使它继续增加内在价值的可能性已极小，而使它减少内在价值的可能性极大，因而人们都不愿意为买入该期权并持有它而付出比当时的内在价值更高的期权费。相反，当一种期权处于极度虚值时，人们会认为其变为实值期权的可能性十分渺茫，因而也不愿意为买入这种期权而支付任何期权费。因此，只有在执行价格与市场价格相等，即期权为平价期权时，市场价格的变动才最有可能使期权增加内在价值，人们也才最愿意为买入这种期权而付出等于时间价值的期权费，此时的时间价值达到最大，任何市场价格与执行价格的偏离都将减少这一时间价值。图 5.9 和图 5.10 可以说明两者的关系。

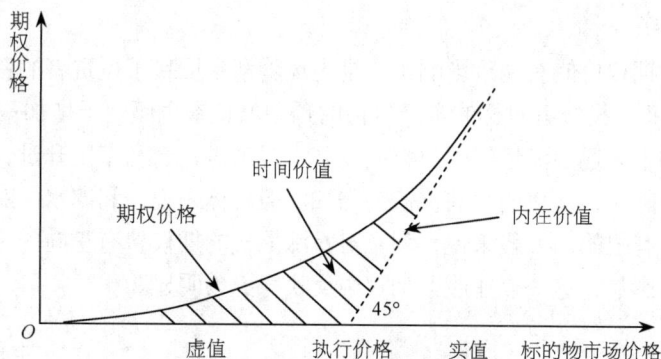

图 5.9　看涨期权的期权费

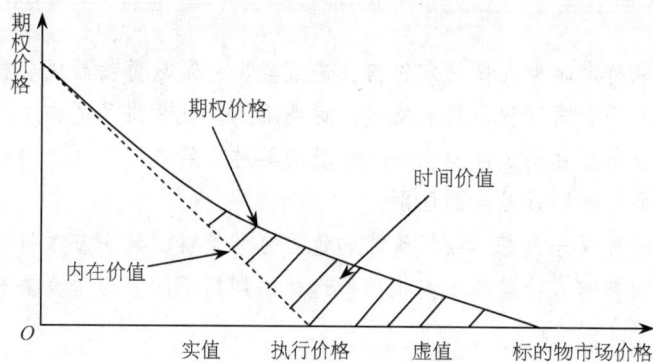

图 5.10　看跌期权的期权费

2. 剩余有效期

期权剩余有效期越长，时间价值就越大；期权剩余有效期越短，时间价值越小；在期权到期日，期权剩余有效期为零，所以时间价值也为零。对于期权买方来说，剩余有效期越长，选择的余地越大，标的物价格向买方所期望的方向变动的可能性就越大，买方剩余行使期权的机会也就越多，获利的可能性就越大。反之，剩余有效期越短，标的物价格出现大的波动的可能性越小，到期时期权就失去了时间价值。

因此，期权的时间价值与期权合约的剩余有效期成正比，并随着期权到期日的临近而逐步衰减，尤其是在接近到期日时，时间价值加速衰减，最后在到期日时，时间价值为零（如图 5.11 所示）。

3. 标的物市场价格波动性

当标的物市场价格波动幅度增加时，就

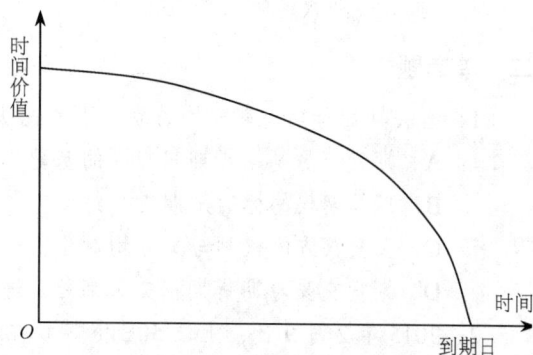

图 5.11　期权的时间价值

会相应地使期权费水平上涨。因为价格波动幅度越大，市场价格将该期权推向有利价的可能性就越大，无论是看涨期权还是看跌期权，其时间价值都将随着标的物价格的波动性增大而提高；反之，标的物市场价格波动幅度越小，市场价格将该期权推向有利价的可能性也就越小，无论是看涨期权还是看跌期权，其时间价值都将随着标的物价格的波动性缩小而降低。

4. 无风险利率

无风险利率对期权价值有两种影响：一是无风险利率反映了投资者的资金成本，当整个经济中的利率上升时，投资者对标的资产价格的预期增长率也倾向于增加；二是利率上升时，期权持有者收到的未来现金流量的现值将减少。一般来讲，当利率上升时，期权的时间价值会减少；当利率下降时，期权的时间价值会增加。但总体来说，利率水平对期权时间价值的整体影响还是十分有限的。一般来说，利率对看涨期权的期权费有正向的影响，对看跌期权的期权费有负向的影响，这一点在股票期权中反映得更为明显。

本章小结

期权是指在未来特定时期内按约定价格买进或卖出一定数量商品或金融工具的权利。在期权交易中，期权购买者向期权出售者支付一定费用后，就获得了能在未来某一特定时间以某一特定价格向期权出售者买进或卖出一定数量的某种商品或期货合约的权利。支付费用并拥有选择的权利是期权和期货最大的区别。

期权的交易策略可以分为基本投机策略和价差套利策略。其中基本投机策略是分析其他复杂策略收益情况的基础。价差套利则根据所选择的期权不同分为垂直套利、水平套利与蝶式套利等。

期权的价值由内在价值和时间价值构成，其中执行价格、标的物的市场价格等因素影响期权的内在价值，到期日影响期权的时间价值。

综合练习

一、名词解释

看涨期权 期权的时间价值

二、单选题

1. 有关期货与期货期权的关联，下列说法错误的是（   ）。

　A. 期货交易是期货期权交易的基础

　B. 期货期权的标的是期货合约

　C. 买卖双方的权利与义务均对等

　D. 期货交易与期货期权交易都可以进行双方交易

2. 2015 年 2 月 9 日，上证 50ETF 期权在（   ）上市交易。

　A. 上海期货交易所　　　　　　　　　　B. 上海证券交易所

期货交易实务（附微课 第 3 版）

C．中国金融期货交易所　　　　　　　　　　D．深圳证券交易所

3．通常情况下，美式期权的期权费（　　　）其他条件相同的欧式期权的期权费。

　　A．等于　　　　　　　B．高于　　　　　　　C．不低于　　　　　　D．低于

4．下列选项中，关于期权说法正确的是（　　　）。

　　A．期权买方可以选择行权，也可以放弃行权

　　B．期权卖方可以选择履约，也可以放弃履约

　　C．与期货交易相似，期权买卖双方必须交纳保证金

　　D．买进或卖出期权可以实现为标的资产保险的目的

5．相同条件下，下列期权时间价值最大的是（　　　）。

　　A．平价期权　　　　　B．虚值期权　　　　　C．实值期权　　　　　D．看涨期权

6．2015年2月15日，某交易者卖出执行价格为6.752 2元的芝加哥商品交易所欧元兑人民币看跌期货期权（美式），期权费为0.021 3欧元，对方行权时该交易者（　　　）。

　　A．卖出标的期货合约的价格为6.730 9欧元/人民币

　　B．买入标的期货合约的成本为6.752 2欧元/人民币

　　C．卖出标的期货合约的价格为6.773 5欧元/人民币

　　D．买入标的期货合约的成本为6.730 9欧元/人民币

7．某投资者买入一手股票看跌期权合约，合约规模为100股/手，行权价为70元，该股票当前价格为65元，期权费为7元。期权到期日，股票价格为55元，不考虑交易成本，投资者到期行权净收益为（　　　）元。

　　A．300　　　　　　　B．500　　　　　　　C．-300　　　　　　　D．800

8．关于期权权利的描述，正确的是（　　　）。

　　A．买方需要向卖方支付期权费

　　B．卖方需要向买方支付期权费

　　C．买卖双方都需要向对方支付期权费

　　D．是否需要向对方支付期权费由双方协商决定

9．关于水平套利期权，下列说法正确的是（　　　）。

　　A．通过卖出看涨期权，同时买进具有不同执行价格且期限较长的看涨期权构建

　　B．通过卖出看涨期权，同时买进具有不同执行价格且期限较长的看跌期权构建

　　C．通过卖出看涨期权，同时买进具有相同执行价格且期限较长的看跌期权构建

　　D．通过卖出看涨期权，同时买进具有相同执行价格且期限较长的看涨期权构建

10．就看涨期权而言，标的物的市场价格（　　　）期权的执行价格时，其内在价值为零。

　　A．等于或低于　　　B．不等于　　　　　　C．等于或高于　　　　D．高于

三、多选题

1．下列关于期权多头适用场景和目的的说法，正确的是（　　　）。

　　A．标的资产价格波动率正在扩大，对期权多头不利

　　B．为限制卖出标的资产风险，可考虑买进看涨期权

　　C．如果希望追求比期货交易更高的杠杆效应，可考虑期权多头策略

　　D．为规避所持标的资产多头头寸的价格风险，可考虑买进看跌期权

2．下列关于期权内在价值和时间价值的说法，正确的是（　　　）。

　　A．实值看涨期权和看跌期权的内在价值均大于 0

　　B．当看涨期权的内在价值大于 0 时，对应的看跌期权的内在价值必然小于 0

　　C．平价看涨期权和看跌期权的时间价值均等于 0

　　D．平价看涨期权和看跌期权的内在价值均等于 0

3．下列关于看跌期权的说法，正确的是（　　　）。

　　A．看跌期权的卖方在履约时，按约定价格买入标的资产

　　B．看跌期权是一种卖权

　　C．看跌期权是一种买权

　　D．看跌期权的卖方在履约时，按约定价格卖出标的资产

4．关于期权的时间价值，下列说法正确的是（　　　）。

　　A．期权费与内在价值的差额为期权的时间价值

　　B．理论上，在到期时，期权时间价值为零

　　C．如果其他条件不变，期权时间价值随着到期日的临近，衰减速度递减

　　D．在有效期内，期权的时间价值总是大于零

5．若不考虑交易费用，在期权到期时，下列买进看涨期权一定亏损的情形有（　　　）。

　　A．标的物价格在执行价格以上

　　B．标的物价格在执行价格与损益平衡点之间

　　C．标的物价格在损益平衡点以下

　　D．标的物价格在损益平衡点以上

四、判断题

1．标的资产价格窄幅整理时，适宜卖出看涨或看跌期权获得期权费。　　　　（　　　）

2．期权的到期日是指期权买方能够行使权利的最后日期。　　　　　　　　（　　　）

3．无风险利率与期权的价值呈正相关关系。　　　　　　　　　　　　　　（　　　）

4．当标的资产的市场价格上涨至损益平衡点以上时，看跌期权出售者可实现赢利。（不考虑交易费用）　　　　　　　　　　　　　　　　　　　　　　　　　　　（　　　）

5．当标的资产价格大幅度上涨的可能性很大时，可采取买进看涨期权策略。（　　　）

五、简答题

1．简述实值期权、虚值期权和平价期权的含义和区别。

2．简述熊市看涨期权套利策略的适用情形。

第六章 基本面分析基础

【学习目标】

1. 理解需求和供给曲线的含义；
2. 掌握全球市场上主要的商品指数及其特点；
3. 理解什么是交易者持仓报告；
4. 具备查找与解读数据的能力。

本章主要介绍基本面分析的基础知识与工具，主要包括微观经济学的需求与供给，全球主要商品指数，宏、微观经济因素，以及其他影响基本面的因素。

第一节 需求与供给

对于本节内容，相信大部分学习过微观经济学的读者都不会陌生。事实上，对期货标的基本面进行分析时，微观经济学提供的分析工具和主要结论能解决相当多的问题。建议对此不熟悉的读者认真学习微观经济学，本节只做简要的介绍与回顾。

一、需求分析

（一）需求及其构成

需求是指在一定的时间和地点，在各种价格水平下，买方愿意并有能力购买的商品数量。需求显示了随着价格升降，在其他因素不变的情况下，某个体在某段时间内愿意购买的某货物的数量。

观测本期市场需求的数据通常有当期国内消费量、当期出口量和期末结存量。

1. 当期国内消费量

国内消费量包括居民消费量和政府消费量，它主要受消费者人数、消费者的收入水平或购买能力、消费结构、相关商品价格等因素影响。

从宏观角度而言，通常各个国家或地区的统计部门都会公布零售销售额（增长率）、汽车销售额（增长率）、房屋销售额（增长率）等数据。

从微观角度而言，具体到每一项需要分析的商品品种，统计部门、部分能源公司或者各协会都会有相应的消费统计数据，如英国石油公司（BP）每年会公布各个国家煤炭的消费量等。

2. 当期出口量

当期出口量反映国外市场对本国商品的需求。若总产量既定，当期出口量增加则国内市场供给量减少，会减少当期的消费量；当期出口量减少则国内市场供给量增加，这在某种程度上会增加当期的消费量。

因此，具体到每一个商品类别，通常进出口数据的统计数字都是商品期货分析师关注的重点。

3. 期末结存量

当本期商品供大于求时，期末结存量增加，说明当前的需求低迷；当本期商品供不应求时，期末结存量减少，说明当前的需求旺盛。期末结存量的变动，可以反映本期的商品供求状况，并对下期的商品供求状况产生影响。

通常期货交易所的月报或者周报都会定期公布商品的市场库存状况，这也是商品期货分析师关注的一项很重要的指标。

（二）影响需求的因素

1. 价格

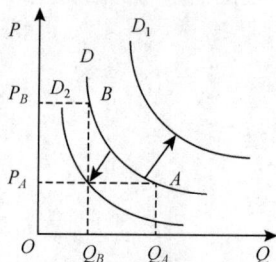

图 6.1　需求曲线

需求和价格之间的关系可以通过图 6.1 所示的需求曲线来表示，横轴表示数量（Q），纵轴表示价格（P），需求曲线（D）向右下方倾斜。一般来说，在其他条件不变的情况下，价格越高，需求量越小；价格越低，需求量越大。

2. 收入水平

消费者的收入水平决定了其支付能力或购买力。一般来说，收入增加，消费者会增加购买量；收入减少，消费者会减少购买量，即需求会相应地降低。有些商品的需求与消费者的收入水平负相关，这些商品被称为劣等品。需要注意的是，劣等品并不是实物概念，例如，在有些地区，随着当地收入水平的提高，肥皂的需求降低，人们转而购买洗衣液和洗手液来代替肥皂，这里肥皂就是劣等品。但由于生活习惯的差别，在另外一个地区，肥皂的需求并不会因为收入水平的提高而降低，那么在该地区，肥皂就不是劣等品。

3. 消费者偏好

偏好就是偏爱和喜好，通常人们愿意为偏好的东西支付更高的价格，而偏好有时候也会发生变化。如果消费者由喜欢喝茶转变为喜欢喝咖啡，就会减少对茶的购买量而增加对咖啡的购买量。

4. 相关商品价格

相关商品包括替代品和互补品。苹果和梨，菜油、玉米油与花生油，羊肉与牛肉等之间都存在替代关系。如果苹果的价格不变而梨的价格降低，消费者就会增加对梨的购买量，而减少苹果的购买量。这就是说，梨的价格变化会影响人们对苹果的需求。而汽车和汽油，眼镜架和镜片之间存在着互补关系。如果汽油的价格上涨，汽车的销量就会受到影响。由此可见，某种商品的需求不仅与自身的价格有关，还与其替代品或互补品的价格有关。

5．消费者预期

当消费者预期某种商品的价格将上涨时，需求一般会增加；反之则减少。

（三）需求的价格弹性

需求的价格弹性表示需求量对价格变动的反应程度，可用公式表示为

$$\text{需求的价格弹性} = \frac{\text{需求量变动百分比}}{\text{价格变动百分比}} = \frac{\Delta Q / Q}{\Delta P / P} \qquad \text{公式 6.1}$$

式中，Q 为需求量；ΔQ 为需求变动的绝对数量；P 为价格；ΔP 为价格变动的绝对数量。

需求弹性实际上是需求量对价格变动做出反应的敏感程度。不同的产品具有不同的需求弹性。当价格稍有升降，需求量就大幅减少或增加，称为需求富有弹性；反之，当价格大幅升降，需求量却变化不大，则称为需求缺乏弹性。

一般而言，对于食品及生活必需品而言，其需求往往是缺乏弹性的；而对于非必需品及娱乐用品而言，其需求往往是富有弹性的。

（四）需求量变动与需求水平变动

需求量的变动是指在影响需求的其他因素（如收入水平、消费者偏好、相关商品价格、消费者预期等）不变的情况下，只是由于商品本身价格的变化所引起的对该商品需求的变化。需求量的变动表现为需求曲线上点的移动。例如，当价格由 P_A 涨到 P_B 时，需求量由 Q_A 降至 Q_B，需求曲线上的 A 点移动到 B 点（如图 6.1 所示）。

需求水平的变动并不是由商品本身价格的变化所引起的，而是由其他因素（如收入水平、消费者偏好、相关商品价格、消费者预期等）的变化所引起的。需求水平的变动表现为需求曲线的整体移动。例如，人们的收入水平提高，需求曲线就向右移动（D_1），表示需求水平的增加；人们预期价格下降，需求曲线就向左移动（D_2），表示需求水平的减少（如图 6.1 所示）。

二、供给分析

（一）供给及其构成

供给是指在一定时间和地点，在各种价格水平下，卖方愿意并能够提供的商品数量。能够提供给市场的商品总量，包括已经处在市场上的商品的流通量和生产者能够提供给市场的商品的存量。

观测本期市场供给情况的数据通常有期初库存量、当期国内生产量和当期进口量。

1．期初库存量

期初库存量也就是上一期的期末结存量。期初库存量的多少，直接影响本期的供给。库存充裕，会制约价格上涨；库存较少，则难以抑制价格上涨。对于耐储藏的农产品、金属产品和能源化工产品，分析其期初库存量是非常必要的。通常这些数据可以在商品交易所的周报或月报中查询到。

2．当期国内生产量

不同商品的产量受到不同因素的影响。例如，农产品的产量与天气状况密切相关，矿产品的产量会因新矿的发现和开采量的增加而增加等。因此，需要对商品产量的影响因素进行具体分析。

3. 当期进口量

进口量是本国市场销售的国外商品的进口数量。进口量主要受国内市场供求状况、内销和外销价格比、关税和非关税壁垒、汇率等因素的影响。若国内需求旺盛，进口量增加；反之，则进口量减少。

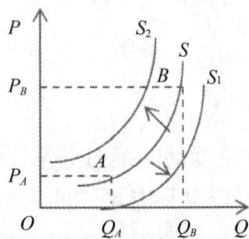

图 6.2　供给曲线

（二）影响供给的因素

1. 价格

供给与价格之间的关系可以通过图 6.2 所示的供给曲线来表示。横轴表示数量（Q），纵轴表示价格（P），供给曲线（S）向右上方倾斜。一般来说，在其他条件不变的情况下，价格越高，供给量越大；价格越低，供给量越小。

2. 生产成本

生产产品要投入各种生产要素，当生产要素价格上涨时，生产成本提高，利润就会减少，厂商将减少供给。反过来，当生产要素价格下跌导致生产成本降低时，厂商会增加供给，从而赚得更多的利润。

3. 技术和管理水平

产品是在一定的技术和管理水平下生产出来的。技术进步和管理水平提高，会提高生产效率，增加供给。

4. 相关商品的价格

在同一块土地上既可以种植小麦也可以种植玉米，如果小麦价格上涨，玉米价格不变，那么农民就会增加小麦的种植而减少玉米的种植。这就说明小麦的价格会影响玉米的供给。豆油和豆粕是同一生产过程中的两种不同商品，如果豆油价格下跌，厂商就会减少豆油的生产，豆粕的产量也会相应减少。这就说明豆油价格的变化会影响豆粕的供给。

5. 厂商的预期

厂商如果预期某种商品的价格将上涨，可能会把现在生产的商品储存起来，以期在未来以更高的价格卖出，从而减少了当期的供给。反之，厂商如果预期某种商品的价格将下跌，就会将储存的商品卖出，以获取更多的利润，从而增加了当期的供给。

（三）供给的价格弹性

供给的价格弹性表示供给量对价格变动的反应程度，可用公式表示为

$$供给的价格弹性 = \frac{供给量变动百分比}{价格变动百分比} = \frac{\Delta S / S}{\Delta P / P}$$

公式 6.2

式中，S 为供给量；ΔS 为供给变动的绝对数量；P 为价格；ΔP 为价格变动的绝对数量。

供给弹性实际上是供给量对价格变动做出反应的敏感程度，不同的商品具有不同的价格弹性。当价格稍有升降，供给量就大幅增加或减少，称为供给富有弹性；反之，当价格大幅升降，供给量却变化不大，则称为供给缺乏弹性。

影响供给弹性的主要因素有以下三个。①资源替代的可能性。一般而言，越是稀缺的资源，其供给弹性就越小。②供给决策的时间框架。留给决策者对供给（增加或减少）做决策

期货交易实务（附微课 第3版）

的时间越短，其供给弹性就越小，因为决策者往往会来不及调整其供给量。③增加产量所需追加生产要素的费用多少。这笔费用越少，其供给弹性就越大。

（四）供给量变动与供给水平变动

供给量的变动是指在影响供给的其他因素（如生产成本、技术和管理水平、相关商品的价格、厂商的预期等）不变的情况下，只是由于商品本身价格的变化所引起的该产品供给的变化。供给量的变动表现为供给曲线上点的移动。例如，当价格由 P_A 涨到 P_B 时，供给量由 Q_A 升至 Q_B，供给曲线上的 A 点移动到 B 点（如图 6.2 所示）。

供给水平的变动并不是由商品本身价格的变化所引起的，而是由价格之外的其他因素（如生产成本、技术和管理水平、相关商品的价格、厂商的预期等）的变化所引起的该商品供给的变化。供给水平的变动表现为供给曲线的整体移动。例如，技术水平提高，供给曲线就向右移动（S_1），代表供给水平的增加；生产成本上升，供给曲线就向左移动（S_2），代表供给水平的减少（如图 6.2 所示）。

三、供求与均衡价格

1. 均衡价格的决定

均衡价格是现代经济学的基本概念，市场供给量与需求量正好相等时所形成的价格便是均衡价格。其实只要把图 6.1 和图 6.2 合并成图 6.3，就很容易理解均衡价格的概念了。在 P_1 的价格上，供给量大于需求量，出现过剩。过剩将使价格下跌，从而刺激需求量增加。在 P_2 的价格上，需求量大于供给量，出现短缺。短缺将使价格上涨，从而刺激供给量增加。显然，只有在供给曲线与需求曲线的交叉点上，供给量和需求量才停止调整，市场价格稳定在 P_0 的水平上。在均衡价格水平上，市场不存在过剩和短缺，均衡数量为 Q_0。

图 6.3 均衡价格的决定

2. 供需变动对均衡价格的影响

从图 6.3 可以容易地看到，在供给曲线不变的情况下，需求曲线的右移会使均衡价格提高，均衡数量增加；需求曲线的左移会使均衡价格下降，均衡数量减少。

在需求曲线不变的情况下，供给曲线的右移会使均衡价格下降，均衡数量增加；供给曲线的左移会使均衡价格提高，均衡数量减少。

如果供给曲线和需求曲线同时发生变动，会有以下四种情况：①当需求曲线和供给曲线同时向右移动时，均衡数量增加，均衡价格则不确定，可能提高、不变或下降；②当需求曲线和供给曲线同时向左移动时，均衡数量减少，均衡价格则不确定；③当需求曲线向右移动而供给曲线向左移动时，均衡价格提高，均衡数量则不确定；④当需求曲线向左移动而供给曲线向右移动时，均衡价格降低，均衡数量则不确定。

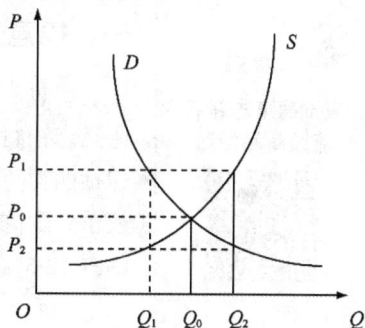

四、获取信息的方法

通常而言，获取商品市场数据的较好途径是商品交易所的网站（如芝加哥商品交易所、上海期货交易所等的网站）。通常交易所的网站会发

项目
查询影响商品
供需的新闻

布相应产品的供需信息，或者影响供需的新闻等。

如果想要全面、广泛且深入地了解市场，一个好的办法是到行业协会的网站去查询特定商品的数据与资料。一般行业协会网站会提供该行业的新闻报道、行业统计数据和投资指南等。除了行业协会网站，还有一个重要的获取信息的来源就是政府机构的网站。

由于同时关注很多网站会耗费大量的时间，市场上有一些信息集成商向客户提供了便于使用的数据终端，在终端上，客户可以查询自己所需的各类数据和商品相关新闻，大大节约了研究的时间。国外比较著名的数据终端有彭博、路透等。如果读者不方便阅读英文，也可以使用国内比较著名的数据终端，如万得、同花顺 iFinD 等。以上所有提到的数据终端，都需要按使用期限支付一定的授权使用费。

第二节　全球主要商品指数

全球期货市场上的交易品种多如牛毛，并且未来还会不断增加。如同看股票指数可以了解股票的整体运行情况，如果想快速地了解商品市场的总体情况，就要关注相关的指数。本节将介绍全球主要的商品指数。

一、德意志银行流通商品指数

德意志银行流通商品指数（DBLCI）于 2003 年 2 月发布，目前由德意志银行的指数量化小组进行维护。该指数对六类商品进行跟踪，包括西得克萨斯轻质原油（WTI）、燃料油、铝、黄金、玉米和小麦。权重分配的依据是各商品的市场价值，其中能源占 55%，黄金占 10%，铝占 12.5%，谷物占 22.5%。

然而，德意志银行流通商品指数中的商品有互相关联的倾向，因此，该指数的分散性较差，从而造成该指数波动幅度较大。但是，指数的构成商品品种少也有一个好处，那就是可以降低追踪成本。除了原油，德意志银行流通商品指数中其他商品的权重每年都会调整。

从图 6.4 可以看出，德意志银行流通商品指数与西得克萨斯轻质原油和燃料油合约的走势非常相近，观察该指数可以快速地了解全球交易最活跃的六类商品的价格运行情况。

二、彭博商品指数

彭博商品指数（BCOM）原为道琼斯-瑞银大宗商品指数（Dow Jones-UBS Commodity Index），始于 1998 年，当时被称为道琼斯美国国际集团（AIG）大宗商品指数。但是在 2009 年，美国国际集团将其权益卖给了瑞银集团（UBS），2014 年又归彭博集团，更名为彭博商品指数，该指数会定期调整指数内的商品及其权重。2021 年该指数涵盖 23 种商品，其权重分配如表 6.1 所示，可以看出，该指数广泛地涵盖了各种大宗商品。事实上，该指数基本上反映了商品市场总体的走势。

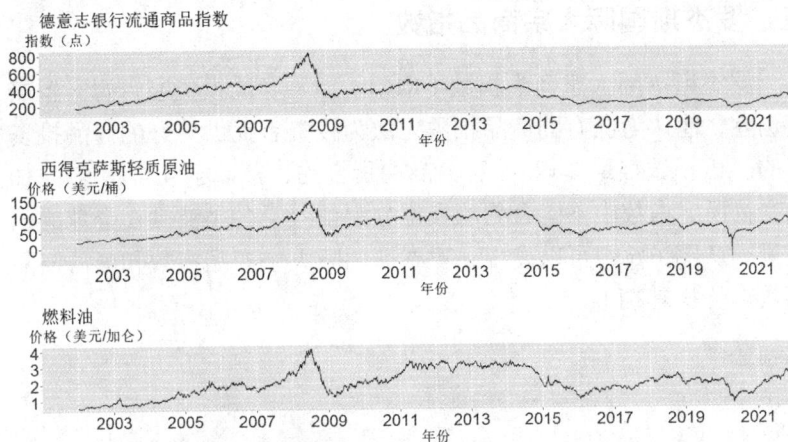

德意志银行流通商品指数
指数（点）

西得克萨斯轻质原油
价格（美元/桶）

燃料油
价格（美元/加仑）

图 6.4　德意志银行流通商品指数与西得克萨斯轻质原油、燃料油合约走势

表 6.1　彭博商品指
数权重分配

商品	权重
能源	29.97%
农产品	22.65%
工业金属	15.56%
贵金属	19.00%
软商品	7.23%
牲畜	5.57%

三、标普高盛大宗商品指数

标普高盛大宗商品指数（SPGSCI）是全球首个可交易的商品指数。该指数最早属于高盛公司，后于 2007 年被卖给了标准普尔公司。

从 1991 年开始，该指数开始追踪 24 种大宗商品，权重则根据各商品的全球产量而定。为了避免出现异常值，权重的计算以五年为周期，2021 年能源占整个指数的权重近 53.93%。投资者可以在芝加哥商品交易所购买该指数的期货合约。从图 6.5 可以看出，标普高盛大宗商品指数和彭博商品指数的走势非常接近。

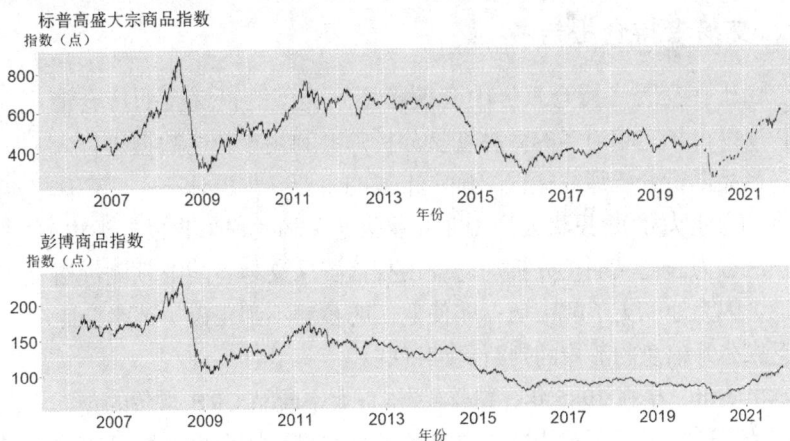

项目

查询彭博商品指数权重

查询标普高盛大宗商品指数

标普高盛大宗商品指数
指数（点）

彭博商品指数
指数（点）

图 6.5　标普高盛大宗商品指数与彭博商品指数走势

四、路孚特/核心大宗商品 CRB 指数

路孚特/核心大宗商品 CRB 指数（CRB）源于 1957 年，历史悠久，经过多轮转让，目前该指数由路孚特公司管理。该指数在几十年间对追踪商品的权重进行了 9 次调整，最近一次调整发生在 2005 年，将商品品种调整至 19 种。目前该指数包含四类主要的商品：能源类（33%）、金属类（42%）、农产品类（20%）和其他类（5%）。创建该指数的初衷在于创造一个能够反映大宗商品市场整体情况的广义指数。

项目

查询罗杰斯国际大宗商品指数

五、罗杰斯国际大宗商品指数

罗杰斯国际大宗商品指数（RICI）由著名的投资家吉姆·罗杰斯创立，他认为已有的商品指数无法为投资者提供更好的商品投资标的。该指数跟踪全球 38 种商品期货合约，覆盖了 4 个国家的 10 家交易所，指数中不同合约的权重分配依赖于各类商品在全球的消费量。从图 6.6 中可以发现，罗杰斯国际大宗商品指数和彭博商品指数走势极其相似。

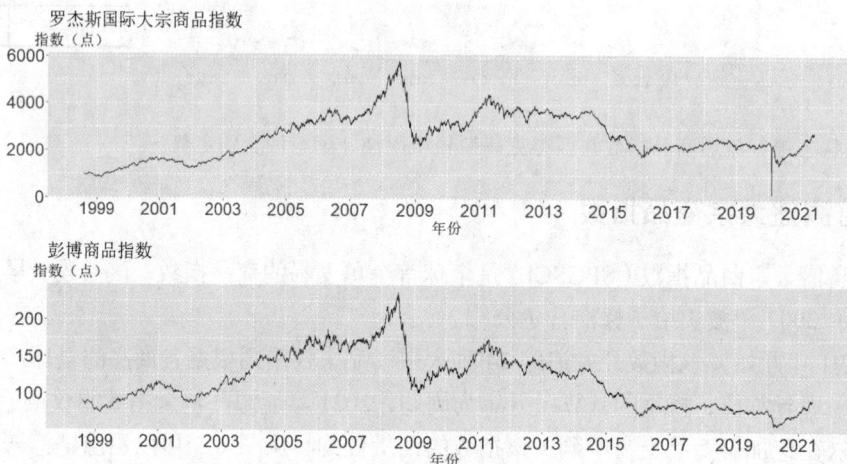

图 6.6　罗杰斯国际大宗商品指数和彭博商品指数走势

六、交易者持仓报告

由于在交易者持仓报告中会披露不同类型的投资者的持仓情况，所以市场上相当多的商品期货分析师会利用该持仓数据进行分析。商品期货分析师往往试图确定市场的主要参与群体——套期保值者（商业头寸）、投机大户（非商业头寸）和散户（非报告头寸）的预测行为。商品期货分析师有理由相信资深交易者能够预测价格波动，因为他们更了解市场；即使他们的预测不都正确，至少会比缺乏未公开信息的散户的判断更准确些。

视野拓展

《预测方法论》简介

事实上，早在 1985 年，路孚特/核心大宗商品 CRB 指数的创建者比尔·吉勒（Bill Jiler）就在他的论文《预测方法论》中谈及了对交易者持仓报告的研究和应用。他从交易员持仓报告的统计数据中，估计出每个月末的套期保值者、投机大户和散户的净头寸，并把多年的月末统计数据进行平均处理，找出在一年之中的任何给定时期内他们的平均净头寸，然后再比较每一组的实际净头寸和平均净头寸。如果实际净头寸严重偏离了平均净头寸，则可被视为这些头寸持有者看好市场或是看空市场的依据。

通过研究随后的价格波动，吉勒为每一组交易者群体建立了预测记录，他发现，套期保值者和投机大户有精确的预测记录，而散户预测得最差；套期保值者一直比投机大户预测得更精确；投机大户在各个市场的预测水平是不同的。

为比较当前的净持仓量与季度净持仓量，比尔·吉勒使用百分比来度量当前的净持仓量与季度净持仓量的差距。某种程度上，这个百分比可以用来判断每个群体对市场行情的看法：当该百分比达到一定程度时，表示对市场行情看多或者看空。从这两个"净"数据中可以了解到市场主要参与者对后市的态度。根据研究和长期的经验，比尔·吉勒得出了以下两个指导性的原则。

（1）极端看多后市——这时的指标显示套期保值者净多头持仓量远远高于同期的正常持仓量，此时投机大户持仓也是净多头，散户的净空头持仓量远远高于季度平均持仓量。

（2）看空后市——这时的指标显示这些群体持有与看好后市时相反的头寸，如套期保值者持有很多的净空头头寸等。

但是当实际头寸偏离正常头寸时，有两种情况需要注意。第一，当他们的实际头寸远远高于长期平均头寸的40%时，需要小心；第二，当他们的实际头寸高于长期平均头寸少于5%时，可以忽略这种偏离。

之后的1990年，投资者史蒂芬·布莱斯根据这些研究创建了交易者持仓报告指数。该指数给予了套期保值者（商业头寸）更大的权重，使用一个介于0至100的数值直观地表示市场状况，其中0表示极度熊市，100表示极度牛市。

第三节　宏、微观经济因素

全球商品价格的走势无时无刻不受到宏、微观经济因素的影响，任何一个数据的波动，对保证金交易者而言都可能是致命的。因此，读者在学习这些因素的相关知识时，应当尝试建立起自己的分析框架和数据集，方便自己日常观测。

一、宏观经济因素

在投资商品期货之前，投资者都会关注一下宏观经济情况，也就是经济增长的主要动力。如果宏观经济情况是良好的，那么商品的需求就会增加，进而价格也会上涨。通常重要的经济指标如下。

1. 世界各国国内生产总值

宏观经济学中介绍过国内生产总值的概念，那么世界各国国内生产总值就是某一年度全球生产的所有货物和服务的价值总和。这是驱动商品特别是大宗商品价格上涨的主要因素之一。图6.7展示了1991—2020年的世界各国国内生产总值增长率与彭博商品指数之间的关系，可以发现，两者的走势显示出相当高的同步性，这说明彭博商品指数和全球的经济情况相关性非常高。由于世界各国国内生产总值增长率是年度级别的数据，而彭博商品指数是日度级别的数据，所以如果仔细观察，应该能进一步发现彭博商品指数的变化要领先于世界各国国内生产总值增长率的变化。

需要注意的是，这里采用的世界各国国内生产总值数据是世界各国国内生产总值的增长率，在分析经济变量对商品走势的影响时，经济数据的变化率比绝对值更有意义。

除此之外，在关注全球整体经济的情况下，不少投资者也会根据投资产品的类别关注细分数据，如耐用商品的生产（如汽车和器械等，想想这些数据影响了哪些商品期货的标的物）、工业开工率（实际工业生产占工业生产产能的比例）和住宅建设等。

2. 人均收入

人均收入的增长将导致商品需求的增加。当然，这里还需要强调的是对劣等品的需求是随着人均收入的增长而减少的。

项目

查询 GDP 增长率最高的国家

查询国民人均收入最高的国家或地区

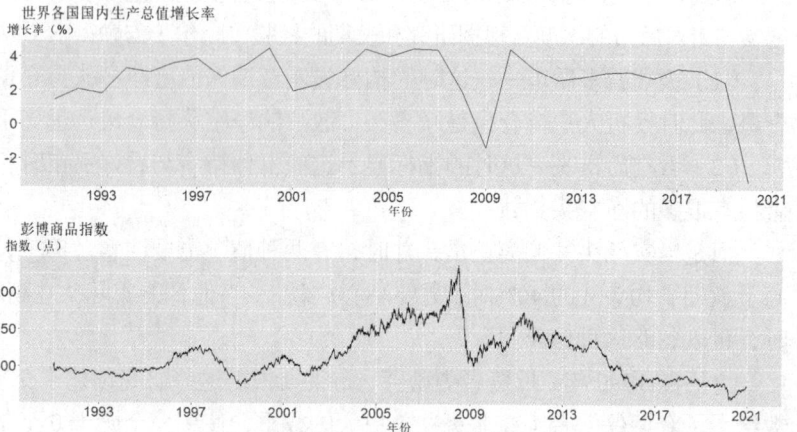

图 6.7　世界各国国内生产总值增长率和彭博商品指数

3. 人口和人口统计数据

全球人口的增加将不可避免地使农产品、能源、金属等商品的消费增加。因此，了解全球不断变化的人口统计数据是非常重要的。除了人口数量，人口结构也是需要关注的，如果人口结构年轻化，或许房屋、汽车和家居方面的支出就会更多一些，因为新组建的家庭将增多。但是当人口结构老龄化时，对商品的需求就会改变，越来越多的钱将流向药品等健康支出。

4. 利率

利率是商品行业中的重要因素，因为商品的生产通常以融资为基础。如果利率上涨，那么投资的成本就会上升。如果利率变得过高，那么项目可能会被推迟或取消。美国在 20 世纪 80 年代曾发生过这种情况。当时美联储最高将利率提高到了 20%，而这一举动使经济进入衰退期，商品市场也开始进入了漫长的熊市。图 6.8 显示了美国联邦基金利率和彭博商品指数两者的关系，在世界银行网站可以查询到各国历年的贷款利率和存款利率。

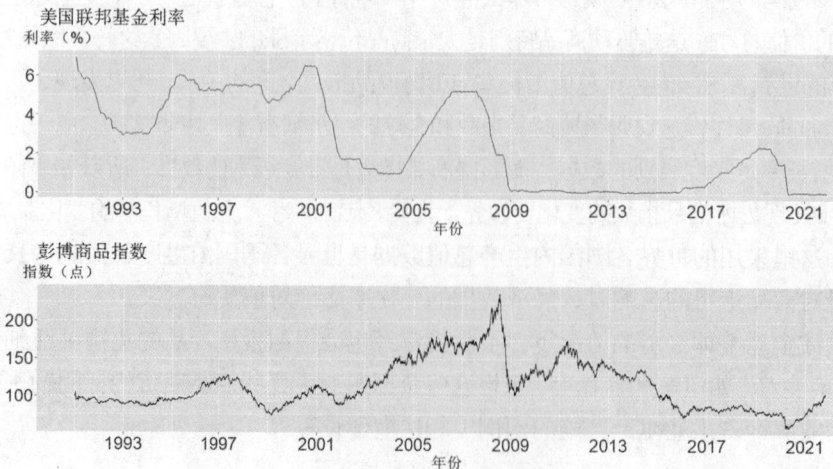

项目

查询各国人口数量

查询某国的存贷款利率

图 6.8　美国联邦基金利率与彭博商品指数

5. 通货膨胀

通货膨胀无疑是新兴经济体存在的大问题。伴随着经济的强劲增长，新兴经济体的消费价格水平也在不断攀升。当然，这些新兴经济体很多曾经历过非常严重的通货膨胀，甚至在一些国家还发生过恶性通货膨胀。为了抑制高物价，政府会提高利率、限制信贷，甚至实行价格管制。但是，这些措施也会阻碍经济的发展。

对于新兴经济体而言，最大的风险在于食品的价格飞涨，这会使低收入人群难以维持他们原有的生活水平，甚至可能返贫，进而造成社会不稳定。这对商品的价格而言是极大的负面因素。

作为新兴经济体中的代表国家——"金砖五国"，都曾出现过一段时间的通货膨胀，其中以巴西最为严重，其曾经在 1989—1994 年每年通货膨胀率都在 500%以上，其中在 1993 年，通话膨胀率更是达到了 2 477%。进入 21 世纪后，这些新兴经济体的通货膨胀情况才相对稳定下来。

6. 美元

在全球市场，美元是最主要的商品计价货币，所以当美元贬值时，商品价格有上涨的压力。这是因为同样的商品需要用更多的美元来购买。当然，反过来也成立，当美元升值时，商品价格有下跌的压力。因而，商品投资者会关注美元的动向并试图判断它的趋势。但也有一些特例，特别是对于黄金而言，因为在市场风险增大时期，资金在流向美元的同时也会流向黄金。

通常市场是通过美元指数来判断美元的强弱的，美元指数是综合反映美元在国际外汇市场的汇率情况的指标，用来衡量美元对一篮子货币（欧元、日元、英镑、加拿大元、瑞典克朗、瑞士法郎等）的汇率变化程度。美元指数上涨，说明美元相对于其他货币升值；反之则贬值。

从图 6.9 中可以看出，当美元指数上升时，标普高盛大宗商品指数就下降，反之亦然。可见两者有较强的反向关系。

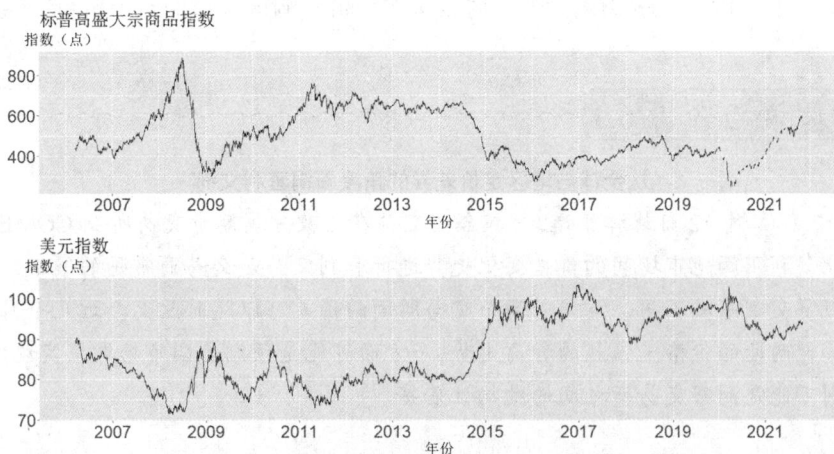

项目

探索商品指数与利率的相关性

查询巴西20世纪90年代通胀率

探索商品指数与美元指数的相关性

图 6.9　标普高盛大宗商品指数与美元指数

二、微观经济因素

微观经济学的理论和方法可以用来分析某个具体的商品市场，此处简单地就一些重要的内容做个回顾。

1. 替代品

替代品是指当其可替代的商品价格上涨时人们想要购买的商品。例如，如果牛肉价格上涨，人们可能购买羊肉（不同国家和地区的替代品会有稍许变化）。但是如果一些商品的替代品很少，或者购买者做出这种转换需要很长的时间，在这种情况下，商品的价格无弹性。例如铀就属于这种情况。而当购买者从一种商品转换到另一种商品很容易时，商品价格就是有弹性的，结果就是该种商品的价格上涨不会持续很长时间。

2. 消费者偏好

消费者偏好在很长时间内都会保持稳定，但是有时会出现结构性的变化，如饮食习惯就是这种情况。像美国这样的国家有向更健康的饮食转变的趋势，结果就是牛肉需求的增长出现了停滞。

消费者偏好会受到文化甚至是广告的影响，如星巴克就促进了咖啡需求的增加等。同时，消费者偏好具有季节性，例如，在我国传统的端午节、中秋节等节日，粽子和月饼的销量比平常要高出许多。

3. 全球定价与区域定价

有些商品，如原油等，采用的是全球定价的方式。这意味着其价格在全球范围内都是相近的，因为这些商品是不易损坏和变质的。

还有一些商品采用的是区域定价的方式，这就意味着在全球范围内该种商品的价格存在着较大的差别。政府的政策是使定价出现差别的一个因素，如关税等。

另一个重要的因素是运费。可以通过价值重量比来进行分析，价值重量比的值越小，商品就越可能采用区域定价的方式，如铁矿石、木材和煤等。试想一下，你的面前有两样东西——黄金和木头，两者的价格相差非常大，把木头从伐木区运出去出售需要考虑运费，因为运输距离的长短对木头的单价影响很大，而对于黄金，这个影响就小得多了。

> **微课堂**
> 全球定价与
> 区域定价

~ 案例阅读与分析 6.1 ~

从全球与地区定价差异的角度看铜套利交易

据 2017 年 4 月 12 日媒体报道[①]　铜合约交易在伦敦金属期货交易所及 COMEX 均十分活跃，因此，利用两地市场间的价差变化走势进行套利交易是交易商常用的策略。不过，两地合约的现货交割基础不同，意味着两个交易所间的价差可以随时改变。近几个月来，铜在伦敦和芝加哥两地的价格呈强烈的背离走势，一方面可能是预期美国市场即将实施贸易关税，另一方面则可能是两家交易所之间的结构性差异。

---

① 本报道来自伦敦金属期货交易所。

伦敦金属期货交易所与 COMEX 的铜合约均为现货结算，当合约平仓时或到伦敦金属期货交易所的交割日时，交易商可在各自交易所的仓库网络进行交收。作为香港交易及结算所有限公司的全资附属公司，伦敦金属期货交易所的铜合约可在伦敦金属期货交易所在全球的 34 个认证地区通过交收铜仓单进行结算。而 COMEX 铜合约的仓库网络则只限于美国，其铜价更能反映美国的市场。因此，伦敦金属期货交易所与 COMEX 铜合约套利往往与地区性的美国溢价有很高的关联度。

所谓地区性溢价是指在现货市场买卖金属时，成交价通常是在伦敦金属期货交易所价格之上再加一个溢价，反映在期望地点收取金属（也可能是卖方仓库交货）的收益。这些加在伦敦金属期货交易所价格上的地区性溢价在场外磋商，许多不同的金属市场信息提供者对此都会提供调查定价。伦敦金属期货交易所与 COMEX 铜套利往往涉及在美国交收，故有美国溢价。

2016 年 11 月铜价上涨 20%，铜合约在两家交易所的成交均相当活跃。由于参与者同时在两家交易所积极进行铜合约交易，COMEX 与伦敦金属期货交易所套利交易价差收窄，以致套利交易窗口关闭。而此后，尽管美国溢价下跌，套利价差却一直上涨，更达至 2014 年年年初以来的高位。此后，COMEX 主力合约的套利交易开始逆转，与现货溢价同步下跌。从价格曲线上看，越远期的合约，伦敦金属期货交易所铜合约与 COMEX 铜合约的价差越趋于扩大。

价差扩大的其中一个原因，或许是业界可能都在预期美国政府将对电解铜加征进口关税。这一点很重要，因为与 COMEX 不同，伦敦金属期货交易所现货交割点均设在保税区，COMEX 铜的交易商在多头到期时除了取得金属仓单外，还须支付进口到当地市场即美国的任何适用关税。

虽然还有其他因素可以左右伦敦金属期货交易所与 COMEX 铜短期套利，但长期价差始终离不开现货因素，可能是地区性现货溢价，或者是美国可能引入贸易关税这种未来能影响美国与全球铜市场之间现货流动的事件。假如美国果真加征进口关税，COMEX 铜价的走势会否进一步影响到 COMEX 与伦敦金属期货交易所的铜合约套利交易仍是未知的，值得关注。截至 2017 年 3 月 17 日，2018 年 12 月 COMEX 铜合约的定价比伦敦金属期货交易所同期合约高 2%（即每吨高 132 美元）。假如关税高于 2%，那么可能会带来更明显的价差。此外，如果最后没有实施贸易关税，或者市场不再有此预期，那么远期价差则可能收窄以至消失。

思考与讨论

1．COMEX 和伦敦金属期货交易所交易的铜合约，哪一合约是全球定价？哪一合约是区域定价？

2．全球定价和区域定价的差异是如何影响铜合约套利交易的？

第四节　其他影响基本面的因素

对于商品期货而言，其价格除了受常见的经济指标影响外，还会受到一些特别因素的影响。这些因素特别的原因是其在分析其他市场时作用很小，而在分析商品市场时作用很大，例如本节将介绍的天气、新技术和储量寿命指数。

一、天气

天气对于许多商品来讲都是一个非常重要的因素。如果冬天特别寒冷，那么对天然气的需求就会很大。为此，投资者会花费大量时间来判断天气情况，但这绝非易事。尽管气象学已有了长足的发展，但是天气预报的准确性和人们的期望还有很大差距。

因为飓风能够对配送装置、精炼装置和离岸钻井台等造成巨大的破坏，对美国甚至世界的天然气和原油市场产生巨大影响，故而投资者会尝试预测飓风的行动方向和破坏力。

飓风在美国的主要活动区域是墨西哥湾，时间一般在每年8月到10月末。2005年，飓风卡特里娜起初只是一个三级暴风，但迅速转变为五级飓风，它给当地的经济和生活带来了巨大的破坏，促使天然气价格飙升（如图6.10所示）。

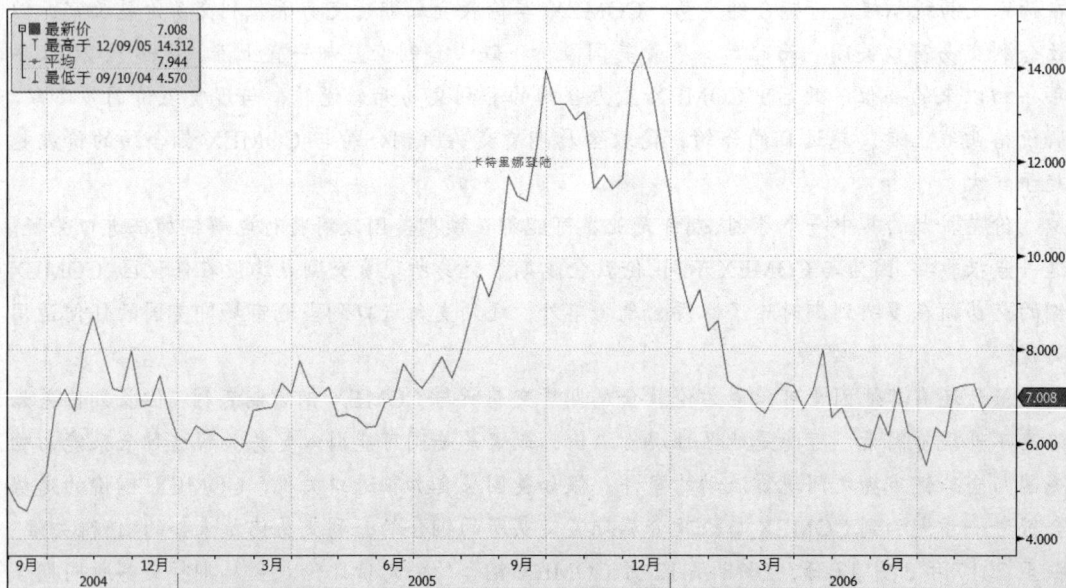

图6.10 卡特里娜飓风对天然气价格的影响

美国国家飓风中心每年都会提供一份详尽的飓风活动预报，这是每个天然气投资者的必读之物。

为了对冲恶劣天气对商品期货价格造成的剧烈波动，美国各地的期货交易所推出了天气期货。天气期货是气象服务的高级商业模式，在类别上属于非物质期货交易品种，可以帮助那些易因天气变化而"感冒"的企业规避天气风险，减少天气反常带来的负面影响，甚至还能通过参与交易而获利。

二、新技术

新的技术会改变原有的供求关系，因此，经常关注新的科技发展，对于了解商品期货市场的基本面是非常有必要的。下面的案例体现了新能源对传统有色行业——铜市场的影响。

新能源应用或成铜的主要应用领域，铜消费的增长潜力巨大

据《每日经济新闻》2016 年 6 月 6 日报道 有色金属行业的供需平衡一直是业内关注的重点。近年来由于粗放式的增长战略，导致部分企业产能过剩，供大于求，金属价格全面下跌。自 2015 年 11 月以来，锌、镍、铜、铝和稀土等产业已先后公布联合减产计划，第一季度的数据表明减产效果初显。

从需求方面来看，由于有色金属处于多行业上游，在经济平稳持续发展的背景下，未来的需求量不可小觑。尤其是在铜消费领域，存在不少新的增长亮点。

铜的消费量与经济增长保持高度的正相关性。虽然我国经济进入 L 形增长阶段，但 L 形增长并不是不增长，未来我国经济运行态势总体平稳，既不会出现强劲的反弹，也不会出现明显的失速。因此，铜的消费量仍将随之增长。

分析认为，在我国，电动汽车、太阳能光伏以及可再生能源等由政府正在大力推行的节能减排政策推动的新能源应用，将会成为铜未来的主要应用领域。

铜是发展可再生能源的无可替代的材料。无论是太阳能、风力发电还是水电，高效可再生能源的建设均依赖铜传输其产生的电能。相对于铝、铁等金属材料，铜传输电的效率更高且对环境的影响更小。有机构预测，全球可再生能源的开发利用将导致铜的需求出现井喷。

另外，新能源汽车领域也将带动铜消费的增长。由于采用比传统汽车更多的电力系统，新能源汽车对于铜的需求量随之升高。据国际铜业协会的统计，混合动力轿车的用铜量约为 40 千克/辆，纯电动汽车的用铜量约为 80 千克/辆。新能源汽车是国家"十三五"期间的重点方向。2015 年 5 月，国务院发布的《中国制造 2025》中明确提出，到 2020 年，新能源汽车的销量预计将突破 100 万辆。根据目前的发展趋势，预计到 2020 年，我国新能源汽车的销量将在 140 万辆左右，至少需用 5.6 万吨铜，相比传统汽车，用铜量上升了 220%～530%。轨道通信电缆领域也将迎来新一轮消费高峰。"十三五"期间，高铁里程将达到 3 万千米，未来五年新增高铁里程将达 1.1 万千米，至少需用 8.9 万吨铜。

除我国以外，许多新兴国家的快速发展也将带动全球铜需求量的增加。"一带一路"沿线国家大多数为新兴经济体和发展中国家，普遍处于经济发展的上升期。其电力、铁路等设施的铺设将带来大量的铜需求，东北亚、欧洲等地区的铜消费潜力尤为突出。

思考与讨论

请查询近几年新能源汽车的销量、铜需求数据与铜价格数据，并评价该份 2016 年报道预测的准确性。

三、储量寿命指数

随着需求的增长和发现新供给的难度的增加，一些商品正在走向"枯竭"。这一现象可以通过比较当年产量和当年该商品资源总的探明储量来测量，这被称为储量产量比或储量寿命指数（RIL）。

英国石油公司每年的《BP 世界能源统计年鉴》中都会更新各项能源的储量寿命指数。根据这些数据，我们可以大致了解资源的稀

表 6.2　储量寿命指数

商品	储量寿命指数（年）
石油	53.5
天然气	48.8
煤	139

数据来源：2021 版《BP 世界能源统计年鉴》

缺程度。不过需要注意的是，鉴于新技术的发展与应用，或者产量的减少，这里说的"寿命"是会增加的。例如表 6.2 中的石油，前几年该指数还是 40 多年，但鉴于近年来页岩气和页岩油的发展，2020 年该指数已增加到 53.5 年。

本章小结

  影响需求的因素包括价格、收入水平、消费者偏好、相关商品价格、消费者预期等，而影响供给的因素包括价格、生产成本、技术和管理水平、相关商品的价格和厂商的预期等。熟悉这些因素的指标和数据及其来源，对基本面的分析非常重要。

  全球主要的商品指数有德意志银行流通商品指数、彭博商品指数、标普高盛大宗商品指数、路孚特/核心大宗商品 CPB 指数和罗杰斯国际大宗商品指数。

  常见的对商品市场有影响的宏观经济指标包括世界各国国内生产总值、人均收入、人口和人口统计数据、利率、通货膨胀和美元等。

  天气、新技术和储量寿命指数等尽管不像经济数据那样会对基本面产生快速的影响，但是其所带来的长期效应绝对不可忽视。

综合练习

一、名词解释

  交易者持仓报告 储量寿命指数

二、单选题

1. ( ) 的变动表现为供给曲线上的点的移动。

  A. 需求量   B. 供给水平   C. 需求水平   D. 供给量

2. 下列有关商品需求量的决定因素的说法，错误的是 ( )。

  A. 商品价格越高，需求量越小

  B. 互补商品中，一种商品价格的变动会引起另一种商品的需求量变动

  C. 收入增加会导致对商品需求量的增加

  D. 预期某商品价格会上涨时，该商品的需求会减少

3. ( ) 不属于需求的构成。

  A. 当期进口量   B. 当期国内消费量

  C. 当期出口量   D. 期末结存量

4. ( ) 不是商品期货指数。

  A. 德意志银行流通商品指数   B. 彭博商品指数

  C. 标普高盛大宗商品指数   D. 道琼斯工业指数

三、多选题

1. 下列导致均衡数量减少的情形有 ( )。

A. 需求曲线不变，供给曲线左移　　　　B. 需求曲线不变，供给曲线右移

C. 供给曲线不变，需求曲线左移　　　　D. 供给曲线不变，需求曲线右移

2. 在对期货合约进行基本面分析时，投资者应关注（　　）等经济指标。

A. 国内生产总值（GDP）　　　　　　　B. 居民消费价格指数（CPI）

C. 采购经理指数（PMI）　　　　　　　D. M2

3. 商品市场的需求量通常由（　　）组成。

A. 前期库存量　　　B. 期末商品结存量　　C. 出口量　　　　　D. 国内消费量

4. 当供给和需求曲线移动时，引起均衡数量的变化不确定的情形有（　　）。

A. 需求曲线和供给曲线同时向右移动

B. 需求曲线和供给曲线同时向左移动

C. 需求曲线向右移动而供给曲线向左移动

D. 需求曲线向左移动而供给曲线向右移动

5. （　　）是影响需求的因素。

A. 消费者预期　　　B. 收入水平　　　　C. 消费者偏好　　　D. 相关商品价格

四、判断题

1. 供给是指在一定时期内，在各种可能的价格下，生产者愿意提供的某种商品或劳务的数量。　　　　　　　　　　　　　　　　　　　　　　　　　　　　　　　　（　　）

2. 某交易者预计，棉花将因适宜的气候条件而大幅增产，他最有可能进行买入棉花期货合约的交易。　　　　　　　　　　　　　　　　　　　　　　　　　　　　　　（　　）

3. 储量寿命指数（储量产量比）是一个逐年递减的指标。　　　　　　　　（　　）

4. 美国商品期货交易委员会的交易者持仓报告中，商业头寸指的是投机者。（　　）

五、简答题

1. 期货市场上有哪些著名的全球商品指数？

2. 影响全球商品价格的宏观数据或指标主要有哪些？

3. 应该如何理解交易者持仓报告？

第七章　能源类商品

【学习目标】

1．了解石油、天然气及煤炭等能源类商品的基本用途及其产业链；

2．熟悉全球市场上主要的能源类期货合约及其基本面信息；

3．具备根据新闻及数据判断能源类期货合约长期走势的能力。

能源是这个世界上最受人关注的资源。人类社会的现代化发展离不开对能源的高效利用。图 7.1 展示了世界上最重要的三大一次能源（即石油、天然气和煤炭）的主要用途。从下游消费品来看，人们的日常生活完全无法脱离这些基础能源。本章主要介绍石油、天然气和煤炭这三大一次能源的基本面情况。

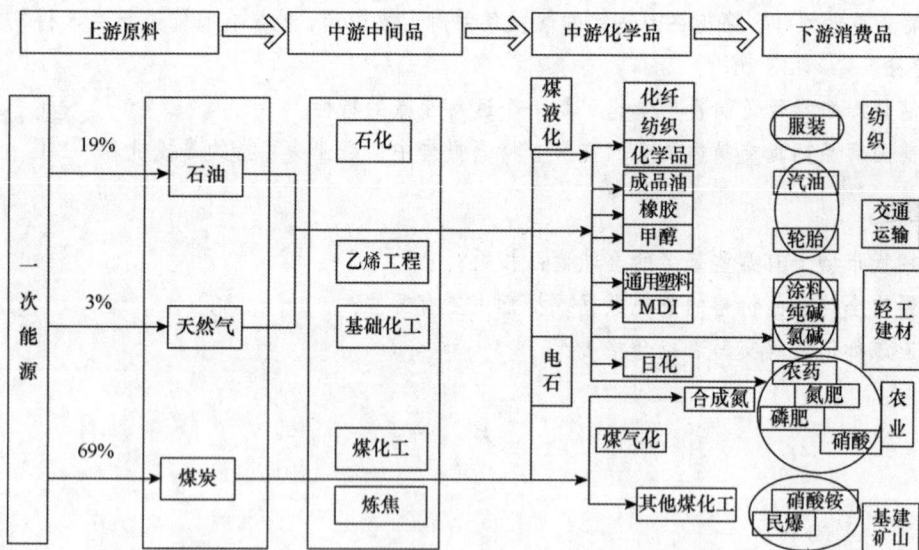

图 7.1　三大一次能源的主要用途

第一节　石油及相关产品

石油作为全球最重要的能源之一，其价格和相关产品价格的变化受到了全球的关注。本节从石油的背景知识出发，介绍石油及相关合约和石油基本面的分析方法。

一、石油背景知识

石油又称原油，是一种黏稠的、深褐色的液体。这种看似普通的液体是目前世界上最重要的资源之一。石油产业是世界上最大的产业，这是工业化和现代化所推动的。即使石油价格再高，它也是一种相对便宜的能源，特别是从动力和效率的角度来说，一桶石油①相当于一个人 8 天的劳动。

（一）石油资源的分布

石油资源的分布从总体上看极端不平衡。中东石油资源最丰富，根据 2020 年的数据，中东的石油储量约占全世界石油储量的 52.7%。石油资源较丰富的国家和地区还有墨西哥湾、北海油田和俄罗斯等。

说到石油，就不得不提到石油输出国组织（OPEC，中文音译为"欧佩克"），它是一个国际组织。世界主要石油生产国为共同对付西方石油公司和维护其石油收入，于 1960 年 9 月 10 日由伊拉克、伊朗、科威特、沙特阿拉伯和委内瑞拉的代表在巴格达开会，商议成立一个协调机构；9 月 14 日，石油输出国组织正式宣告成立。石油输出国组织的成员由最初的 5 个增加到现在（2021 年 11 月）的 13 个。该组织的总部于 1965 年起设在奥地利首都维也纳。石油输出国组织控制了全球石油储量的 78.17%。

（二）石油的分类

1. 按 API 度分类

目前，国际上把 API 度作为决定石油价格的主要标准之一。所谓 API 度，是美国石油学会（简称 API）制定的用以表示石油及石油产品密度的一种量度。作为交易者，我们不需要知道这个指标具体的物理意义，只需要明白这个数值越大，表示石油越轻，价格越高即可。

一般把 API 度 ≥ 50 的石油称为超轻原油；把 35 ≤ API 度 < 50 的石油称为轻质原油；把 26 ≤ API 度 < 35 的石油称为中质原油；把 10 ≤ API 度 < 26 的石油称为重质原油。

我们在媒体上常常听到的西得克萨斯轻质原油（WTI）和布伦特原油（BRENT）都属于轻质原油，其中西得克萨斯轻质原油的 API 度在 38.7 左右，而布伦特原油的 API 度在 37.9 左右。可见，从 API 度角度看，西得克萨斯轻质原油的品质要好于布伦特原油的品质。

2. 按含硫量分类

根据石油含硫量的多少可以把石油分为低硫、含硫与高硫原油。其中，低硫原油的含硫量小于 0.5%；含硫原油的含硫量介于 0.5% 与 1.0% 之间；高硫原油的含硫量大于 1.0%。这里的含硫量是指石油中所含硫（硫化物或单质硫分）的百分数。我们也不需要知道这个指标具体的物理或者化学意义，只需要知道，石油含硫量越高，在传输途中对管线会有更强的腐蚀作用，并且含硫量高对人体健康也有更大的危害，因此这个指标越低越好。

西得克萨斯轻质原油的含硫量在 0.45% 左右，而布伦特原油的含硫量在 0.93% 左右，所以从含硫量角度也可以看出，西得克萨斯轻质原油的品质要好于布伦特原油的品质。

（三）石油的用途

石油产品具有非常广泛的用途，2020 年全球能源消费结构中，石油消费占比为 31.2%，

---

① 1 桶 = 42 加仑（美制），1 加仑 ≈ 3.785 升。

它是当之无愧的工业的"血液"。

石油产品可分为石油燃料、石油溶剂与化工原料、润滑剂、石蜡、石油沥青、石油焦六类。其中，石油燃料产量最大，接近总产量的 90%；各种润滑剂品种最多，产量约占 5%。

（1）石油产品是最主要的能源来源。由石油炼制生产的汽油、煤油、柴油、重油以及天然气，是当前的主要能源。石油产品提供的能源主要用作汽车、拖拉机、飞机、轮船的燃料，少量用作民用燃料。

（2）石油产品是材料工业的支柱之一，并提供了绝大多数的有机化工原料。金属、无机非金属材料和高分子合成材料，被称为三大材料。全世界石油化工提供的高分子合成材料产量约 1.45 亿吨。除高分子合成材料外，石油产品还提供了绝大多数的有机化工原料。在化工领域的范畴内，除化学矿物提供的化工产品外，主要是由石油产品生产的有机化工原料。

（3）各工业部门离不开石油产品。现代交通工业的发展与燃料供应息息相关，可以毫不夸张地说，没有燃料，就没有现代交通工业；金属加工、各类机械毫无例外都需要各类润滑材料及其他配套材料，这消耗了大量的石油产品；建材工业是石油产品的新领域，如塑料管材、涂料等被称为化学建材；轻工业是石油产品的传统用户，新材料、新工艺、新产品的开发与推广，都有石油产品的身影。

（4）石油产品的应用促进了农业的发展。农业是我国国民经济的基础产业。石油工业提供的氮肥占化肥总量的 80%。农用塑料薄膜、农药的合理使用以及大量农业机械的普及，极大地促进了农业的发展，其中塑料薄膜、农业机械所用的燃料等均是石油产品。

（四）三次石油危机

1950—1973 年期间，石油价格被七大公司[①]压得很低，平均每桶约 1.80 美元，仅为煤炭价格的一半左右。经过石油输出国组织的斗争，到 1973 年 1 月石油价格才上升到 2.95 美元一桶。产油国对旧的石油体系，特别是过低的价格很不满。西方国家对石油的需求急剧增长。但是，西方石油公司却不肯对主要生产石油的发展中国家的提价要求做出让步，双方的矛盾日益尖锐。

1973 年 10 月，第四次中东战争爆发，石油输出国组织决定提高石油价格，减少石油生产，并对西方发达资本主义国家实行石油禁运。当时，主要资本主义国家，特别是西欧各国和日本用的石油大部分来自中东，美国用的石油也有很大一部分来自中东。石油提价和禁运立即使西方国家的经济出现混乱。提价以前，石油价格每桶只有 3.01 美元，到 1973 年底，石油价格达到每桶 11.65 美元。石油提价大大加大了西方大国国际收支赤字，最终引发了 1973—1975 年的经济危机。

这次石油危机对美国等少数依赖廉价石油的国家产生了极大的冲击，加深了世界经济危机。美国的工业生产下降了 14%，日本的工业生产下降了 20% 以上，所有工业化国家的生产力增长都明显放慢。1974 年的经济增长率，英国为 -0.5%，美国为 -1.75%，日本为 -3.25%。但阿拉伯国家却因此增强了经济实力，数百亿美元的石油收入流向中东。据统计，仅提价一项，就使阿拉伯国家的石油收入由 1973 年的 300 亿美元猛增到 1974 年的 1 100 亿美元。

---

① 俗称"七姐妹"（Seven Sisters），当时分别是新泽西标准石油（现在的埃克森石油）、纽约标准石油（后来的美孚石油公司，之后成为埃克森美孚）、加利福尼亚标准石油、德士古、海湾石油、英国波斯石油公司、壳牌公司。

期货交易实务（附微课 第 3 版）

1973 年第一次石油危机使西方经济遭受了沉重的打击。为了应付可能出现的新的石油危机，1974 年 2 月，在美国的倡议下，13 个国家聚集于华盛顿，召开石油消费国会议，决定成立能源协调小组。后来成立了国际能源署（IEA），该机构的主要职能是促进其各成员方建立应急石油储备，协调突发事件引起石油供应中断时成员方之间的石油调配问题。这使得后两次石油危机的影响比第一次石油危机的影响要小得多。

1978 年底，伊朗政局动荡，之后又爆发了"两伊"战争，伊朗的石油产量因此大受影响，从每天 580 万桶骤降到 100 万桶以下，打破了当时全球石油市场供求关系的平衡。随着产量剧减，全球市场上每天都有 560 万桶的缺口。油价在 1979 年开始暴涨，从每桶 13 美元猛涨至 1981 年的 34 美元，导致了第二次石油危机。西方国家再次陷入经济衰退。

1990 年爆发的海湾战争导致了第三次石油危机。伊拉克于 1990 年 8 月初攻占科威特后，遭受国际经济制裁，使得伊拉克的石油供应中断，国际油价因而急升至 42 美元/桶的高点。美国经济在 1990 年第三季度加速衰退，世界各国国内生产总值增长率在 1991 年跌破 2%。在这次石油危机中，仅三个月时间，石油从每桶 14 美元上涨到每桶 40 美元。不过，由于国际能源署启动了应急计划，每天将 250 万桶的储备石油投放市场，使石油价格在一天之内就暴跌 10 多美元。以沙特阿拉伯为首的国家也迅速增加石油产量，很快稳定了世界石油价格。这次高油价持续时间不长，与前两次危机相比，对世界经济的影响要小得多。

二、石油及相关产品期货合约

（一）原油期货

原油期货是商品期货交易中最受关注的品种之一，世界上影响最广泛的原油期货标的物共有四种，分别为西得克萨斯轻质原油、布伦特原油、迪拜原油和阿曼原油。

1. 西得克萨斯轻质原油

西得克萨斯轻质原油（WTI）是北美地区较为通用的石油，也是美国原油期货的基准油。按国际通用的石油分类基准，西得克萨斯轻质原油是全球 API 度最高的油品，其市场售价也较布伦特原油、迪拜原油、阿曼原油更高。

西得克萨斯轻质原油自 1983 年在 NYMEX 上市以来，已成为轻质低硫石油的代表性油种。由于其期货合约具有良好的流动性以及很高的价格透明度，NYMEX 的西得克萨斯轻质原油期货价格被看作世界石油市场上的基准价之一。媒体在谈及国际石油市场的价格走势时，也大多引用西得克萨斯轻质原油油价作为代表价格。其期货交割地位于俄克拉荷马州的库欣，这里也是美国石油现货市场的交割地。

因为布伦特原油的迅速崛起，西得克萨斯轻质原油一度被戏称为"没落的石油品种"。但随着 2014 年后国际油价的持续暴跌，以及美国最大存油地——库欣与墨西哥湾之间新运输管道的建成，西得克萨斯轻质原油的交易量暴增，再度坐上"全球最大石油品种"的宝座。

2020 年 4 月 20 日，WTI 五月到期合约结算价跌至每桶-37.63 美元，油价为负值，这是纽约商品交易所 1983 年开设 WTI 期货交易以来的第一次，也是人们首次在期货市场中见证原油的价格走到 0 美元以下。

2. 布伦特原油

布伦特原油（BRENT）出产自北大西洋北海，是一种轻质低硫原油品种，API 度介于西得克萨斯轻质原油和阿曼原油、迪拜原油之间，其价格与西得克萨斯轻质原油油价接近。近十年的统计表明，布伦特油价与西得克萨斯轻质原油油价涨跌几乎同步。

1988 年 6 月 23 日，伦敦国际石油交易所（IPE）推出布伦特原油期货合约，包括西北欧、北海、地中海、非洲以及也门等国家和地区，均以此为基准。由于这一期货合约满足了石油工业的需求，被认为是高度灵活的规避风险及进行交易的工具。布伦特原油作为欧洲石油的重要参照指标，和西得克萨斯轻质原油一起，被视为世界石油市场不可或缺的组成部分。

21 世纪初，布伦特原油的产量一度衰减到较低的水平。在 2002 年，全球领先的能源信息提供商——普氏能源资讯（PLATTS）的价格体系采用了布伦特、福地斯、奥斯博格（即 Brent、Forties 和 Oseberg，简称 BFO）的一篮子油价，在 2007 年，又加入了埃科菲斯克（Ekofisk），形成了 BFOE。但出于习惯，我们今天仍用布伦特原油指代 BFOE。

尽管西得克萨斯轻质原油长期占领"全球最大石油品种"的宝座，但布伦特原油期货及现货市场所构成的布伦特原油定价体系，最多时涵盖了世界石油交易量的 80%，即使在纽约石油价格日益重要的今天，全球仍有约 65% 的石油交易量是以北海布伦特原油为基准油作价的。

3. 迪拜原油

迪拜原油是阿联酋迪拜地区出产的石油，其 API 度在 31 ~ 32，属于中质原油，含硫量约为 2%，是含硫原油的主要定价基准。

由于迪拜原油没有目的地的限制，作为一种交易便利的石油，其绝对价格被广泛运用于石油现货贸易中。迪拜原油现货价格不仅被石油输出国组织设定的一篮子价格所采用（最新的一篮子价格改为阿布扎比的 Murban 原油价格），它还是整个中东地区的石油价格指标。然而，鉴于迪拜原油生产量呈逐年下降的趋势，业界也有人开始质疑迪拜原油是否还应该纳入中东一篮子油价体系中去。例如，普氏能源资讯就计划在迪拜原油基准价格的每日评估中包含更多新的中东石油品种，用以增加市场的流动性和定价的准确性。

4. 阿曼原油

除了迪拜原油，阿曼原油的月度平均价格也已成为以日本为主要对象的、面向整个亚洲的中东产石油的价格指标。事实上，很多业内人士都认为，阿曼原油与迪拜原油一起形成了世界第三大基准石油。这两个石油品种的价格平均值常被用来当作从中东出口到亚洲市场的石油定价基准。而它们交易的主要场所是迪拜商品交易所、新加坡交易所以及东京工业品（商品）交易所。与迪拜原油相比，阿曼原油的储量更多，产出量也更稳定，不受目的地限制，发挥的作用也越来越大。

总体来讲，西得克萨斯轻质原油价格一般描述的是美国市场的石油状况，与布伦特原油相关的是欧洲和非洲石油市场，迪拜和阿曼原油则与亚洲石油市场挂钩。

（二）无铅汽油和氧化混调型精制汽油

无铅汽油（Gasoline）是一种复杂的混合物，其主要原材料是石油。汽油是美国销售量最大的石油精炼产品，占美国石油消耗量的一半左右。这是一个高度多元化的市场，其中有数以百计的批发商和数以千计的零售商，市场竞争非常激烈，价格经常大幅波动。

项目

查询上海国际能源交易中心石油合约

NYMEX 纽约港无铅汽油期货合约和氧化混调型精制汽油（RBOB）期货合约的交易单位为 42 000 加仑（即 1 000 桶）。价格采用的是纽约港石油产品转运站的交割价，该转运站是美国东海岸的主要交易中心，负责进口石油产品以及从纽约港地区和墨西哥湾精炼中心向美国国内其他地区发货。

无铅汽油合约规格遵照加氧汽油标准，因为很多地区要求达到该标准以控制尾气排放对空气质量的影响。目前，无铅汽油一般被要求加入 10% 的乙醇。

无铅汽油和石油具有紧密的联系，其价格也相互影响，有时会出现背离（第十二章会详细讲解背离的概念与应用），特别是在遇到飓风的时候。例如，市场上可能有大量的石油，但是一场大的风暴就可能会扰乱精炼和运输系统，因而导致石油价格下跌，无铅汽油价格反而上涨。当然这种情况还得根据飓风造成的具体损害来评估，并不是飓风的出现一定会导致两者价格形成背离。图 7.2 是西得克萨斯轻质原油期货（线 2）和无铅汽油（线 1）期货价格的走势图（价格经过标准化处理），图中的色块代表当时发生了 5 级飓风。可以发现，2006 年、2007 年的两场飓风确实造成了两者的背离，而在 2011 年至 2013 年，虽没有出现飓风，两者却同样出现了背离。所以从基本面分析问题时，必须全面考虑，飓风只是导致无铅汽油和石油价格背离的因素之一但并非唯一因素。

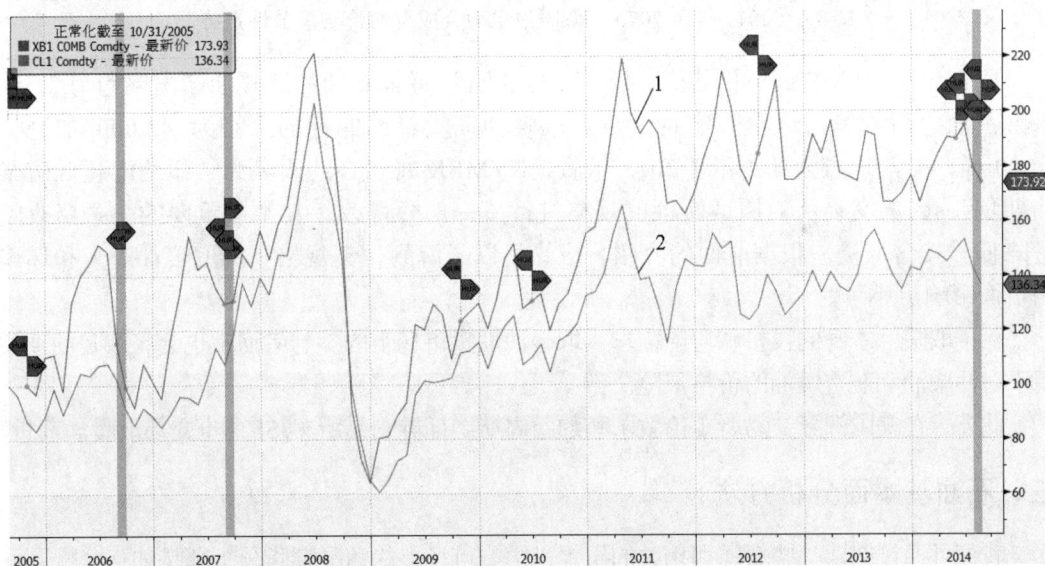

图 7.2　西得克萨斯轻质原油期货和无铅汽油期货价格走势标准化图

（三）取暖油

取暖油（Heating Oil）是一种易燃的低黏度的石油产品，主要用作锅炉燃料，大部分是用来供应给家庭使用的。

20 世纪 20 年代，随着燃油炉的出现，取暖油成为美国一种流行的能源。在此之前，家庭多用煤来加热取暖，但煤不仅脏而且危害人们的健康，况且也不环保。

美国依赖取暖油的区域主要是东北部地区，取暖油的需求时间一般为每年 10 月到下一年 3 月。图 7.3 显示了 2017 年至 2020 年取暖油主力合成合约价格的季节性走势。从图中可以看出，每年冬天价格走势向上的年份较多，换句话说，取暖油合约价格冬天走强的可能性更高；而夏天价格走势向下的年份较多，即取暖油合约价格夏天走弱的可能性更高。

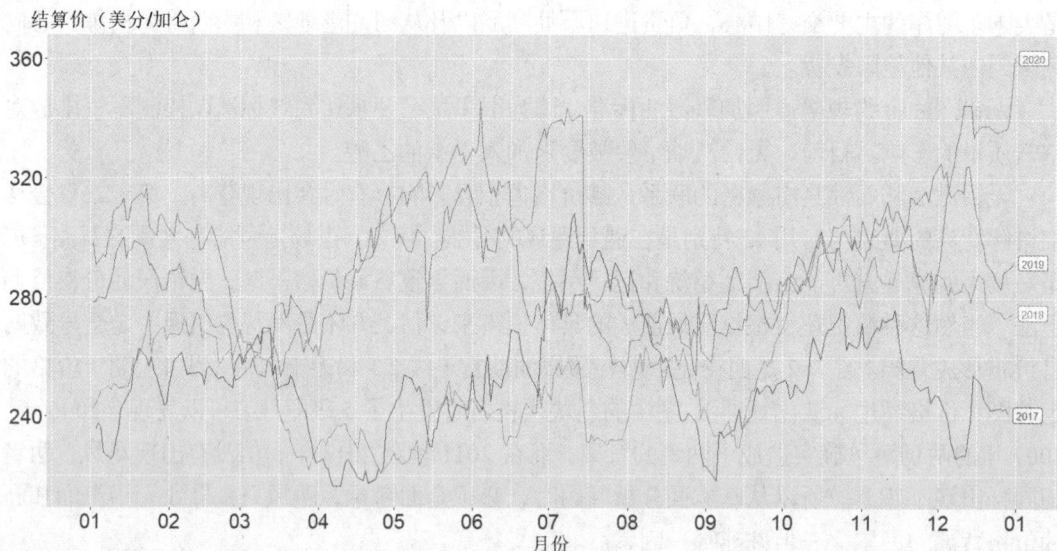

图 7.3　2017 年至 2020 年取暖油主力合成合约价格季节性走势

取暖油在 NYMEX 上市交易，又称"2 号燃油"，每桶石油的取暖油产出率约为 25%，是继汽油之后的第二大提炼产物。每份取暖油期货合约的标的大小为 42 000 加仑或 1 000 桶，交割地点为纽约港。2013 年后，NYMEX 将该合约改名为"纽约港超低硫柴油期货"，因为交易所对原取暖油的规格进行了一部分修改，其中最重要的一条修改就是降低了其含硫量。根据前面的介绍，应该可以了解到，新规格下的取暖油对人和环境的负面影响更小了。

除了取暖油本身的投机和避险需求，取暖油期货市场上的参与者通常也会将取暖油期货用于对冲柴油和航空燃油的价格风险。

此外，在美国洲际交易所（伦敦）和约翰内斯堡证券交易所（JSE）也交易取暖油期货。

三、石油基本面分析方法

我们可通过阅读一些新闻和相关的研报来学习市场上的商品期货分析师是如何分析石油的基本面的。

〜〜〜（案例阅读与分析 7.1〜〜〜〜〜〜〜〜〜〜〜〜〜〜〜〜〜〜〜〜

石油价格何去何从？关键决定因素是中国而非供应[1]

自 2017 年 4 月中旬至 6 月底，油价下跌了大约 10 美元，跌幅已经达到了 20%，满足了进入熊市的定义。从技术图表上看，油价依然看跌，显现出高点和低点双双下移的趋势，且当前价位与关键移动均线也有不小的差距。但是产油国和分析师如今在使用错误的基本面数据解释是什么原因触发了油价的下跌，以及近期内又是什么会导致油价继续走低。

① 本例整理自 Joasn Schenker 在彭博新闻社开设的专栏，发表于 2017 年 6 月 30 日。

期货交易实务（附微课 第 3 版）

要关注未来几周的油价走势，最重要的数据不是贝克休斯的石油钻机数量，不是美国能源部的每周库存数字，甚至也不是美国6月的就业报告。最重要的将是定于纽约时间周日晚间发布的财新中国通用制造业采购经理人指数（PMI，以下称"财新制造业PMI"）。油价下个月的走势将由这一数据决定。中国是世界第二大石油消费国，同时也是全球最大的石油追加需求和边际需求源之一。自2014年超越美国以来，中国一直是世界最大的石油净进口国。

尽管供应面数据本身就奇缺，产油国和分析师的眼光仍一直集中在页岩油产量和供应上，并以此解释近期石油市场的价格动态。近期的美国石油库存数字解释不了同期的石油价格走势。美国石油库存4月中旬时是12.24亿桶，而目前是11.92亿桶。换言之，在油价大幅下挫之际，库存实际上下降了。由于这种油价和库存同跌的貌似背离的局面，看上去很明显，近期油价大幅下挫的罪魁祸首并不是市场的供应面。

虽说库存下降了，但是北美的石油钻机数量却从4月中旬的683台增加到了6月中旬的758台，两个月时间里，增幅超过了10%；不过若是与去年同期相比，增幅倒没有那么大。而且石油钻机数量的增加既不代表石油产量发生了翻天覆地的变化，也无法成为西得克萨斯轻质原油价格大幅下挫的理由。

所以在石油市场供应面喜忧参半之际，过去两个月对石油的需求出现了根本性的下降。而全球石油需求增长，甚至全球经济增长最重要的风向标，就是中国的财新制造业PMI。该指数基于对制造业民营中小企业的调查结果，是衡量世界第二大经济体经济增长的领先指标。非官方编制特性，加上民营中小企业的调查样本构成，使得财新制造业PMI成了我认为有价值的唯一指标，因为它直接或间接受到政府政策影响的可能性较小。

在财新制造业PMI数值低于50时，传达出的信息是当月制造业活动出现了萎缩，如果该指数数值连月处于50之下，那便是制造业出现衰退的领先信号。在2014年12月至2016年6月这19个月中，有18个月该指数数值在50以下，表明这段时间中国制造业出现了衰退。

NYMEX西得克萨斯轻质原油价格走势周线图的技术参数表明，尽管当财新制造业PMI停止萎缩并在2016年年中升至50以上后油价出现了上涨，但是油价目前仍未从中国2014—2016年的由制造业衰退引发的跌势中复苏。

过去两个月油价大幅下挫是因为4月财新制造业PMI大幅下降并在5月跌破了50。市场参与者眼下担心，止于2016年6月的中国制造业衰退趋势有可能重现。若是该指数这次仍在50以下，那就表明中国制造业连续第二个月出现了萎缩，并可能会坐实油价的看跌趋势。若该指数距离50更进一步或是重回50之上，那对于油价将是利好。而且这种利好在7月便有可能兑现。

石油交易员应少关心石油市场供应面，而应更多关心需求面，以及中国制造业重新陷入衰退的风险。但是如果6月财新制造业PMI升至50以上，亦即制造业增长势头重现，那么油价便有可能在7月实现持续上涨。

思考与讨论

1．本文作者认为影响油价的主要因素是什么？
2．我们该如何观测该因素？你能找到数据发布的源头吗？

项目

查询国际能源署研究报告

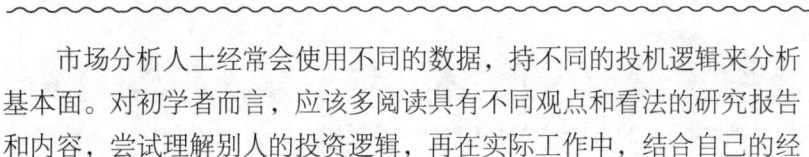

市场分析人士经常会使用不同的数据，持不同的投机逻辑来分析基本面。对初学者而言，应该多阅读具有不同观点和看法的研究报告和内容，尝试理解别人的投资逻辑，再在实际工作中，结合自己的经

验，逐步形成自己的投资逻辑。

读者可以在网络上找到相当多的关于能源类商品的投资报告，但是笔者的建议是一定要阅读那些权威机构发布的报告，例如英国石油公司或者国际能源署的研究报告。

第二节　天　然　气

天然气是石油能源最好的补充和替代品，它几乎占美国能源消费的四分之一。本节将从天然气的背景知识出发，介绍天然气及相关合约的特征及市场上对于天然气基本面的分析方法。

一、天然气背景知识

天然气是一种多组分的混合气态化石燃料，其主要成分是烷烃，其中甲烷占绝大多数，存在于化石燃料层。作为一种能源，天然气有许多优点，它比石油便宜，并且更加环保，这是因为以天然气作燃料工厂的碳排放量是燃煤厂碳排放量的一半，天然气燃烧后无废渣、废水产生，相较煤炭、石油等能源有使用安全、热值高、洁净等优势。天然气开采后通常是经管道运输的。

（一）天然气资源的分布

天然气资源主要集中分布在中东及欧洲和欧亚地区。截至 2020 年，中东地区天然气储量达到 75.81 万亿立方米，占全球天然气储量的 40.31%，而独联体地区的储量达到 56.6 万亿立方米，占全球天然气储量的 30.1%。

《BP 世界能源统计年鉴 2021》数据显示，截至 2020 年底，全球天然气储量为 188.10 万亿立方米，其中俄罗斯、伊朗、卡塔尔和土库曼斯坦天然气储量之和约占全球天然气总储量的一半以上（参见图 7.4）。

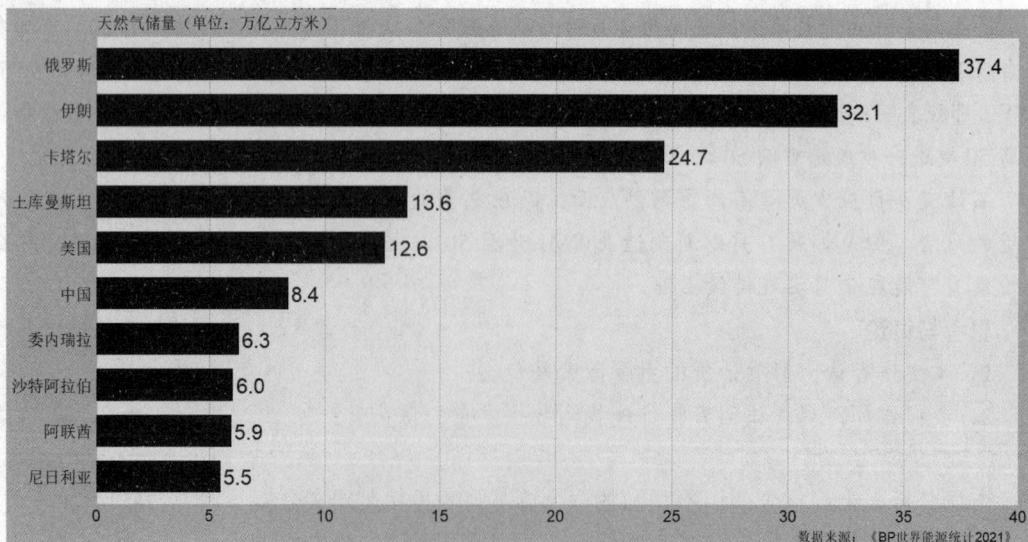

图 7.4　2020 年全球十大天然气储量地区

（二）天然气的用途

天然气用途广泛，常见的用途有以下几种。

（1）工业燃料。以天然气代替煤，用于生活采暖或用作生产用锅炉以及热电厂燃气轮机锅炉燃料。天然气发电是缓解能源紧缺、降低燃煤发电比例、减少环境污染的有效途径，且从经济效益看，天然气发电的单位装机容量所需投资少、建设工期短、上网电价较低，具有较强的竞争优势。

（2）工业生产。如将天然气用于烤漆生产、沥青加热保温等。

（3）天然气化工工业。天然气是制造氮肥的最佳原料，具有投资少、成本低、污染小等特点。天然气占氮肥生产原料比重的世界平均水平为80%左右。

（4）城市燃气事业。主要是将天然气用作居民生活用燃料。

（5）汽车燃料。以天然气代替汽车用油，具有价格低、污染小、安全等特点。

二、天然气期货合约

1. 美国天然气合约

天然气消耗量大约占美国能源消耗量的四分之一，NYMEX 的天然气期货合约自 1990 年 4 月上市以来，成交逐渐活跃，目前被广泛用作美国国内的天然气基准价格。NYMEX 天然气期货合约的交易单位为 100 亿英制热量单位，合约价格基于路易斯安那州亨利中心的交割价。该中心所在的地区拥有产量丰富的天然气矿床，有 16 条跨越州内与州际的天然气管道系统交汇于此，负责美国东海岸、墨西哥湾沿岸、美国中西部，直至加拿大边境的所有市场的天然气供应。

影响天然气价格的因素从短期来看，主要是天气。当飓风卡特里娜和飓风丽塔侵袭新奥尔良时，天然气价格从 3 美元飙升至 15 美元，15 美元也是截至 2021 年的历史最高价位。

天然气价格同样受到季节性因素的影响，冬季和夏季天然气价格会比较高，因为那时的使用量高。天然气期货合约均价如图 7.5 所示。

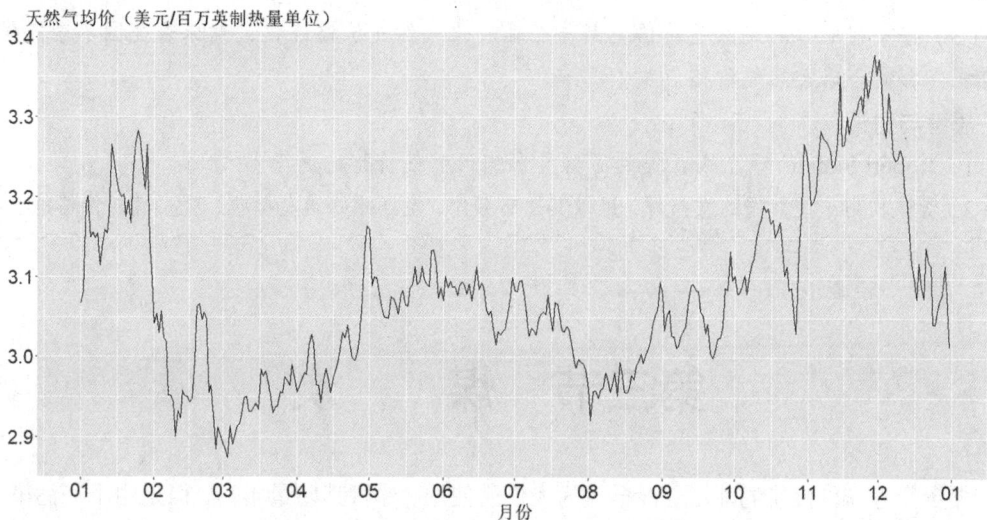

图 7.5　天然气期货合约 2011 年至 2020 年各月平均价格

2. 英国 NBP 天然气期货合约

就全球天然气交易中心来看，主要有两种基本类型的天然气交易中心——实体中心（如美国的亨利中心）和虚拟中心（如英国天然气交易中心 NBP）。与美国的亨利中心不同的是，英国天然气交易中心价格反映的是整个区域的价格，其价格的确定是根据上、下气的容量，而不是按照实际运输距离来计算的。虽然说一个天然气交易中心不能既是实体的，又是虚拟的，但是随着时间的推移，实体中心可以逐渐扩展为虚拟中心。天然气交易中心的建立，促进了这些国家天然气资源的优化配置，也为天然气市场实现更高水平的发展创造了条件。目前，在美国洲际交易所（伦敦）可以交易英国 NBP 天然气期货合约。

三、天然气基本面分析方法

我们可以通过阅读一些新闻和相关的研报来学习市场上的商品期货分析师是如何分析天然气基本面的。

下面是一则简短的案例，摘自英国石油公司的某位主管的发言。读者可以从他的发言中分析他对天然气市场的解读逻辑，看该主管是从哪几个方面来研究天然气市场的。

案例阅读与分析 7.2

英国石油公司看到美国天然气价格在全球液化天然气市场扩张

据彭博新闻社 2017 年 6 月 1 日报道（Dan Murtaugh）随着美国液化天然气出口量的增加，亨利中心（Henry Hub）的天然气价格将对全球天然气价格产生越来越大的影响，英国石油公司（BP）亚洲和中东液化天然气市场分析主管 Robert Sims 在新加坡的普氏液化天然气市场亚洲会议上表示：

（1）英国石油公司认为北美市场主导的液化天然气（LNG）出口将至少延续至 2035 年；

（2）页岩钻井成本降低使美国天然气储量从 2010 年的 850 万亿立方英尺（1 立方英尺≈0.028 立方米）提高到了 2016 年的 1 400 万亿立方英尺，这个储量足以支撑美国的天然气市场 50 年；

（3）将亨利中心的天然气价格重新与全球液化天然气价格连接，意味着美国冬季气候冲击可能会影响全球天然气价格。

思考与讨论：

1. Robert Sims 的观点中，提到了哪些影响天然气价格的因素？

2. 尝试找到这些数据的发布源，记录其发布频率，定期跟踪这些数据，观察其对价格的影响。

第三节 煤　炭

煤炭作为一种传统的能源，很早就为人们所使用。尽管其储量丰富，但是由于其污染大、能量转换效率低，全球各地都对其使用施加了诸多限制条件。本节将从煤炭的背景知识出发，介绍煤炭及相关期货合约的特征及市场上对于煤炭基本面的分析方法。

一、煤炭背景知识

煤是一种由于沉积作用而形成的固态可燃性矿物，主要由植物遗体经生物化学作用，埋藏后再经地质作用转变而成，是 18 世纪以来人类使用的主要能源之一。

煤炭是世界上分布非常广泛的资源，主要分为烟煤、无烟煤、亚烟煤和褐煤四类。其分类主要是看碳、硫、氧和氮的混合比例。煤中的硫和杂质含量高，说明质量低劣，如褐煤和亚烟煤等。煤的质量越好，其热效率和发热量越高，如烟煤和无烟煤等。

（一）煤炭资源的分布

世界煤炭资源非常丰富，煤炭是世界储量最丰富的化石燃料。《BP 世界能源统计年鉴 2021》显示，截至 2020 年年底，世界煤炭全部探明储量约为 1.074 万亿吨，按目前的煤炭产量水平计算，足可供开采 139 年。世界各地的煤炭资源分布并不均衡，煤炭资源主要集中在北半球，世界煤炭资源的 70% 分布在北半球北纬 30°～70°。亚太地区拥有煤炭储量的 42.8%，占据了煤炭储量的"半壁江山"。

具体到各个国家的煤炭储量情况，储量最高的国家是美国，总共有 2 489.41 亿吨，占世界煤炭全部探明储量的 23.2%；排在第二位的是俄罗斯，共有储量 1 621.66 亿吨，占全球煤炭总储量的 15.1%；接下来煤炭储量较高的国家依次是澳大利亚、中国和印度，分别占全球煤炭总储量的 14.0%、13.3% 和 10.3%。

虽然我国的煤炭储量非常丰富，但是由于能源消耗严重依赖于煤炭，并且我国人口众多，因此我国的煤炭储产比只有 37，远远落后于美、俄、澳、印等国。换句话说，在按照 2020 年对煤炭的开采速度继续开采现有煤矿，并且也没有发现新的煤炭资源的前提下，中国现有的煤炭储量只能支持中国继续开采 37 年，这远低于全球平均水平的 139 年。

在我国保护环境、大力发展清洁能源的背景下，2014 年之后我国煤炭的消耗量逐年走低。

（二）煤炭的分类

国标把煤分为三大类，即无烟煤、烟煤和褐煤，共 29 个小类。无烟煤分为三个小类，数码为 01、02、03，数码中的"0"表示无烟煤，个位数表示煤化程度，数字越小表示煤化程度越高。烟煤分为 12 个煤炭类别，24 个小类，数码中的十位数（1～4）表示煤化程度，数字越小表示煤化程度越高；个位数（1～6）表示黏结性，数字越大表示黏结性越强。褐煤分为两个小类，数码为 51、52，数码中的"5"表示褐煤，个位数表示煤化程度，数字越小表示煤化程度越低。

作为投资者或者分析师，不需要对这些数字的物理意义非常清楚，只需要知道，数字越小煤的质量越好即可。俄罗斯和澳大利亚虽然煤炭储量高，但是低质的褐煤所占的比例要高于无烟煤。

（三）煤炭的用途

煤炭的工业用途非常广泛，归纳起来主要是动力、冶金（炼焦）和化工三大方面的用途。同时，煤炭在炼油、医药、精密铸造和航空航天工业等领域也有广阔的利用前景。

1. 动力用煤

动力用煤主要有无烟煤、贫煤、瘦煤、不粘煤、长焰煤和褐煤等。

动力用煤的应用领域主要包括发电、蒸汽机车、冶金、建材、锅炉和生活用煤等。其中发电用煤占比最高；而建材用煤主要用于水泥、玻璃、砖瓦的生产等。

相对而言，动力用煤对煤质的要求最低，理论上任何一种煤都可以作为工业和民用的燃料，一般情况下优质煤会优先用于发展冶金和化学工业。不同工业部门对动力用煤的质量要求不同，蒸汽机车用煤要求相对较高。

2. 炼焦用煤

炼焦用煤的煤种包括气煤、肥煤、焦煤、瘦煤和无烟煤等。

炼焦煤的主要用途是炼焦炭，焦炭是由焦煤和混合煤经高温冶炼而成的，一般 1.3 吨左右的焦煤才能炼 1 吨焦炭。焦炭多用于炼钢，是目前钢铁等行业的主要生产原料，被喻为钢铁工业的"基本食粮"。炼焦用煤的质量要求，是以能得到机械强度高、块度均匀、灰分和硫分低的优质冶金焦为目的而制定的。

作为商品期货分析师，只需知道炼焦用煤的煤质要求较高即可。

3. 化工用煤

化工用煤主要有褐煤、长焰煤、弱粘煤、不粘煤和气煤等。

煤化工主要分为煤的气化、煤的液化和煤的提质等几个方面。

煤的气化是以氧、水、二氧化碳、氢等为气体介质，经过热化学处理过程，把煤转变为各种用途的煤气。煤气化所得的气体产物可作工业和民用燃料以及化工合成原料。

煤的液化可以通过将煤、催化剂和重油混合，在高温高压下使煤中有机质破坏，与氢作用转化成低分子液态或气态产物，进一步加工得到汽油、柴油等燃料。

煤的提质主要是指褐煤提质，是指褐煤在高温下经受脱水和热分解作用后转化成具有烟煤性质的提质煤。褐煤提质技术已得到长足发展，为劣质煤的利用创造了条件。

二、煤炭期货合约

在美国交易的煤炭合约中最著名的是阿巴拉契亚中部（CAPP）煤炭期货合约，该合约依据阿巴拉契亚中心煤的价格而定，该种煤的品级很高，交易者给该期货合约起了个外号——"大沙"，这种煤是在西弗吉尼亚州和肯塔基州之间开采的。该合约在 NYMEX 交易，合约标的大小为 1 550 吨。此外，NYMEX 提供了覆盖美国、欧洲、南非、澳大利亚、印度尼西亚及中国的动力煤与焦煤的全面产品清单，换句话说，全世界的煤炭风险管理交易都可在 NYMEX 找到合适的产品标的。

我国的煤炭期货交易也非常活跃，大连商品交易所的焦煤期货、焦炭期货和郑州商品交易所的动力煤期货的交易量都非常大。

（1）焦炭期货。焦炭是钢铁工业的"基本食粮"，其价格波动较大、市场风险较为显著、产业链条较长、参与企业众多、影响的范围较广。为了完善焦炭价格形成机制，为现货企业提供有效的避险工具，2011 年 4 月 15 日，焦炭期货在大连商品交易所挂牌交易。它是我国最早上市的煤炭相关期货合约，同时也是世界上第一个焦炭期货合约。焦炭期货自从上市之后，市场呈现出爆炸性增长的态势，成交量、持仓量大幅增长。焦炭期货的交易单位是 100 吨/手，报价单位为"元/吨"，最小变动价位为 0.5 元/吨。

（2）焦煤期货。焦煤是焦炭生产中不可或缺的基础原材料。随着国内经济的快速发展，钢铁工业产能快速扩张，焦炭的产量逐年提高，对焦煤的需求也逐年增加。焦煤期货的推出，与原有的焦炭、钢铁期货共同完善了炼焦和钢铁行业的期货品种体系，为相关企业提供了一个功能更加齐全的风险规避工具。得益于焦炭期货市场的前期培育及市场基础，焦煤期货 2013 年上市之后即引发现货贸易商的强烈关注，成交活跃。焦煤合约的交易单位是 60 吨/手，报价单位为"元/吨"，最小变动价位 0.5 元/吨。

（3）动力煤期货。改革开放后，我国煤炭消费占一次能源消费最高曾达 70%以上，其中动力煤占据了煤炭消费的七成以上，涉及电力、冶金、化工、建材等多个行业领域。作为最大的煤炭品种，动力煤长期以来却没有相应的期货市场，缺少有效的风险规避工具，这成为影响相关行业和煤炭产业链企业持续、稳定、健康发展的重要因素之一。随着煤炭行业市场化改革向纵深推进，以及动力煤价格的放开，动力煤期货上市的时机已成熟。2013 年 1 月，动力煤期货上市的立项申请获得中国证监会的批准，并于 2013 年 9 月 26 日在郑州商品交易所正式上市。动力煤期货合约的交易单位是 100 吨/手，报价单位为"元/吨"，最小变动价位为 0.2 元/吨。

三、煤炭基本面分析方法

我们可通过阅读一些新闻和相关的研报来学习市场上的商品期货分析师是如何分析煤炭的基本面的。

案例阅读与分析 7.3

焦煤成本与价格

据彭博新闻社 2014 年 4 月 9 日 BI 研究报告（分析师 Andrew Cosgrove）2008 年以来历史最低的焦煤价格将引发减产。120 美元/吨这一价格为 2008 年以来历史最低季度焦煤结算价，它将有可能最终促使煤矿减产以支撑焦煤的价格。看涨人士认为，由于最新结算价使全球 55% 左右的海运焦煤无利可图，因此煤矿减产的可能性越来越大。尽管澳元的贬值促使托运人预先支付给承租人运费有助于延缓煤矿减产决策，但过低的结算价对煤矿减产造成的影响更大。

分析与点评

本案例是该分析师对于煤炭行业分析报告系列中的一份，主要分析焦煤的成本与价格之间的关系。从图 7.6 中可以看到，有 55%的现有焦煤成本是高于或者等于现在的价格的，这意味着这些焦煤都无法带来利润。因此预计将会缩减煤矿生产量来减少供给，而这往往是价格触底的一个特征。

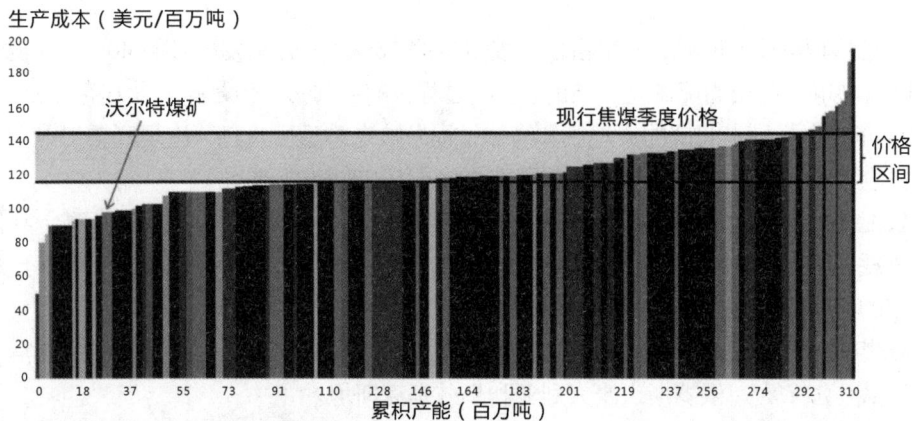

注：图中柱形代表国家，读者不必区分

图 7.6　焦煤成本（所有价格均经过质量调整）（数据来源：伍德麦肯兹焦煤供应服务与焦煤市场服务）

这位分析师把成本和售价之间的关系看作影响供给和需求的一个因素，通过分析成本和售价的差距来判定煤矿的产量缩减是他的分析逻辑，当成本高于售价时，生产商一定会通过减产来达到提价的目的。当然，分析师最后也考虑到了其他影响煤炭供给和需求的因素，例如澳大利亚元贬值的因素，认为该因素也许会拖延煤矿的减产，但不会改变整体走势。

下面来做一个小小的练习，根据案例阅读与分析 7.4 中的短新闻判断其对煤炭价格的影响。

案例阅读与分析7.4

中国煤炭进口禁令，每月或减少20%进口

据彭博新闻社 2017 年 6 月 29 日报道　汾渭能源咨询有限公司分析师曾浩说，中国每月煤炭进口量可能从 8 月下降 20%左右，政府禁止在省级部门管理的港口进货。这一政策主要是影响那些经由省级港口进口的煤炭，通常这些焦煤来自印度尼西亚、菲律宾，且基本都是热值较低的动力煤。

思考与讨论

1．这则新闻会具体影响哪个期货合约？
2．这则新闻或政策将会如何影响该合约的走势？
3．查询一下该时段后期相关合约的价格走势，验证一下你的判断。

第四节　其他能源类商品

随着现代科技的发展，也由于石油属不可再生能源，储量会越来越少，许多新兴的能源正在被越来越多地使用。尽管目前市场上还未有相对应的新能源期货合约，但仍可以预见到这是必然的发展趋势。因此，了解一些新能源的背景知识是非常有必要的。

一、核能

核能是一种重要的能源，核电占法国发电量的 78%、占韩国发电量的 40%、占美国发电量的 21%。核电厂产出的能源是清洁的，整个过程没有碳排放，但是核工业却存在很多争议。

2011 年，由于日本北部的大地震和海啸，福岛核电站遭受重创，出现高辐射泄漏，数以千计的民众不得不撤离。这一事件将使建造更多的核电站难上加难。

从核能消耗的角度来看，美国 2020 年的核能消耗占到全球的 30.8%，远远高于其他国家的核能消耗，我国这个数字是 13.6%，排在第三位的是法国，占到了 13.1%，日本由于受 2011 年大地震的影响，现在核能消耗降低到了 1.6%。

核能燃料主要是铀。地球表面的多数地方都有一定含量的铀，但是其含量都非常少。铀最大的矿藏在加拿大、俄罗斯、澳大利亚和乌兹别克斯坦。

对于期货投资者而言，可以在 NYMEX 交易铀期货合约，每手标的为 250 磅铀 308，最小变动价位为 0.05 美元，交易代码为 UX。

其他可以投资铀的方法是在加拿大的交易所交易一些铀勘探公司，或者投资跟踪铀的交易型开放式指数基金，如市场矢量核能交易型开放式指数基金。该基金跟踪德国重要的股票指数 DAX、全球核能指数和 38 家有关铀开采、铀提纯、核工厂建造和核能发电的公司。这些公司位于加拿大、澳大利亚和日本。

二、太阳能

对太阳能的利用古已有之，当前有两种通过太阳能发电的方法：光伏发电和集中式太阳能热发电。光伏发电是利用半导体界面的光生伏特效应而将光能转变为电能的一项技术。集中式太阳能热发电是通过定日镜将太阳光反射集中到一个高塔顶部接收器上，以加热其中工质的发电方式。相对而言光伏发电使用更为普遍。

太阳能的利用会受天气和时间的影响，当前的太阳能技术已经有效地解决了这一问题。对于太阳能发电能力日夜不均的问题，由于能源使用高峰多在白天出现这一因素和储能技术的发展，也已不再是问题。

太阳能是最环保的能源，使用太阳能时不会有气体或污水排放，也不会产生废料。太阳能装置经久耐用，维护工作量小，一般的装置可以使用 25 ~ 30 年。

相对水力、煤炭发电，太阳能发电的成本依然较高，一定程度上仍依赖政府补贴。政府政策支持太阳能发电的国家有德国、西班牙、日本、美国、意大利、捷克、比利时和中国等，这些国家的太阳能发电装机容量在全球也名列前茅。

市场上暂时没有太阳能期货，因此常见的投资方式是投资制造光伏电池或制造太阳能晶硅公司的股票。光伏电池制造属技术密集型产业，太阳能晶硅制作属资本、技术密集型产业，和这两类产业相关的公司股票都可予以关注。

三、风能

几千年以来，风能一直是一种重要的能源。在古代，人们便已利用风车给谷物脱壳，但是直到 19 世纪末期风能发电才出现。目前风能是欧洲、亚洲和北美洲使用的一种主要能源。

风能发电与化石燃料发电相比成本效益更好，风能成本在 20 世纪末 21 世纪初的 20 年中下降了 90%，且风力发电机几乎不需要保养维修，并可以使用几十年。

风能发电也存在一些缺点，如：风可能不持续，风能发电需要与其他能源发电互补；规模效应明显，故而一般都要占用大量土地建设大型的风力发电站；风能涡轮机的噪声对环境有一定的影响。

尽管如此，风能依然是发展最为迅速的可替代能源之一。风能装机容量从 2009 年开始保持年均 26.2% 的增长，大部分的增长来自美国和中国。

风能暂时也没有期货合约，投资者可通过投资上市的和风能发电相关的公司来间接投资风能。

很多人会问，我们花了很多时间了解这些新能源的基本面，收集了很多信息，分析得到了一些很重要的结论，但是苦于期货市场上

没有相应的交易品种，辛辛苦苦花时间得到的结论却没有用武之地。本节项目——查找拥有新能源业务的上市公司可以解决这个问题。

本章小结

原油期货是全球商品期货合约中最受关注的品种之一。全球主要有西得克萨斯轻质原油、布伦特原油、迪拜原油和阿曼原油等期货合约。其中西得克萨斯轻质原油和布伦特原油油价是全球原油价格的标杆。其他比较重要的石油相关产品期货合约有 NYMEX 纽约港无铅汽油期货合约、氧化混调型精制汽油期货合约和取暖油期货合约。

作为一种比石油更便宜，储量更高且更清洁、安全的能源，天然气在能源类合约中越来越受到关注。而 NYMEX 的天然气合约是美国甚至是全球天然气价格的基准。值得注意的是，天然气期货合约的价格存在着明显的季节性变化。

煤炭作为一种传统的能源，全球能源使用率较高，其资源分布广阔，储量丰富，是 18 世纪以来人类使用的主要能源之一。目前全球交易活跃的煤炭合约都在我国，分别是大连商品交易所的焦煤、焦炭合约和郑州商品交易所的动力煤合约。

此外，作为新兴能源的核能、太阳能、风能等，随着其应用范围的扩大，将来也许期货交易所会推出相关的合约以满足市场投资者套期保值的需求。

综合练习

一、名词解释

API 度　动力煤

二、单选题

1. （　　）不属于三大一次能源。

　　A．石油　　　　　　B．天然气　　　　　C．太阳能　　　　　D．煤炭

2. （　　）的石油资源最丰富。

　　A．北美洲　　　　　B．中东　　　　　　C．非洲　　　　　　D．大洋洲

3. （　　）可以被称为中质原油。

　　A．API 度≥50　　　　　　　　　　　B．35≤API 度<50

　　C．26≤API 度<35　　　　　　　　　D．10≤API 度<26

4. （　　）不是石油的主要用途。

　　A．炼制汽油、煤油等能源　　　　　B．石油化工

　　C．生产氮肥　　　　　　　　　　　D．发电

5. （　　）的价格是北美地区的基准油价。

　　A．西得克萨斯轻质原油（WTI）　　B．布伦特原油（BRENT）

　　C．迪拜原油　　　　　　　　　　　D．阿曼原油

6. 假设 ABC 是美国一家天然气的区域分销商，在它采购天然气但尚未出售的情况下，

应当在天然气期货市场上（　　），才能规避其可能的价格风险。

    A．进入天然气期货的多头   B．进入天然气期货的空头

    C．什么也不做   D．以上都不对

7．（　　）的用途对煤的质量要求最低。

    A．动力用煤   B．炼焦用煤   C．化学工业   D．以上都不对

三、多选题

1．以下能源中，属于一次能源的是（　　）。

    A．核能   B．煤炭   C．石油   D．天然气

2．以下期货合约中，（　　）属于石油的精炼产品的合约。

    A．液化天然气（LNG）   B．氧化混调型精制汽油（RBOB）

    C．取暖油   D．天然气

3．（　　）在天然气储量资源上名列前茅。

    A．伊朗   B．俄罗斯   C．卡塔尔   D．土库曼斯坦

4．（　　）是天然气的常见用途。

    A．工业燃料   B．工业生产

    C．城市燃气事业   D．压缩天然气汽车

四、判断题

1．核能、太阳能、风能都属于一次能源。   （　　）

2．石油输出国组织（OPEC）是以美国为首的国际组织，主要为对付中东地区的石油控制。   （　　）

3．西得克萨斯轻质原油（WTI）和布伦特原油（BRENT）都属于轻质原油。（　　）

4．含硫量越低的石油，其品质越好。   （　　）

5．无烟煤和烟煤的质量比褐煤要好。   （　　）

五、简答题

1．全球有哪些活跃的能源期货合约？分别在哪些期货交易所上市交易？

2．阅读一份国际能源署关于石油的报告，列出该分析报告中所引用的数据。

第八章 农产品

【学习目标】

1．熟悉全球市场上主要的农产品类合约及其基本面信息；
2．具备根据新闻及数据判断农产品类合约长期走势的能力。

农产品期货是期货市场上最早的期货品种，相较于计划经济或传统农业先生产后找市场的做法，期货农业则是先找市场后生产。例如农民在生产之前与收购商签订农产品订购合同，在合同中规定农产品收购数量、质量和最低保护价，使双方享有相应的权利、义务，具备一定约束力，不能单方面毁约。因为此类合同是在农产品种植前签订，是一种期货贸易，所以也叫作期货农业。

本章选取了在农产品期货交易中较为活跃的品种，分别对其基本面作一简单的介绍，帮助读者形成分析该类商品基本面的初步逻辑框架。

第一节 玉 米

玉米为禾本科，属一年生草本植物。在全球三大谷物（小麦、玉米、稻谷）中，玉米总产量和平均单产均居首位。我国的玉米种植面积和总产量均居世界第二位。本节将从玉米的背景知识出发，介绍玉米期货合约的特征及市场上对于玉米基本面的分析方法。读者在学习本节内容后应当建立起观测玉米基本面的数据表。

微课堂

玉米基础

一、玉米背景知识

（一）玉米种植

在世界谷类作物中，玉米的种植范围很广。玉米的播种面积以北美洲最大，其次为亚洲、拉丁美洲等。玉米产量占世界粗粮产量的 65% 以上，占我国粗粮产量的 90%。

从图 8.1 中可以发现，2019 年，美国、中国、巴西、阿根廷和乌克兰是全球重要的玉米产量国。可以预见的是，如果你计划交易玉米期货，那么你肯定需要关注这些国家的相关情况。

美国	347 047 570
中国	260 778 900
巴西	101 138 617
阿根廷	56 860 704
乌克兰	35 880 050
印度尼西亚	30 693 355
印度	27 715 100
墨西哥	27 228 242
罗马尼亚	17 432 220
俄罗斯	14 282 352

（年产量单位：吨）

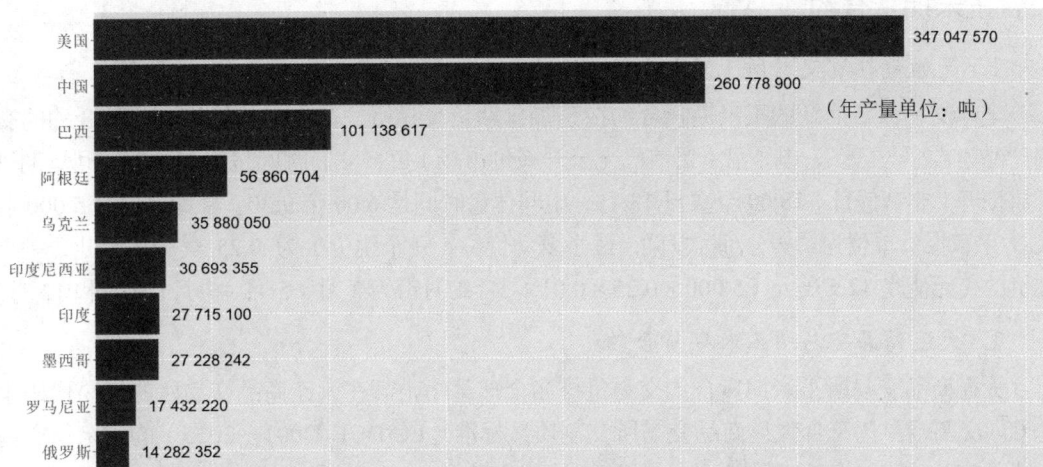

图 8.1　2019 年全球玉米十大产量国（数据来源：联合国粮农组织）

（二）玉米的用途

1. 食用

玉米是世界上最重要的粮食之一。现今全世界约有三分之一的人以玉米籽粒作为主要粮食，其中，在亚洲人的食物组成中玉米占 50%，有的国家甚至达 90% 以上；在非洲占 25%；在拉丁美洲占 40%。玉米的营养成分优于稻米、薯类等，缺点是颗粒大、食味差、黏性小。随着玉米加工工业的发展，玉米的食用品质不断改善，形成了种类多样的玉米食品，常见的如玉米粉、玉米片、甜玉米，还有玉米啤酒等。

项目

查询十大玉米产量国

2. 饲用

世界上大约 65% 的玉米都用作饲料，这一比例在发达国家高达 80%。因此，玉米是畜牧业赖以发展的重要基础。

（1）玉米籽粒，特别是黄粒玉米是良好的饲料。玉米籽粒可直接作为猪、牛、马、鸡、鹅等畜禽的饲料，特别适用于生猪、肉牛、奶牛、肉鸡等的养殖。随着饲料工业的发展，浓缩饲料和配合饲料广泛应用，单纯用玉米作饲料的情况已大为减少。

（2）玉米秸秆也是良好的饲料，特别是牛的高能饲料，可以代替部分玉米籽粒。玉米秸秆的缺点是蛋白质和钙的含量较低。秸秆青贮不仅可以保持茎叶鲜嫩多汁，而且在青贮过程中经微生物作用产生乳酸等物质，增强了适口性。

（3）玉米加工副产品的饲料应用。在玉米加工成淀粉、啤酒、糊精、糖等过程中产生的胚、麸皮、浆液等副产品，也是重要的饲料资源，在美国占饲料加工原料的 5% 以上。

3. 工业加工

玉米籽粒是重要的工业原料之一，通过初加工和深加工可生产两三百种产品，初加工产品和副产品可作为基础原料进一步加工利用，在食品、化工、医药、纺织、造纸等工业生产中被用于制造种类繁多的产品。如玉米穗轴可生产糠醛，玉米秸秆和穗轴可以培养生产食用菌，苞叶可编织提篮、地毯、坐毯等手工艺品。

二、玉米期货合约

1. 芝加哥期货交易所玉米期货合约

全球交易第二活跃的玉米期货合约在芝加哥期货交易所，其交易代码为 C。该合约的交割产品为"2 号玉米"。电子盘（目前已无公开喊价市场）每日交易时间是美国中部时间星期日至星期五（非节假日）18:00 至次日 13:15，中间休盘时间是 6:00 至 9:30。合约单位是 5 000 蒲式耳/手，报价单位为"美分/蒲式耳"，最小变动价位（一个跳价）为 0.25 美分，因此，一个跳价的美元值是 12.5 美元（5 000×0.25×0.01）。合约月份为 3 月、5 月、7 月、9 月和 12 月。

2. 大连商品交易所玉米期货合约

大连商品交易所玉米期货合约交易量排名全球第一，其在大连商品交易所的交易代码也是 C。交割产品为符合大连商品交易所交割质量标准（FC/DCE D001—2015）的玉米。交割形式为实物交割。每一交易日的交易时间是北京时间 9:00 至 11:30、13:30 至 15:00 及夜盘 21:00 至 23:00。合约单位是 10 吨/手，报价单位是"元/吨"，最小变动价位为 1 元，因此，一个跳价的合约价值是 10 元（10×1）。合约月份为 1 月、3 月、5 月、7 月、9 月和 11 月。

3. 其他玉米期货合约

其他交易比较活跃的玉米期货合约有南非约翰内斯堡（JSE）股票衍生品市场的玉米期货以及巴西、印度等地交易所的交易品种。对照图 8.1 可以发现，这些交易所所在国都是玉米的高产国，因此，开展玉米期货交易有着较好的基础——市场上拥有非常强的避险需求。

三、玉米基本面分析方法

（一）影响玉米价格的因素

1. 玉米的供给

从历年的生产情况来看，在国际玉米市场中，美国的产量占 30%左右，中国的产量占 22%，南美的巴西和阿根廷合计产量大约占 13%。这四个国家是全球玉米的主产区，其产量和供应量对国际市场的影响较大，特别是美国的玉米产量成为影响国际供给最为重要的因素。图 8.2 显示了全球玉米产量和芝加哥期货交易所玉米期货价格的关系，每当全球玉米产量减少，玉米期货价格往往会创出新高。

在使用农产品基本面数据研判价格走势时有两点需要读者注意。第一，通常而言，农产品的供求基本面数据都是比较客观的，相较于上市公司的财务数据更真实，"踩雷"事件几乎没有。第二，农产品基本面数据的发布都有较长的延时，而期货价格更多反映的是预期，因此仅靠发布数据是很难获得赢利的，通常分析师需要拿到频率更高的基本面数据或者带有预测性质的数据。在期货市场上，大家普遍关注"事件"，因为这些事件往往会影响后面的基本面。

2. 玉米的需求

美国和中国既是玉米的主产国，也是玉米的主要消费国，其他玉米消费较多的还有欧盟各国、日本、巴西、墨西哥等。这些国家消费需求的变化对玉米价格的影响较大，特别是近年来，各主要消费国玉米深加工工业发展迅速，大大推动了玉米消费需求的增加。从我国国内情况来看，玉米消费主要来自口粮、饲料和工业加工。其中，口粮消费总体变化不大，对市场的影响相对较小；饲料用玉米所占的比例最高，达 70%以上，饲料用玉米需求的变化对市场的影响比较大；工业加工用玉米所占比例虽然只占 14% 左右，但近年来发展很快，对市场的影响也逐渐增加。

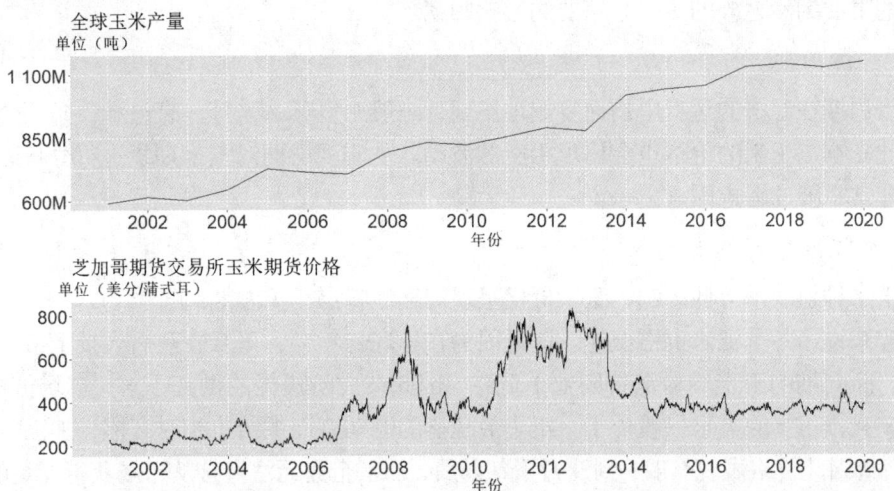

注：玉米 1 蒲式耳约为 25.4 千克。

图 8.2　全球玉米产量和芝加哥期货交易所玉米期货价格的关系

3. 玉米进出口

玉米进出口对市场的影响非常大。玉米进口会增加国内供给总量，玉米出口会导致国内需求总量增加。对国际市场而言，要重点关注美国、中国、阿根廷等世界主要玉米出口国和日本、韩国、东南亚国家等玉米进口国的情况，这些国家玉米生产、消费的变化对国际玉米进出口贸易都有直接影响。对国内市场而言，要重点关注国内出口方面的政策，出口对国内玉米市场有较明显的拉动作用。

4. 玉米库存

在一定时期内，一种商品库存水平的高低直接反映了该商品供需情况的变化，是商品供求格局的内在反映。因此，研究玉米库存变化有助于了解玉米价格的运行趋势。一般地，在库存水平提高的时候，供给宽松；在库存水平降低的时候，供给紧张。结转库存水平和玉米价格常常呈现负相关关系。

5. 玉米的成本和收益情况

玉米的成本和收益情况是影响农民种植积极性的主要因素之一。玉米成本对市场价格有一定的影响力，市场粮价过低，农民会惜售；收益情况会影响农民下一年度的玉米种植安排，收益增加，农民可能会增加种植面积，反之则可能会减少种植面积。

6. 与其他大宗农产品的比价关系

玉米与其他大宗农产品的比价关系会对玉米的供需产生影响，进而影响玉米的产销情况，导致玉米未来价格的走势发生变化。其中，玉米与大豆的种植比价关系、与小麦的消费比价关系最为重要。

7. 金融货币因素

利率变化以及汇率波动已成为各国经济生活中的普遍现象，而这些因素的变化常会引起商品期货行情波动。总体来说，当货币贬值时，玉米期货价格会上涨；当货币升值时，玉米期货价格会下跌。因此，货币的利率和汇率是除了供给量、需求量和经济周期等决定玉米期货价格的主要因素之外的另一个重要的影响因素。

8. 经济周期

经济周期在经济的运行中周而复始地出现，一般由复苏、繁荣、衰退和萧条四个阶段构成。受此影响，玉米的价格也会出现相应的波动。从宏观层面对玉米期货进行分析时，经济周期是非常重要的考虑因素之一。

9. 季节性影响

受玉米种植的季节性影响，玉米价格呈现周期性特点（见图8.3）。

一般来说，冬季玉米价格低迷。这是因为在年底与年初，玉米收获后大批上市，现货供应充足，而同期的玉米饲料消费则处于低谷，因此造成阶段性的供大于求，市场价格低迷。6月至8月，玉米的需求一般处于一年里最旺盛的时期，而供给也相对旺盛，加工企业基本无须备库，因此价格表现一般；到9月下旬以后，加工企业无法直接从市场获得充足的玉米，而只能从种植者或者贸易商手中高价买入玉米备库，因此价格容易走强。

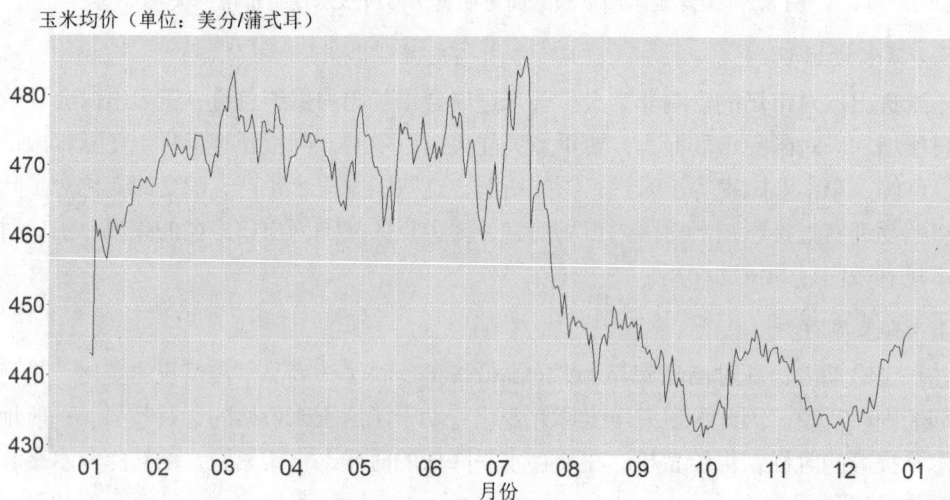

图8.3　2011—2020年芝加哥期货交易所玉米连续合约各月平均价格

（二）案例分析

我们可通过阅读一些新闻和相关的研报来学习市场上的商品期货分析师是如何分析玉米基本面的。

~~~ 案例阅读与分析 8.1 ~~~

玉米供给紧张

据彭博新闻社2017年6月26日报道（记者　牛树平）9月交割的大连商品交易所玉米期货合约收盘上涨1%，报1 692元/吨，是2017年3月28日以来活跃合约的最高结算价。光大分析师王娜表示，现

期货交易实务（附微课　第3版）

货市场对高质量的玉米供给紧张有很高的预期，同时政府也在减少每周的玉米临储拍卖。

中国国家粮油信息中心周一在电子邮件报告中称，由于美国玉米价格比国内价格便宜约200元/吨，市场对国有储备玉米质量的担忧可能引发更多的进口。

思考与讨论

1．市场分析师判断玉米供给紧张的线索有哪些？

2．这些线索将会如何影响玉米价格？

第二节　大　豆

大豆属一年生豆科草本植物，别名黄豆。我国是大豆的原产地，已有 4 700 多年种植大豆的历史。大豆在欧美各国种植的历史很短，大约在 19 世纪后期才从我国传过去。20 世纪30 年代，大豆种植已遍及世界各国。在 20 世纪 20 年代早期，A.E.Staley 制造公司开始压榨大豆，这项关键的创新导致了豆油和豆粕的出现，豆油用于烹饪，豆粕用于喂鸡和喂猪。豆粕由于富含蛋白质，是一种优良的饲料。本节将从大豆的背景知识出发，介绍大豆及相关合约的特征及市场上对于大豆基本面的分析方法。读者在学习本节内容后应当建立起观测大豆基本面的数据表。

> **微课堂**
> 大豆基础

一、大豆背景知识

（一）大豆种植

大豆是一年两季作物。北半球主产国为美国和中国，一般在 5 月开始大面积播种，9 月底开始陆续收割。南半球的巴西和阿根廷也为主要生产国，巴西一般在 10 月开始播种，1 月下旬早期开始陆续收割；而阿根廷则在 12 月开始播种，5 月全面收割。

> **项目**
> 查询十大大豆产量国

根据 2021 年联合国粮食及农业组织报告，2019 年全球大豆主要的产量国依次为巴西、美国、阿根廷、中国、印度等。可以预见的是，如果你计划交易大豆及相关期货，那么你肯定需要关注这些国家的相关情况。

（二）大豆的用途

1．食品用途

大豆是一种优质的植物蛋白资源，它的脂肪、蛋白质、碳水化合物、粗纤维的组成比例非常接近于肉类食品。大豆的蛋白质含量为 35%～45%，比禾谷类作物高六七倍；氨基酸组成平衡且合理，富含八种人体所必需的氨基酸。联合国粮食及农业组织极力主张发展大豆食品，以解决目前发展中国家蛋白质资源不足的问题。

2．油料用途

大豆是世界上最主要的植物油和蛋白饼粕的提供者。每吨大豆可以制出大约 0.2 吨的豆油和 0.8 吨的豆粕。用大豆制取的豆油，油质好、营养价值高，是一种主要食用植物油。作为大豆榨油的副产品，豆粕主要用于补充喂养家禽、猪、牛等，少部分用在酿造及医药工业上。

二、大豆及相关产品期货合约

1. 芝加哥期货交易所大豆合约

全球交易第一活跃的大豆期货合约在芝加哥期货交易所，其交易代码为 S。该合约的交割产品为"2 号黄大豆"，每一交易日的交易时间是美国中部时间 19:00 至次日 13:20，中间休盘时间是 7:15 至 9:30。合约单位是 5 000 蒲式耳/手，报价单位为"美分/蒲式耳"，最小变动价位（一个跳价）为 0.25 美分，因此一个跳价的合约价值是 12.5 美元（5 000×0.25×0.01）。合约月份为 1 月、3 月、5 月、7 月、8 月、9 月和 11 月。

2. 大连商品交易所大豆合约

大连商品交易所有两种大豆期货合约，分别为黄大豆 1 号合约和黄大豆 2 号合约。两者的主要区别是黄大豆 1 号合约的交割标的是非转基因大豆，而黄大豆 2 号合约的交割标的是转基因大豆和符合交割质量要求的非转基因大豆。

黄大豆 1 号合约在大连商品交易所的交易代码是 A。交割产品为符合大连商品交易所黄大豆 1 号交割质量标准（F/DCE A001—2018）的大豆，不允许交割转基因大豆，交割形式为实物交割。每一交易日的交易时间是北京时间 9:00 至 11:30、13:30 至 15:00 和 21:00 至 23:00。

项目

探索黄大豆 1 号合约和
黄大豆 2 号合约的区别

合约单位是 10 吨/手，报价单位是"元/吨"，最小变动价位为 1 元，因此一个跳价的合约价值是 10 元（10×1）。合约月份为 1 月、3 月、5 月、7 月、9 月和 11 月。

3. 豆油和豆粕合约

作为大豆的压榨产品，豆油和豆粕都是重要的大豆相关产品。全球主要的豆油和豆粕合约都可以在大连商品交易所和芝加哥期货交易所交易。

大豆和豆油、豆粕的关系可以通过公式 8.1 说明：

100%大豆=18.5%豆油+80%豆粕+1.5%损耗 　　　　　公式 8.1

从公式 8.1 中可以发现，豆粕是大豆的副产品，每吨大豆可以制出 0.185 吨的豆油和 0.8 吨的豆粕。豆粕的价格与大豆的价格有密切的关系，每年大豆的产量都会影响豆粕的价格，大豆丰收则豆粕价跌，大豆歉收则豆粕价涨。同时，豆油与豆粕之间也存在相互关联，豆油价好，豆粕价格就会下跌；豆油滞销，豆粕产量就将减少，豆粕价格将上涨。大豆压榨效益是决定豆粕供应量的重要因素之一，如果油脂厂的压榨效益一直低迷，那么，一些厂家会停产，豆粕的市场供应量就会相应地减少。

三、大豆基本面分析方法

（一）影响大豆价格的因素

1. 大豆的供应

（1）国际市场。全球大豆以南北半球分为两个收获期，南美（巴西、阿根廷）大豆的收获期是每年的 4—5 月，而地处北半球的美国、中国的大豆收获期是每年的 9—10 月。因此，每隔一段时间，大豆都有集中供应。美国是全球最大的大豆供应国，其生产量的变化对世界大豆市场会产生较大影响。

（2）国内市场。作为一种农产品，大豆的生产和供应具有很大的不确定性。首先，大豆种植、收获是季节性的。一般来说，在收获期，大豆的价格比较低。其次，大豆的种植面积也在变化，会对大豆的市场价格产生影响。此外，大豆的生长期在4个月左右，种植期内的气候因素、生长情况、收获进度都会影响大豆产量，进而影响大豆价格。

（3）进口量。我国是国际大豆市场上最大的进口国之一。因此，国际价格水平和进口量的大小直接影响我国大豆价格。

2. 大豆的需求

（1）国际市场。大豆主要进口国分别是欧盟各国、日本、中国、东南亚国家。欧盟各国、日本的大豆进口量相对稳定，而中国、东南亚国家的大豆进口量变化较大。1997年，亚洲发生金融危机，东南亚国家的大豆进口量锐减，导致国际市场大豆价格下跌。

（2）国内市场。大豆的食用消费相对稳定，对价格的影响较弱。大豆压榨后，豆油、豆粕产品的市场需求变化不定，影响因素较多。大豆的压榨需求变化较大，对价格的影响较大。

3. 相关商品价格的影响

作为食品，大豆的替代品有豌豆、绿豆、芸豆等；作为油籽，大豆的替代品有菜籽、棉籽、葵花籽、花生等。这些替代品的产量、价格及消费的变化对大豆价格也有间接影响。

大豆的价格与它的后续产品豆油、豆粕有直接的关系，这两种产品的需求量变化，将直接导致大豆价格的变化。

4. 大豆国际市场价格的影响

我国大豆的进出口量，在世界大豆贸易量中占有较大的比重，大豆国际市场价格与我国大豆价格之间互为影响。大连商品交易所大豆期货价格与芝加哥期货交易所大豆价格的趋势基本相同，同时各自还具有自身的独立性。从图8.4中可以发现，两者的30天移动相关系数长期保持在正数，但偶尔也会为负数。

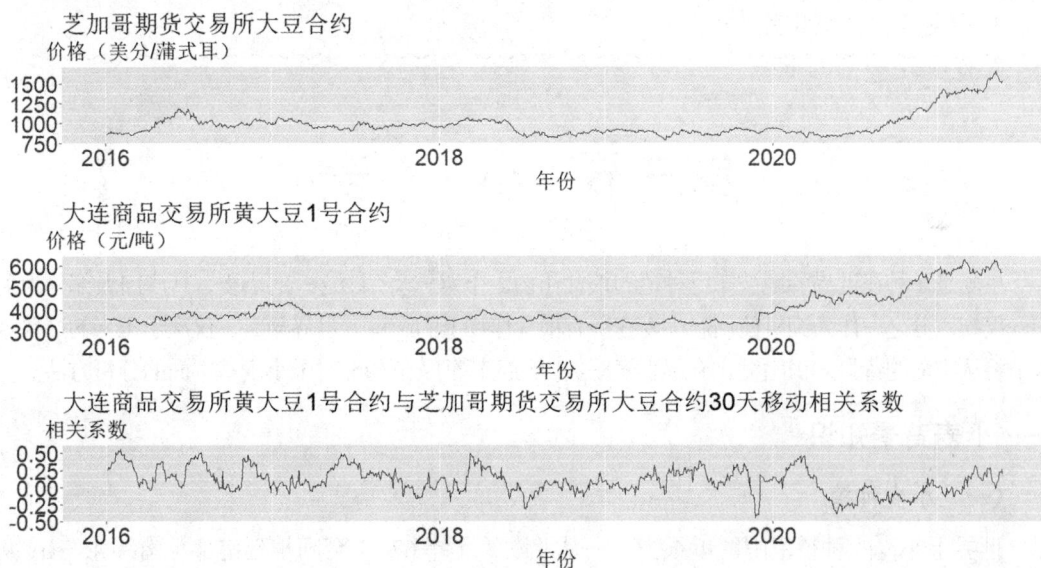

图8.4　大连商品交易所黄大豆1号合约与芝加哥期货交易所大豆合约30天移动相关系数

5. 到期期限与波动率

关于到期期限与波动率的关系，读者可以尝试把这个问题当作一个学习项目来解决，此处不再赘述。

（二）案例分析

由于大豆的主要生产国是美国，因此对大豆的基本面进行分析时通常需要关注美国的大豆产量、需求量、供给量，以及全球及美国的大豆储存量，其余一些重要的指标则是中国、阿根廷和印度的数据。下面来看一则大豆周度报告的小结。

案例阅读与分析 8.2

美国大豆产区情况

据中粮期货 2014 年 8 月 25 日大豆周度报告（分析师 李楠）本周芝加哥期货交易所大豆 11 月合约价格继续探底，但跌幅较前一周有所缩小，周度低点在 1 035 美分/蒲式耳，仍在测试美国大豆种植成本所带来的支撑；美国大豆产区良好的天气情况，以及较好的作物调研情况，都给予大豆期货价格一定的压力。但是，2014 年 7 月之后，美国大豆产区的温度和降雨一直处于低温少雨的状态，虽然没有形成干旱，但大豆的积温情况要差于前两个年度。虽然 ProFarmer 的调查显示，主要产区大豆出荚量高于过去三年的平均水平，但积温不够很有可能造成单粒大豆的重量差于前两个年度；换言之，美国新作大豆的单产可能不及预期那么乐观，这也使得美国大豆 11 月合约价格在进入 9 月之后，有可能运行出反弹的走势。因此，预计未来一周，美国大豆 11 月期货合约价格仍将以震荡整理的运行趋势为主。

思考与讨论

1. 分析师判断大豆期货价格走势的线索有哪些？
2. 这些线索或数据将会如何影响大豆期货价格的走势？
3. 你能找到这些数据吗？

第三节 小 麦

小麦是一种在世界各地被广泛种植的粮食作物，作为三大谷物之一的小麦，其产出大部分为食用，仅约六分之一作为饲料使用。小麦在所有粮食作物上的产量居世界第二，仅次于玉米的产量。本节将从小麦的背景知识出发，介绍小麦期货合约的特征及市场上对于小麦基本面的分析方法。

一、小麦背景知识

（一）小麦种植

世界上小麦的种植范围跨度很大——从北欧（北纬 67°）至阿根廷南部（南纬 45°）；纵深长——从我国吐鲁番盆地（低于海平面 150 米）到青藏高原（海拔 4 100 米），主要分布在海拔 3 000 米以下。小麦主产区在北半球的北纬 30°～60° 的温带地区和南半球的南纬 25°～

40°的地带。在全球谷物种植中，小麦种植面积约 34 亿亩，约占世界谷物总种植面积的 32%。

从各大洲的分布看，小麦种植相对集中，主要在亚洲，面积约占世界小麦种植面积的 44.12%，其次是欧洲，占 34.75%，美洲占 15.26%，非洲、大洋洲共占 5.87% 左右。

从国家上看，中国、印度、俄罗斯和美国是小麦的主要产量国。因此，研究小麦的供给基本面时，需要对这些国家的小麦产量重点关注。2019 年全球十大小麦产量国如图 8.5 所示。

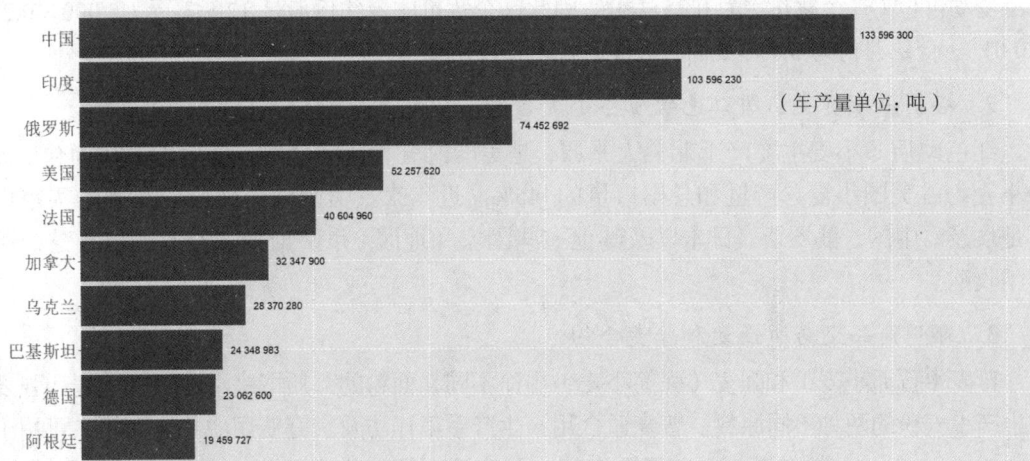

国家	年产量（吨）
中国	133 596 300
印度	103 596 230
俄罗斯	74 452 692
美国	52 257 620
法国	40 604 960
加拿大	32 347 900
乌克兰	28 370 280
巴基斯坦	24 348 983
德国	23 062 600
阿根廷	19 459 727

（年产量单位：吨）

图 8.5 2019 年全球十大小麦产量国（数据来源：联合国粮农组织）

（二）小麦的用途

小麦作为人类的主食之一，仅有少量用来生产淀粉、酒精、面筋等，其加工后的副产品均可作为牲畜的优质饲料。小麦磨成面粉后可用于制作面包、馒头、饼干、蛋糕等食物，发酵后可制作啤酒、酒精等。

一般而言，小麦消费总量可简单划分为饲料用、食用、种用和工业用。用作饲料的小麦一般是等级最低的小麦，这类小麦蛋白质含量和出粉率均较低，不适合食用。与被称为"饲料之王"的玉米相比，小麦作为饲料原料没有优势。小麦中的多糖类物质动物不易消化，容易导致畜禽腹泻，一般不能单独使用，需添加少量酶。但随着技术发展，这一问题已得到解决。20 世纪 60 年代后期，第一次"绿色革命"带来的小麦单产快速提高，大大提高了世界小麦产量。在满足世界小麦制粉消费的同时，更多小麦可以用作饲料原料。相应地，饲料用消费量在世界小麦消费总量中的比重从 1963—1964 年度的最低约 10% 提高到了 1970—1971 年度最高点约 24%。此后 20 年，饲料用消费量在世界小麦消费总量中的比重一直保持在 20% 左右。自 20 世纪 90 年代初起，该比重略有降低，基本保持在 17% 左右的水平。近两年，随着玉米价格攀升，小麦饲用比例也在不断上升。

二、小麦期货合约

1. 芝加哥期货交易所小麦合约

全球交易最活跃的小麦期货在芝加哥期货交易所，其交易代

⚖️ **项目**

查询十大小麦产量国

[二维码]

探索小麦进出口数据

[二维码]

码为 W。其合约的交割产品为 2 号红色软质冬小麦、2 号红色硬质冬小麦、2 号黑色北方春小麦以及 2 号平价北方春小麦（合约价），替代品为上述品种的 1 号麦（如 2 号红色软质冬小麦的替代品是 1 号红色软质冬小麦，2 号红色硬质冬小麦的替代品是 1 号红色硬质冬小麦），单价要比合约价格每蒲式耳高 3 美分。每一交易日的交易时间是美国中部时间 19:00 至次日 13:20，中间休盘时间是 7:15 至 9:30。合约单位是 5 000 蒲式耳/手，报价单位为"美分/蒲式耳"，最小变动价位（一个跳价）为 0.25 美分，因此一个跳价的合约价值是 12.5 美元（5 000×0.25×0.01）。合约月份为 3 月、5 月、7 月、9 月和 12 月。

2. 堪萨斯期货交易所红色硬质冬小麦合约

红色硬质冬小麦主要产于北美大平原，是美国的五种小麦之一，可用于制作面包。该种小麦约占美国小麦总产量和总出口量的 45%。近年来，美国红色硬质冬小麦的买家主要是埃及、中国、俄罗斯、日本以及其他一些国家和地区。堪萨斯期货交易所已被芝商所集团收购。

3. 郑州商品交易所强麦和普麦合约

普麦（普通小麦）和强麦（强筋小麦）用途不同，面粉的品质取决于原料，普麦和强麦是生产小麦粉的两种不同原料。普麦适合用来生产手工作坊及家庭使用的普通面粉，可用于制作馒头、普通面食等；强麦适合用来生产工业化食品（如饺子、拉面、面包等）使用的专用面粉。由于企业有较强的套期保值需求，所以，强麦期货合约的持仓量和交易量要远远高于普麦期货合约的持仓量和交易量。

项目

探索强麦和普麦的区别

三、小麦基本面分析方法

（一）影响小麦价格的因素

由于小麦主要为食用，其需求总量基本稳定，需求因素对小麦价格的影响是缓慢的，因此，造成小麦价格波动的主要因素来源于供给端。

1. 天气

天气对小麦价格的影响非常大。小麦在种植期和生长期需要适宜的生长环境。如果出现异常天气将对小麦的产量和质量造成不利影响，由此对小麦价格产生重大影响，并经常形成小麦交易中的"天气市"。

相对于普通小麦来说，强筋小麦品质受气候影响更大。优质强筋小麦的品质在不同区域和年度间的差异主要是由气候条件不同引起的，从而影响其达标产量。直接影响优质强麦品质的气候因素主要是温度、光照和湿度。一般来说，在强麦生长后期，在日均温度 30 摄氏度以下时，温度越高，品质越好，但超过 30 摄氏度以后反而会影响其品质。干热风会降低籽粒容重、产量和湿面筋含量。降水量过大会影响氮素的供应，而氮素又会影响湿面筋的含量。在强麦生长后期，干旱会导致其产量下降但品质会有所改善。在小麦成熟后期，高温可以使优质强筋小麦延伸性明显降低。

2. 播种面积和单产

小麦播种面积是产量的基础决定因素。可以说，播种面积和播种生长期的天气直接决定了强麦的产量和质量，成为期货价格炒作的重要题材。单产的高低也会影响产量，从而影响供应，进而对小麦价格产生影响。

3. 政策

小麦问题关系国计民生，政府经常对小麦出台宏观调控政策，以稳定粮食生产，保障粮食供给，防止通货膨胀。我国自 2006 年开始实行的小麦最低收购价收购和拍卖政策对稳定小麦价格起到了很大作用。此外，进出口及税收政策也是影响小麦价格的重要因素。

项目

查询小麦进出口大国

相对于普通小麦而言，强筋小麦是市场化程度较高的品种，受政策干预较小，是较好的期货品种。如自 2006 年开始，我国施行的托市收购政策针对的是普通小麦、白麦、红麦等，而非优质强筋小麦。不过强麦虽不直接受国家宏观调控政策的影响，但作为小麦中的一个品种，相关政策对强麦期货价格也有很大影响。

4. 国际市场联动

一般情况下，我国小麦基本供求平衡，其价格主要由国内因素决定。但随着国际一体化进程的加快，世界上主要小麦期货市场价格的相互影响也在日益增加。郑州商品交易所小麦期货价格定期由路透社发布，现已纳入世界小麦报价体系，因此，世界小麦产量及库存对我国小麦价格的影响不可忽视。我国国内市场与国际市场小麦价格波动逐步显现为联动振荡趋势。

郑州商品交易所强麦期货标的为符合规定的优质强筋小麦，其内在品质好，与进口小麦品质接近，在相当程度上已能替代进口小麦。相对于硬冬白小麦及普通小麦来说，强筋小麦价格更易受到进口小麦的影响，与国际小麦价格联动性更强。

有时，国际市场的联动并非因为期货合约，也有可能是由于小麦贸易出现了变化，例如小麦的进出口出现了较大的变化，导致了局部地区的供需失衡等。读者可以通过查询小麦进出口大国数据了解小麦国际贸易情况。

5. 季节性

小麦价格表现出明显的季节性波动规律。在我国，一般来说，每年冬麦上市后的 7 月为小麦的供应旺季，价格最低；从 9 月开始，小麦消费进入旺季，现货价格稳步上升；春节前后，小麦消费进入高峰期，小麦价格也达到年内高点；春节过后价格逐步回落，在 4 月、5 月青黄不接时，价格会略有反弹，随后一直回落到 6 月、7 月的低价区，如此循环往复。当然，受其他因素影响，这一规律也会有所变化，例如近年的最低收购价小麦收购与拍卖等政府调控政策，对小麦价格走势有较大影响，普麦价格一般从 6 月收购期开始上涨一直到收购结束，然后通常在拍卖期（当年 10 月到次年 5 月）出现震荡调整或下跌走势。

（二）案例分析

对小麦的分析同对其他农产品的分析类似，主要是需要及时掌握小麦的产量以及储量。产量代表了供给，而储量代表了需求，不是所有国家都会统计农产品需求量的，大多数国家只统计农产品的储量。因而农产品的期初储量加上当期产量再扣除期末储量则可在一定程度上代表消费量。同时影响地区小麦供给的另一个因素是进出口数据。

案例阅读与分析 8.3

小麦期货价格大涨，农产品危机先兆

据南洋财经网 2017 年 7 月 3 日报道　明尼安娜波利斯谷物交易所（MGEX）红色硬质春麦期货价格上涨，是推动国际小麦价格走高的重要因素。虽然当前小麦库存仍然充足，但美国春小麦的种植正遭受严重旱情的影响，面粉加工商需要的是硬红春麦这类优质小麦，这导致明尼安娜波利斯谷物交易所红色硬质春麦价格大涨。今年 5 月以来，美国北部大平原遭受了极端干旱天气，本地春小麦主产区的状况可能是 1988 年以来最糟糕的。美国干旱监测上周报显示，头号春小麦产区北达科他州约 25% 的地区极端干旱，高于一周前的 8%，南达科他州和北达科他州几乎 90% 的地区都处于干旱状态，几十个城镇旱情"严重"或"极端"。受旱情影响，美国农业部上周称，上述两个州超过一半的春小麦被评级为"一般"或"很差"。

此外，全球两个主要的小麦出口大国——美国和加拿大 2017 年小麦种植面积不及预期，这也推动了国际小麦价格走高。上周五，美国农业部公布的数据显示，美国 2017 年春小麦种植面积预计为 1 089.9 万英亩，低于市场预估的 1 123.4 万英亩。美国 2017 年所有小麦种植面积预估为 4 565.7 万英亩，低于此前市场预估的 4 604.5 万英亩。加拿大统计局预计 2017 年加拿大所有小麦播种面积为 2 240 万英亩，低于上年的 2 320 万英亩，也低于分析师预测的 2 270 万英亩。春小麦播种面积预计为 1 580 万英亩，低于 2017 年 4 月预测的 1 670 万英亩。

思考与讨论

1. 在上面的案例中，分析师的分析逻辑是什么？
2. 案例中提到的美国农业部及加拿大统计局公布的数据，你是否可以找到数据来源？

本章小结

在全球三大谷物中，玉米的总产量和平均单产均居首位。其中美国、中国和巴西是最大的玉米生产国。全球活跃的玉米合约包括芝加哥期货交易所的玉米期货合约和大连商品交易所的玉米期货合约。分析师通常关注玉米的产量、消费量、进出口量、库存、成本和收益、利率、经济周期，以及季节性等。

大豆的主产国包括美国、巴西、阿根廷和中国等。全球活跃的大豆合约包括芝加哥期货交易所的大豆合约和大连商品交易所的黄大豆 1 号合约和黄大豆 2 号合约。其他与大豆相关的合约还有豆油和豆粕合约，这些合约也都可以在芝加哥期货交易所和大连商品交易所交易。分析师通常关注大豆的供给、进出口、消费，与豆油、豆粕合约的关系，农业政策，贸易政策，食品政策等。

小麦也是三大谷物之一，其大部分为食用。中国、印度、俄罗斯和美国是小麦主要生产国。全球交易活跃的小麦合约有芝加哥期货交易所的小麦合约、堪萨斯期货交易所的红色硬质冬小麦合约和郑州商品交易所的强麦和普麦合约。分析师通常关注小麦产区的天气、播种面积和单产情况，以预估小麦的产量。

综合练习

一、名词解释

强筋小麦　单产

二、单选题

1.（　　）不属于全球三大谷物。

A．小麦　　　　　　B．玉米　　　　　　C．大豆　　　　　　D．稻谷

2．以下四个国家中，（　　）的玉米产量最少。

A．南非　　　　　　B．巴西　　　　　　C．阿根廷　　　　　D．中国

3．（　　）不提供玉米期货合约交易。

A．芝加哥期货交易所　　　　　　B．东京国际金融期货交易所

C．大连商品交易所　　　　　　　D．JSE 股票衍生品市场

4．以下四个国家中，（　　）的小麦产量最少。

A．澳大利亚　　　　B．中国　　　　　　C．印度　　　　　　D．俄罗斯

5．以下四个事项中，（　　）对小麦期货的价格影响最小。

A．美国小麦出口增加　　　　　　B．中国小麦消费量增加

C．乌克兰减产　　　　　　　　　D．埃及大选

三、多选题

1.（　　）属于全球三大谷物。

A．大豆　　　　　　B．小麦　　　　　　C．玉米　　　　　　D．稻谷

2．以下选项中，属于玉米用途的是（　　）。

A．食用　　　　　　B．榨油　　　　　　C．饲用　　　　　　D．工业加工

3．（　　）属于和大豆相关的合约。

A．豆油合约　　　　B．豆粕合约　　　　C．燕麦合约　　　　D．大米合约

4．（　　）交易小麦相关的合约。

A．芝加哥期货交易所　　　　　　B．堪萨斯期货交易所

C．郑州商品交易所　　　　　　　D．大连商品交易所

四、判断题

1．玉米是三大谷物中产量最高的农作物。　　　　　　　　　　　（　　）

2．在分析农产品的基本面时，供给和需求是同等重要的。　　　　（　　）

3．大连商品交易所的黄大豆 1 号合约的交割大豆为转基因大豆。　（　　）

4．郑州商品交易所的强麦合约的标的物适合生产手工作坊及家庭使用的面粉。（　　）

五、简答题

1．全球玉米产量最高的五个国家是哪些？

2．阅读一份关于大豆的期货研究报告，列出该分析报告中所引用的数据。

第九章 工业金属

【学习目标】

1. 了解铜、铝和钢铁等工业金属类商品的基本用途及其产业链;
2. 熟悉全球市场上主要的工业金属类合约及其基本面信息;
3. 具备根据新闻及数据判断工业金属类合约长期走势的能力。

在互联网和移动技术时代,工业金属市场似乎显得有些过时。而非常有趣的是,19世纪的工业革命与今天的科技繁荣很相似。当时高效地生产钢铁和其他金属是美国及欧洲国家经济快速增长的关键原因。

在20世纪,金属产业依然是一个蓬勃发展的市场,金属产业的最大贡献者就是汽车产业,其次是第二次世界大战之后的美国房地产大繁荣。很少有产业能够持续发展3个世纪,而金属产业正是一个例外。中国、印度和其他新兴经济体经济的快速发展造就了对金属的高需求,并且这种趋势可能还要持续几十年,因而将创造出大好的投资机会。

然而,工业金属依然极其容易受到经济变化的影响。当全球经济在2008—2009年陷入衰退时,许多工业金属的价格都出现了暴跌,工业金属行业公司的股票价格也是如此。所以投资者要清楚工业金属市场的动荡和风险。

第一节　铜

铜是第一种被发现的工业金属。作为一种重要的金属开采时代的象征,铜成为史前青铜器时代的基础,并且在古埃及文明和古罗马文明中也扮演着重要的角色。铜具有耐久性和可延展性,同时也是电的良导体,是19世纪电气革命的关键材料。本节将从铜的产业链出发,介绍铜期货合约的特征及市场上对于铜基本面的分析方法。读者在学习本节内容后应当建立起观测铜基本面的数据表。

一、铜产业链

铜产业链如图9.1所示。

铜产业链一般可以分为上游铜矿采选、中游铜冶炼、下游深加工和终端应用四个层次。

筛选后的原铜矿石称为铜精矿，经过两次冶炼成为粗铜（含铜量约为 98.5%），此后，通过精炼的过程，可以除去大部分的氧和杂质，这一步骤的产成品是阴极铜盘条（阴极铜），又被称为"精炼铜"（精铜）、电解铜。当然，铜冶炼的过程中，

图 9.1　铜产业链

还会附带产出少量的金和银。之后，阴极铜会被销往铜加工厂进行深度加工，生产诸如铜管、铜棒、铜带、铜基合金等制品。最终，这些制品将被用于各个终端行业，例如电力行业使用的变压器、电缆、开关等控制设备，建筑行业使用的管道和配件装饰，电子通信业使用的电路板和印刷设备，家电业生产的空调，交通运输业使用的汽车、船舶等。

可以看到，铜的终端应用非常广泛，涉及几乎所有的行业。因此，铜经常被戏称为"铜博士"，这是因为铜被认为是一种"获得"了"经济学博士学位"的金属，是衡量经济状况的一个重要指标。在 2008 年年末，铜的需求下降了 4%，尽管这看起来不是很明显，但却是一个大事件。对于机智的投资者来说，铜的需求下降是一个洞见未来的信号：全球经济正在陷入衰退。图 9.2 显示的是 COMEX 的铜库存数与中美实际国内生产总值增长率的关系，铜库存数从某种程度上反映了市场对铜的需求，如果库存增加则表明市场对铜的需求疲软，反之则代表需求强劲。我们可以看到两者呈相反的变动关系，特别是 2020 年（图 9.2 阴影部分），受新冠肺炎疫情的影响，铜库存出现了上升，而与此同时，两国的国内生产总值增长率都出现了下滑。

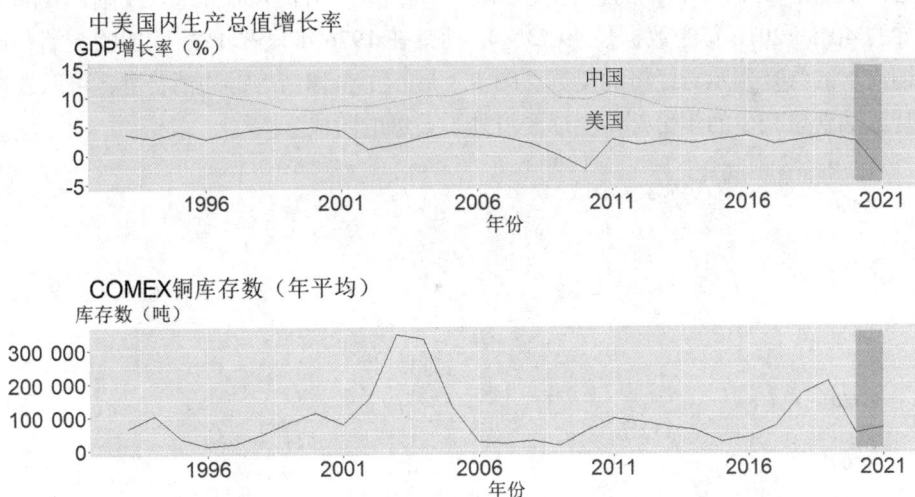

图 9.2　COMEX 铜库存数与中美国内生产总值增长率的关系

二、铜期货合约

1. COMEX 的铜合约

COMEX 的铜合约是全球交易量和持仓量排第二的铜合约，其交易代码为 HG。该合约的交割产品为 1 级电解铜（精铜），每一交易日的交易时间是美国东部时间 18:00 至次日 17:00。合约单位是 25 000 磅/手，报价单位为"美元/磅"，最小变动价位（一个跳价）为 0.05 美分。因此，一手合约一个跳价的价值是 12.5 美元（25 000×0.05×0.01）。合约月份为当前日历月

随后的 23 个连续日历月以及自当月起 60 个月期间内的 3 月、5 月、7 月、9 月及 12 月。

2. 上海期货交易所铜合约

上海期货交易所的铜合约是全球交易量和持仓量均排第一的铜合约，其交易代码为 CU。该合约的交割产品为符合 GB/T467—2010 中 1 号标准的阴极铜（Cu-CATH-2），其中铜与银的总含量不低于 99.95%。

上海期货交易所铜合约的交易时间为 9:00 至 11:30、13:30 至 15:00 和 21:00 至次日 1:00。合约单位是 5 吨/手，报价单位为"元/吨"，最小变动价位（一个跳价）为 10 元，因此一手合约一个跳价的价值是 50 元（5×10）。合约月份为连续 12 个日历月。

三、铜基本面分析方法

（一）影响铜价格的因素

1. 铜的供给和储备

根据美国地质勘探局的研究，世界的铜储量很大，大约为 7.2 亿吨，该储量能够满足 30 年左右的需求。铜矿主要集中在智利。

2020 年，世界上铜矿石的年产量为 2 000 万吨。从实际产量来看，铜是第三大金属市场。世界最大的铜矿产国是智利，其产量占世界铜矿石产量的 28.5%。

2. 铜的需求

金融危机后的 2010 年，铜的总需求上涨了 9%，这一增长大部分来自我国，我国的铜需求占世界的 40%（2016 年的数据是 49.73%），而其在 1976 年只占 4%。欧盟的铜消费量排在第二。铜需求的恢复预示着经济的复苏。图 9.3 展示了全球精炼铜的消费量，可以发现其增速放缓甚至消费量减少的年份都是全球经济处于萎靡的阶段。

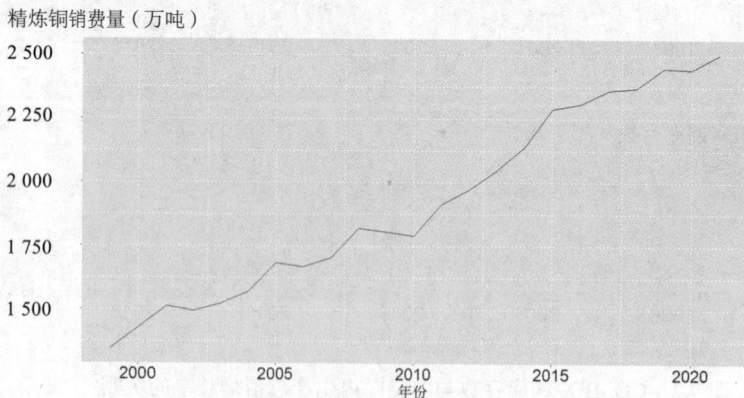

图 9.3　全球精炼铜消费量

3. 影响铜供给的几点因素

尽管铜的供给充足，但还是有诸多因素会影响铜的开采，其中包括勘探成本、政治环境、劳工和环境问题、铜矿矿龄和废铜等。

（1）勘探成本。找到新的铜矿极为困难，人们通常要因此勘探偏远的地区和使用高端技术。考虑到 2010 年以后铜价处于较高的位置，获得铜矿产权的成本也有所加大。

（2）政治环境。多数新的铜资源分布在非洲和拉丁美洲，而在这些地方很难建立新的开采项目。非洲的津巴布韦和刚果共和国的铜矿石供给占非洲铜矿石供给的 85%，但是这两个国家的政局都长期动荡不安。

（3）劳工和环境问题。世界最大的铜矿产国智利有一些自身的问题，如劳工问题、能源和水短缺等问题。2010 年的智利地震对铜供给产生了巨大的影响。

（4）铜矿矿龄。铜矿矿龄也会影响铜的供给。智利前十大铜矿中的 5 个铜矿的矿龄均超过了 50 年，这些铜矿的开采成本更高、问题更多、开采的铜品级更低。

（5）废铜。还有一个影响铜供给的主要问题是废铜短缺。多年以来，废铜一直是铜供给的主要补充部分，但是获得废铜越来越困难，原因在于有些国家的废铜难以回收利用。

（二）案例分析

我们可通过阅读一些新闻和相关的研报来了解市场上的商品期货分析师是如何分析铜的基本面的。

案例阅读与分析 9.1

2014 年的铜市场

据彭博新闻社 2014 年 8 月 21 日报道（记者 Luzi Ann Javier）渣打集团预计，铜价将反弹 8.4%，因为在供应出现收紧迹象的同时，对这种金属的需求却开始回升。根据世界金属统计局的数据，全球最大铜消费国——中国的 12 个月平均铜需求量上升至创纪录高点，而美国的铜消费量也达到 2009 年以来的最高水平，如图 9.4 所示。全球铜库存今年下降几乎 50%，降至接近 2008 年以来的最低水平。

根据国际铜研究组织的调查，受家电需求推动，2014 年中国的铜线材产量将从 2013 年的 600 万吨增加至 630 万吨。在美国，7 月住宅开工数升至 8 个月高点。渣打分析师 Nicholas Snowdon 表示，2015 年第四季度，伦敦市场铜价平均水平将达到每吨 7 600 美元，高于昨天的每吨 7 010 美元。Snowdon 在电话采访中表示："需求形势实际上非常强劲，这就是市场保持吃紧的原因，也是我们没有看到伦敦金属期货交易所库存增加的原因。在美国市场，住房是线材需求的关键推动因素。"

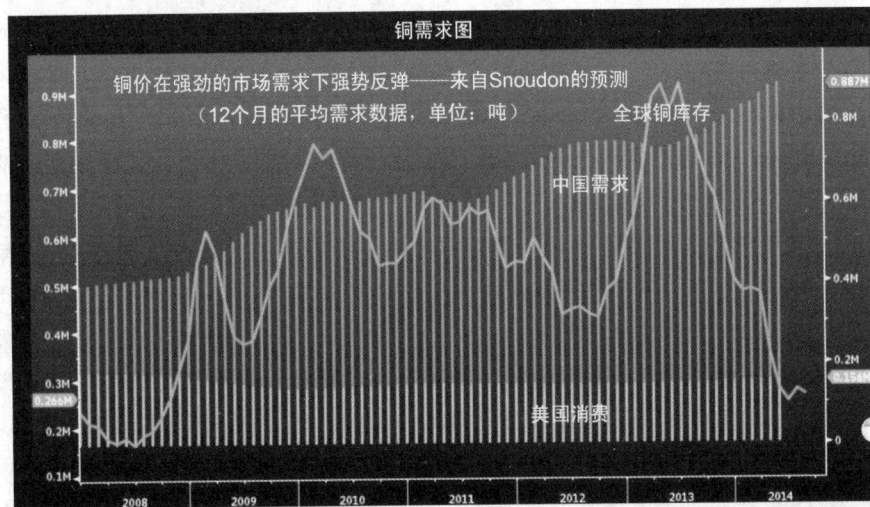

图 9.4　英国伦敦金属期货交易所铜价、美国铜消费量和中国铜需求（数据来源：彭博咨询）

分析与点评

本案例显示，渣打集团的分析师根据目前全球铜库存量降至接近 2008 年以来的最低值，以及全球最大经济体美国的铜消费量达到 2009 年以来的新高和全球最大铜消费国中国的 12 个月平均铜需求量创新高三个基本面数据，得出了铜价上涨的结论。从基本面上看，这个结论的逻辑并不复杂。因此，从基本面着手分析，需要经常观察数据的更新情况。

下面这则案例，讲述的是铜期货市场上一则轰动全球的风险事件。

案例阅读与分析 9.2

日本住友商事舞弊案

日本住友商事
舞弊案（视频）

日本住友财团是日本最古老的企业集团之一，拥有 400 多年历史，早在 16 世纪，住友家族因在四国岛上开创并经营一座铜矿而日益发展壮大。如今的住友财团是日本集金融、贸易、冶金、机械、石油、化工、食品和纺织为一体的一家超大型集团，住友商事是住友财团的核心企业，主要从事国际间金属、机械、石油、化工、食品及纺织等领域的贸易活动，是日本四大贸易商之一。住友商事有着几百年做铜生意的经验，很早就参与了伦敦金属交易所的金属交易，在伦敦金属交易所的期铜交易上有很大影响力。

事件的主角滨中泰男于 1970 年进入住友商事，1975 年开始涉足铜的交易，1987 年在住友商事有色金属交易部中担任铜交易团队的负责人，负责住友集团在现货市场和期货市场上的交易。20 世纪 80 年代末和 90 年代初，作为住友商事首席铜交易员的滨中泰男曾控制着伦敦金属交易所铜交易量的 5%，在圈内被称为"百分之五先生""铜先生"。这个绰号不仅反映了住友商事的买卖决策对国际铜市场所能造成的重大影响，也突显了滨中泰男在国际铜市场上的地位。20 年来在期货市场博弈中取得的经验，再加上住友商事的实力和其在铜市场中的影响力，使得滨中泰男雄心勃勃，试图以操纵市场来获取暴利。从 1991 年开始，滨中泰男在伦敦金属交易所就有伪造交易记录、操纵市场价格的迹象，曾数次收到交易所的警告，但都没有及时地处理。

引发巨亏事件的交易是滨中泰男在期铜交易中所持有的多头头寸。然而，滨中泰男的交易并不局限于在场内进行，从 1993 年年底至 1994 年 6 月 15 日，他还越过住友商事授予的权限私自与美国一家公司签订了 6 份合同。根据这些合同，滨中泰男必须在 1994 年每月从该公司购买约 1 万吨铜，在 1995 年和 1996 年每月从该公司购买 3 万吨铜，这些合约涉及的铜交易总数约达 120 万吨。

1995 年，随着铜产量的大幅增加，国际铜价格一路下跌。1995 年 1 月 20 日国际铜价格还高达 3 075 美元/吨，到 1996 年年初却跌至 2 600 美元/吨以下。铜价的连续下挫开始吞噬滨中泰男在期铜上的多头头寸原有的赢利。然而，面对逆市他不但没有减少期铜的头寸，反而试图利用住友商事的雄厚财力操纵市场，拉高现货价格从而带动期货价格，对空头形成挤压，希望逼迫空头止损离场来达到自己全身而退的目的。从 1995 年夏天开始一直到 1996 年春天，滨中泰男试图控制伦敦金属交易所的全部现货铜，以此造成铜的供应紧缺，从而拉高期铜价格。在 1995 年下半年，他多次买进或控制了伦敦金属交易所的所有库存铜，使得伦敦铜期货市场处于现货升水的状态，远期价格大大低于近期价格，以此遏制市场的远期抛盘，来为自己获取巨大利润。同时，滨中泰男继续投入大量期货多头头寸，导致期铜各月合约之间价差出现不正常状态。

凭借住友商事的实力，滨中泰男确实在一定时期内操纵了期铜的价格，有效地降低了亏损。但是这么做却要冒更大的风险，因为恶性操纵市场是违法的。1995 年 10 月，期铜各月合约之间价差的不合理引起了英、美两国证券期货监管部门的共同关注，其对每个客户在各个合约上所持有的头寸及交易所仓库的所有权进行了详细的调查，从而使得滨中泰男企图操纵市场的行为逐渐暴露。随后，伦敦金属期货交易所专门成立了一个由行业著名律师和资深监管人员组成的特别委员会来处理此案。

滨中泰男未经授权参与期铜交易的丑闻很快被揭露，这诱发了大量恐慌性抛盘，使得本来价格下跌的铜市雪上加霜，铜价在几周内下挫大约 25%。1996 年 6 月 24 日，住友商事宣布巨额亏损 19 亿美元并解雇滨中泰男。自 1996 年 5 月 31 日起的 34 个交易日，伦敦交易所铜的价格由 2 712 美元跌到 1 740 美元，住友商事亏损 26 亿美元。但由于滨中泰男的许多多头头寸此时尚未平仓，住友商事在此后因恐慌抛盘导致亏损进一步扩大到 40 亿美元。此外，丑闻披露后，住友商事卷入了一系列的诉讼案中，最终于 1998 年赔偿了美国和英国政府机构 2.5 亿美元，解除了对其操纵铜价的指控。受该事件影响，期铜指数进一步下跌。受住友事件影响倒闭的公司不计其数。滨中泰男造成的损失超过了历史上包括巴林银行在内的所有衍生品交易事件，而他自己也因伪造交易记录、操纵市场价格等罪行被判入狱 8 年，成为当时史上受罚最重的交易员。

思考与讨论

1．从公司的角度讨论公司内部监督体制和风控体系存在哪些问题。

2．从交易所的角度讨论外部监管存在哪些问题。

3．试想一下，如果滨中泰男对规则和制度有敬畏感，该起事件还会发生吗？

第二节　铝

铝是一种银白色的轻金属，具有较好的延展性。铝元素是地壳中含量最丰富的金属元素。铝在航空、建筑和汽车这三大工业中应用非常广泛。本节将从铝的产业链出发，介绍铝合约的特征及市场上对于铝基本面的分析方法。读者在学习本节内容后应当建立起观测铝基本面的数据表。

一、铝产业链

铝产业链如图 9.5 所示。

铝的产业链和铜的产业链类似，分为：上游采矿；中游生产氧化铝和电解铝，其中电解铝的成本主要是氧化铝的价格和电力价格；下游是对氧化铝或电解铝进行深加工，

图 9.5　铝产业链

制成铸造铝合金、变形铝合金（轧制材、挤压材、电线电缆等）铝铸件等；最后是终端应用，

例如用于建筑行业的各式建筑型材、建筑装饰铝板、幕墙等，交通运输行业的汽车、飞机、火车、地铁等，还有用于各行各业的包装，电力行业的电线、电缆等。

由此可见，铝的应用也是非常广泛的，铝的需求和经济状况的联系同样也很紧密。

二、铝期货合约

1. 伦敦金属期货交易所的原铝合约

伦敦金属期货交易所的原铝合约是全球持仓量排名第二的铝合约，是全球铝期货的标杆产品，也是最老牌的铝合约，其交易代码为 LA。该合约的交割产品为纯度不低于 99.7%、铁含量不超过 0.2%、硅含量不超过 0.1%、杂质含量不超过 P1020A 标准的原铝，每一交易日的交易时间是伦敦时间 20:00 至次日 19:45。合约单位是 25 吨/手，报价单位为"美元/吨"，最小变动价位（一个跳价）为 0.25 美元，因此一手合约一个跳价的价值是 6.25 美元（25×0.25）。

2. 上海期货交易所的铝合约

上海期货交易所的铝合约是全球交易量和持仓量均排名第一的铝合约，其交易代码为 AL。该合约的交割产品为符合国标 GB/T1196—2017AL99.70 规定的铝锭，其中铝含量不低于 99.7%，也可使用伦敦金属期货交易所的 P1020A 标准的原铝或符合国标 GB/T1196—2017AL99.80、AL99.85 规定的铝锭作为交割替代品。该合约的交易时间为 9:00 至 11:30、13:30 至 15:00 和 21:00 至次日 1:00。合约单位是 5 吨/手，报价单位是"元/吨"，最小变动价位（一个跳价）为 5 元，因此，一手合约一个跳价的价值是 25 元（5×5）。合约月份为连续 12 个日历月。

三、铝基本面分析方法

（一）影响铝价格的因素

1. 铝的供给和储备

铝矿石其实是 270 多种矿物质的混合体，其主要的来源是铝土。铝的密度低，抗腐蚀性强，同时也是电的良导体。

世界铝产量从 1956 年开始超过铜产量，一直居有色金属产量之首。当前铝的产量和用量仅次于钢铁，成为人类应用的第二大金属。

2020 年，从铝土储量来看，非洲的几内亚最高，占到全球将近 1/4，其次是澳大利亚、越南和巴西。从原铝产量来看，国际铝业协会公布的 2020 年原铝数据显示，全球原铝产量为 6 529 万吨，其中我国产量就占到 57%。

2. 铝的需求

铝是当前用途十分广泛的、最经济实用的材料之一，被广泛用于建筑、交通和航天行业中。我国是全球最大的铝需求国，我国对铝的需求直接决定了全球铝的需求。因此，从需求端来看，我国的经济状况是特别需要关注的一个因素。

（二）案例分析

我们可以通过阅读一些新闻和相关的研报来了解市场上的商品期货分析师是如何分析铝的基本面的。

中国的铝产量

据彭博新闻社 2014 年 5 月 15 日报道（记者　Agnieszka Troszkiewicz）中国的铝业企业正在把更多的铝制成可生产易拉罐和香烟盒内铝箔的形状，因此，尽管美铝和俄铝等厂家削减产能，全球铝供应还是或将连续第 8 年出现过剩。摩根士丹利预测，中国今年铝供应将过剩 250 万吨，超过其他国家自 2013 年以来累计削减的 200 万吨产量。

尽管中国的多余铝产量大多数将留在国内，但其出口却在增加。据彭博调查 10 位分析师的预测中值，今年全球供应将过剩 16 万吨。中国的铝业企业有动机来提高供应。如果把铝制成常见的 25 千克（55 磅）一块的铝锭，加上关税，出口商就没法赢利。因此，更多的铝被制成了能获得政府退税的铝薄板、铝带和铝厚板。2014 年 4 月，中国铝产量同比增长 25%，3 月的出口量达到 2011 年创纪录以来的最高水平。

"今年半成品铝将继续增长，尤其是产能。"AZ China Ltd.，驻北京的董事总经理 Paul Adkins 说，"企业在寻找出口机会。"今年伦敦金属期货交易所的铝价几无变动，报每吨 1 799.25 美元。4 月 11 日达到 5 个月高点后一度下挫 7.7%。

分析与点评

基本面的分析通常还是从供应和需求出发的，在需求不变的情况下，供应的变化则显得尤为重要。因此，整个市场都会把目光聚焦在产量最大的几个国家上。我们用基本面分析前需要先了解商品的产量特征等情况，及时关注这些数据的变化对于提前洞悉行业的变化非常重要。

在本案例中，我国铝行业的供应数据和世界其他各国的铝产量削减数据是估计全球铝产量的重要依据，其次政策上的变化也对供应产生了比较大的影响，退税政策使得半成品铝的产能高于原铝。

伦敦金属期货交易所铝价盘中一度飙升，据称中国最大铝企可能减产 60 万吨

据彭博新闻社 2017 年 7 月 14 日报道（记者　Mark Burton）铝价格创下八个月内最大涨幅，此前中国最大的铝生产商中国宏桥集团表示将加大减产力度。美国铝业公司和世纪铝业公司股价反弹。

伦敦金属期货交易所铝价一度上涨 2.9% 至 1 943 美元/吨，创下 2016 年 10 月 25 日以来最大的盘中涨幅，铝价后来涨幅有所收窄，因为宏桥集团表示新增铝产能将弥补退出的落后产能。今年迄今铝价已上涨了 14%。

花旗分析师此前在给客户的电邮中引用 Mymetal 的报告称，在中国政府的调控措施下，中国宏桥集团将削减年产能 60 万吨。花旗分析师 Jack Shang 和 Ada Gao 在报告中表示，这一减产规模相当于中国总铝产能的 1.6%，该电邮中没有提供任何关于 Mymetal 原始报告的细节数据。

思考与讨论

1. 案例中有哪些线索可以解释铝的价格的变动？
2. 这些线索是如何传导进而引发铝的价格变动的？

第三节　钢　　铁

钢铁是铁和一定量的碳构成的一种合金，碳可以增加其硬度。钢铁中还包括锰、铬、钒和钨。钢铁是现代工业的支柱。本节将从钢铁的产业链出发，介绍钢铁相关合约的特征及市场上对于钢铁基本面的分析方法。读者在学习本节内容后应当建立起观测钢铁基本面的数据表。

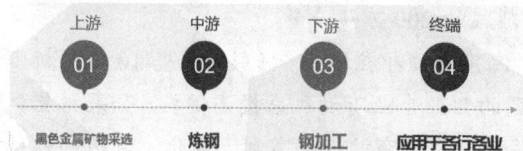

图 9.6　钢铁产业链

一、钢铁产业链

钢铁产业链如图 9.6 所示。

钢铁产业链也分成上游、中游、下游和终端四个层次。上游为黑色金属矿物采选，包括铁矿石、焦煤、焦炭、有色金属等的采选；中游为炼钢，产出品为粗钢（钢坯）；下游为钢加工，产出板材（卷板、钢带）、线材（盘条）、棒材、钢管、型钢和钢筋等；终端包括在基建、地产、机械、汽车、船舶、家电和航空航天等行业的应用。

二、钢铁相关期货合约

1. 上海期货交易所螺纹钢期货合约

上海期货交易所的螺纹钢期货合约是全球交易量和持仓量排名第一的钢铁合约，交易代码为 RB。该合约的交割产品为符合 GB/T 1499.2—2018《钢筋混凝土用钢　第 2 部分：热轧带肋钢筋》HRB400 牌号的 Φ16mm、Φ18mm、Φ20mm、Φ22mm、Φ25mm 螺纹钢，交易时间为 9:00 至 11:30、13:30 至 15:00 和 21:00 至 23:00。合约单位是 10 吨/手，报价单位为"元/吨"，最小变动价位（一个跳价）为 1 元，因此，一手合约一个跳价的价值为 10 元（10×1）。合约月份为连续 12 个日历月。螺纹钢主要应用于建筑行业。

2. 上海期货交易所热轧卷板期货合约

和螺纹钢主要应用于建筑行业不同的是，热轧卷板主要的应用领域是汽车和白色家电。注意这一点区别，对于以后分析经济结构调整对于这两个合约的需求有着至关重要的作用。

上海期货交易所的热轧卷板期货合约的交易代码是 HC。该合约的交割产品为符合 GB/T 3274—2017《碳素结构钢和低合金结构钢热轧厚钢板和钢带》的 Q235B 或符合 JIS G 3101—2015《一般结构用轧制钢材》的 SS400，厚度为 5.75mm、宽度为 1 500mm 的热轧卷板。其交易时间同螺纹钢合约一致，其他相关的合约规格也和螺纹钢的一样。

3. 大连商品交易所铁矿石期货合约

铁矿石是钢铁产业中最重要的原料之一，因此，大连商品交易所铁矿石合约也是和钢铁基本面休戚相关的。至于该合约的具体规定，读者可以在大连商品交易所网站主页查询。

三、钢铁基本面分析方法

（一）影响钢铁价格的因素

1. 钢铁供给

2019 年，世界最大的钢铁生产国是中国，独占世界总供给的 50% 以上。其他主要生产国是日本、美国、印度和俄罗斯等。由于钢铁属于工业材料，主要原料是铁矿石，其产量制约着下游钢铁的供给。铁矿石的产量以澳大利亚最为丰富，达到全球产量的 40.44%，巴西产量占 20.11%，中国产量占 6.54%。我国铁矿石的产量虽然也挺多，但是相较于我国对铁矿石的需求，是远远不够的。因此我国的铁矿石主要依赖于进口。

2. 钢铁需求

钢铁的主要需求对象包括汽车和建筑行业，这两部分占全球市场的 50%。当然，器具、电器用具、工业机械和农业对钢铁也有很可观的需求。实际上，钢铁是所有工业金属中产量最高的。因此，如果经济向好，或者汽车和建筑行业预期良好，那么钢铁的需求也会相应增加；反之，如果整体经济向下，并且汽车和建筑行业的数据也很不理想，那么钢铁的需求则会相应减少。

从全球各大洲及国家的情况来看，钢铁的需求主要集中在我国。

（二）案例分析

我们可以通过阅读一些新闻和相关的研报来了解市场上的商品期货分析师是如何分析钢铁的基本面的。

案例阅读与分析 9.4

汽车用钢需求增长超过螺纹钢，折射中国经济"再平衡"

据彭博新闻社 2014 年 7 月 7 日报道（Feiwen Rong）中国对汽车用钢板的需求增长超过了主要用于建筑行业的螺纹钢，凸显了中国推动经济增长模式向消费支出倾斜的"再平衡"努力。

相关图表显示，上个月热轧卷板价格比螺纹钢每吨最多高 255 元人民币（约合 41 美元），为这种汽车用钢材合约 3 月首次进入上海期货交易所以来的最大价差。两者的价差自 4 月初以来扩大了近三倍。图 9.7 跟踪这两个钢产品合约的价格，热轧卷板每吨 3 306 元，螺纹钢每吨 3 102 元。

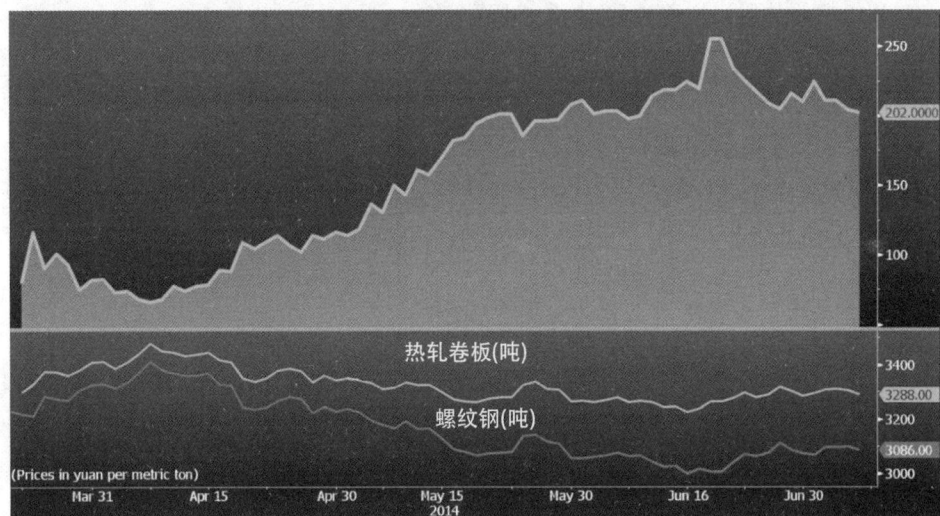

图 9.7　热轧卷板与螺纹钢期货价格

"我的钢铁网"驻北京首席分析师徐向春说，房地产市场的减速拖累了螺纹钢需求，然而汽车和白色家电购买需求仍然强劲，钢价溢价未来六个月将再次扩大。他说，卖出螺纹钢、买入热轧卷板的投资者将获利，不过，经济"再平衡"恰逢热轧卷板闲置且生产能力降低；自 2011 年以来，超过 70%的中国钢厂的扩张以螺纹钢为主，他们押注房地产和建筑的热潮将持续下去。上海钢之家信息科技有限公司的数据显示，去年的螺纹钢产量为 2.06 亿吨，产能利用率为 60%，热轧卷板同期的产量为 1.83 亿吨，产能利用率为 80%。螺纹钢价格 2014 年迄今累计下挫 13%，延续了连跌三年的走势。

尽管中国政府一直在努力抑制由债务拉动的房地产投资，并且也一直在推动提振家庭消费的政策的实施，希望消费占国内生产总值的比例（约 36%）得到进一步提高。凯投宏观首席亚洲经济学家 Mark Williams 说，这个比例在全球主要经济体中属于最低水平，只有几个石油国家过去 50 年的消费占比和中国当前的水平近似。

彭博新闻社汇总的数据显示，截至 2014 年 5 月，中国乘用车销量每月同比增幅的均值为 12%，其中 1 月销量达到创纪录的 185 万辆。据高盛集团预计，到 2017 年年底，家电销量将以 9.1%的年化增速增长，这也将支撑对热轧卷板的需求。受信贷紧缩的影响，中国今年头五个月的住房销售同比下降 10.2%，扭转了去年增长 27%的势头。

分析与点评

此案例的分析报告从钢的需求角度分析了需求面的变化对于相应钢铁期货合约的影响，主要是搞清楚螺纹钢和热轧卷板合约的主要需求分别来自房地产行业和汽车行业。那么通过分析房地产行业和汽车行业的情况，就可以推断出市场对钢的需求。可见，熟悉合约产品的性质是做基本面分析的必要前提。

中国 6 月粗钢产量创纪录，强劲需求促使钢企提高开工率

据彭博新闻社 2017 年 7 月 17 日报道（记者 Martin Ritchie、Winnie Zhu）全球最大的钢铁生产国——中国上月粗钢产量创下纪录新高，中国钢企面对强劲的需求、上升的价格和稳健的利润率纷纷提高开工率。

国家统计局周一公布的数据显示，中国 2017 年 6 月粗钢产量同比增加 5.7%至 7 323 万吨，1—6 月粗钢产量同比增长 4.6%，至 4.197 5 亿吨。

约占全球产量 50%的中国钢企正处于"甜蜜点"，在淘汰落后产能措施导致螺纹钢等部分钢材产品出现供应短缺之后，大型钢厂纷纷增加产量。在中国钢铁业迎来创纪录表现的同时，中国第二季度国内生产总值增速也超过了预期。

钢产量增加在近几周已经支持了铁矿石价格，并与今年产量顶多持平的普遍预期背道而驰。澳大利亚政府本月初预测，中国今年钢产量将达到 8.05 亿吨，低于去年的 8.08 亿吨。

思考与讨论

1. 这则新闻中的数据影响了哪一种期货合约？
2. 请阐述这则新闻的信息是如何传导至这种合约的？

本章小结

铜产业链一般可以分为上游铜矿采选、中游铜冶炼、下游深加工和终端应用四个层次。全球活跃的铜合约分别在 COMEX、上海期货交易所以及伦敦金属期货交易所交易。分析师

通常关注铜的储量、产量和精炼铜的需求等数据。

铝产业链一般可以分为上游采矿、中游生产氧化铝和电解铝、下游深加工，最终制成可以在各行各业中使用的铝制品。全球活跃的铝合约分别在伦敦金属期货交易所和上海期货交易所交易。分析师通常关注铝的储量、产量和原铝的需求等数据。

钢铁产业链一般可以分为上游采选、中游炼钢、下游钢加工，最终制成可以在各行各业中使用的钢铁制品。全球活跃的和钢铁相关的合约包括上海期货交易所的螺纹钢期货合约（主要应用行业是建筑行业）、上海期货交易热轧卷板期货合约（主要应用行业是汽车和白色家电行业）以及大连商品交易所的铁矿石期货合约（炼钢的主要原料）。分析师通常关注的数据有铁矿石储量和产量、进出口数据、钢铁的产量与需求等。

综合练习

一、名词解释

铜产业链　钢铁产业链

二、单选题

1. 铜精矿开采出来的铜称作（　　）。
   A. 精炼铜　　　　B. 粗铜　　　　　　　C. 粗坯　　　　　　　D. 铜管
2. 粗铜精炼之后的产成品是（　　）。
   A. 阴极铜盘条（精炼铜）　　　　　　　B. 粗铜
   C. 粗坯　　　　　　　　　　　　　　　D. 铜管
3. （　　）的铜年开采量最多。
   A. 越南　　　　　B. 中国　　　　　　　C. 巴西　　　　　　　D. 智利
4. 以下属于铝产业链中游的产成品是（　　）。
   A. 铝土矿　　　　B. 电解铝　　　　　　C. 铝合金　　　　　　D. 变形铝合金
5. 全球原铝产量最高的国家是（　　）。
   A. 中国　　　　　B. 美国　　　　　　　C. 越南　　　　　　　D. 巴西
6. 炼钢的产出品为（　　）。
   A. 粗钢（钢坯）　B. 线材　　　　　　　C. 铁矿石　　　　　　D. 钢管
7. 螺纹钢的主要应用行业是（　　）。
   A. 汽车　　　　　B. 白色家电　　　　　C. 航空　　　　　　　D. 建筑

三、多选题

1. （　　）属于阴极铜深加工之后的产成品。
   A. 铜管　　　　　B. 铜棒　　　　　　　C. 铜带　　　　　　　D. 铜基合金
2. （　　）交易铜期货合约。
   A. 上海期货交易所　　　　　　　　　　B. COMEX
   C. 伦敦金属期货交易所　　　　　　　　D. 印度大宗商品交易所
3. 以下属于铝深加工制品的是（　　）。

A．铸造铝合金　　　B．变形铝合金　　　　C．氧化铝　　　　　　D．电线电缆

4．（　　）是对粗钢进行深加工后的产出品。

    A．卷板　　　　　　B．钢带　　　　　　　C．线材（盘条）　　D．铁矿石

5．上海期货交易所热轧卷板合约的主要应用领域是（　　　）。

    A．汽车　　　　　　B．航空　　　　　　　C．航天　　　　　　D．白色家电

四、判断题

1．铜被称作"铜博士"，是由于铜的终端应用非常广泛，其需求状况反映了经济的状况。

                                             （　　　）

2．铜的消费数据减少，说明近阶段的经济状况在慢慢向好。　　　　　　（　　　）

3．从实际产量来看，铜是第一大金属市场。　　　　　　　　　　　　　（　　　）

4．粗铜精炼之后的产成品是阴极铜盘条。　　　　　　　　　　　　　　（　　　）

五、简答题

1．简述影响铜供给的因素。

2．简述螺纹钢和热轧卷板的区别。

第十章 技术分析基础

【学习目标】

  1．理解技术分析的基本假设；

  2．理解技术分析和基本面分析的区别；

  3．理解技术分析在股市和期市应用上的区别；

  4．了解道氏理论的基本内容。

技术分析是指以市场行为为研究对象，以判断市场趋势，并跟随趋势的周期性变化来进行股票及一切金融衍生品交易决策的方法的总和。自股票市场产生以来，人们就开始了对股票投资理论的探索，形成了多种多样的理论成果。实际上，技术分析是 100 多年前创建的股票投资分析方法，是精明的投资者对股价变化长期观察并积累经验，逐步归纳总结出来的有关股市波动的规律。

经过长期发展和博弈，技术分析形成了众多的门类，其中最有代表性的是道氏理论和波浪理论。而在期货市场上，由于期货交易实行保证金制度，使得追求精确点位的技术分析在期货交易中受到了众人的追捧。本章将介绍技术分析的基础，包括基本假定、应用以及道氏理论等内容。

第一节 技术分析的基本假定

技术分析有三个基本假定或者说是前提条件，这是技术分析的理论基础。如果这些假定不能被满足，那么所有关于技术分析的理论及推断都是无效的；所有基于技术分析所做的交易，其赢利与否就无法得到保证。如果读者不认可这些假定，或者对这些假定持怀疑态度，那么就没有必要在交易时实施技术分析了。

一、市场行为包容消化一切

"市场行为包容消化一切"构成了技术分析的基础。技术分析师认为，能够影响市场价格的任何因素，包括基本面的、政治的、心理的或任何其他方面的因素，实际上都反映在了价格之中。由此推论，研究价格变化就是必须要做的事情。

这个前提的含义其实就是价格变化必定反映供求关系，如果需求大于供给，价格必然上涨；如果供给大于需求，价格必然下跌。这个供求规律是所有经济预测方法的出发点。现在把该规律反过来理解，当价格上涨时，我们认为无论是出于什么具体的原因，总之，需求一定超过了供给，从基本面上说，必定看好；而当价格下跌时，从基本面上说，必定看坏。换句话说，技术分析者可通过价格变化间接地判断基本面的变化。

既然影响市场价格的所有因素最终必定要通过市场价格反映出来，那么研究价格就足够了。实际上，图表分析师通常并不理会价格涨跌的原因，他们只不过是通过研究价格图形及大量的辅助技术指标，让市场自己揭示它最可能的走势，而并不是凭他们的精明"征服"市场。今后讨论的所有技术工具只不过是市场分析的辅助手段而已。市场价格涨跌肯定有原因，但找出这些原因对于分析预测并不重要。

基本面分析师和技术分析师的逻辑区别可以通过图 10.1 说明。基本面分析师根据基本面数据判断下一阶段的价格走势，而技术分析师则根据价格走势判断市场的供需数据（甚至不去判断）。

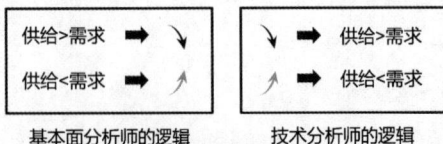

图 10.1　基本面分析师和技术分析师的逻辑区别

二、价格以趋势方式演变

"趋势"概念是技术分析的核心。研究价格图表的全部意义，就是要在一个趋势发生、发展的早期，及时准确地把它揭示出来，从而达到顺着趋势交易的目的。判定和追随既成趋势是做技术分析的本质。

从"价格以趋势方式演变"可以自然而然地推断，对于一个既成的趋势来说，下一步常常是沿着现存趋势方向继续演变的，而掉头反向的可能性要小得多。换句话说，就是当前趋势将一直持续到掉头反向为止。

图 10.2 反映了基本面分析师和技术分析师的操作区别。基本面分析师根据现有数据（通常是滞后的，但有些分析师会花很大的成本去挖掘时效性强的信息）决定下一步是做多还是做空；而技术分析师则只以现有的价格趋势为依据决定下一步是做多还是做空。

图 10.2　基本面分析师和技术分析师的操作区别

三、历史会重演

技术分析和市场行为学与投资心理学有着千丝万缕的联系。例如价格形态，它们通过一些特定的价格图形形态表现出来，而这些图形表示了人们对某市场看好或看坏的心理。其实这些图形在过去的 100 多年里早已广为人知并被划分成了不同的类别。既然它们在过去很管用，就不妨认为它们在未来也同样有效，因为它们是以人的心理为依据的，而人的心理从来就是"江山易改，本性难移"。"历史会重演"这句话说的就是将来会成为过去的翻版。

图 10.3 显示了基本面分析师和技术分析师的交易决策依据的区别。基本面分析师会根据新获取的信息及数据来调整他们的交易决策；而技术分析师则会在价格形态重复时，进行交易决策。

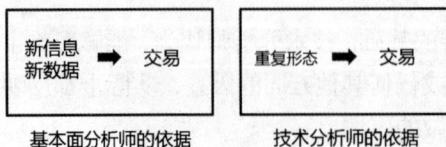

图 10.3　基本面分析师和技术分析师的交易决策依据的区别

第二节 技术分析的应用

同样作为交易的决策依据，基本面分析和技术分析的区别是什么呢？该如何恰当地使用这两种分析方法呢？股市和期货市场在使用技术分析时有哪些不同？本节将尝试回答这些困扰初学者的问题。

一、技术分析与基本面分析

技术分析主要研究市场行为，基本面分析则集中考察导致价格涨、跌或持平的供求关系。基本面分析师为了确定某商品的内在价值，需要考虑影响其价格的所有相关因素。所谓内在价值就是根据供求规律确定的某商品的实际价值，这是基本面分析的原则。如果某商品内在价值小于市场价格，称为价格偏高，投资者就应该卖出，否则应该买入。

无论是技术分析还是基本面分析，都试图解决同样的问题，即预测价格变化的方向，只不过其着眼点不同。基本面派追究市场运动的前因，而技术派则是研究其后果。技术派理所当然地认为后果就是所需的全部资料，而理由、原因等无关紧要。基本面派则追求各类信息之间逻辑的连贯性和合理性。

大多数期货投资者要么说自己是技术派，要么说自己是基本面派。实际上，不少人是兼而有之的。绝大部分基本面分析师对图表分析的方法有所研究，同时，绝大多数技术分析师对基本面也至少有个大概的了解。但问题在于，在很多场合，图表的预测结果和基本面的预测结果南辕北辙，当一波重要的市场行情初露端倪时，市场常常表现得非常奇特，基本面方面没有任何理由。恰恰是在这种趋势萌生的关键时刻，两种方法分歧最大。等趋势发展一段时间之后，两者对市场的理解又协调起来，但这往往来得又太迟，交易者已经抓不到价格趋势变化的大部分了。

技术派总觉得他们的分析方法比基本面派的强，因为从定义上说，技术分析已经容纳了基本面的因素。而如果经济形势已经反映在价格之中了，那么再研究有关的基本面资料就多余了。

那基本面分析和技术分析到底哪个更好呢？事实上，这并没有确切和统一的结论。技术分析的三大假定在学术界也经常受到挑战。因此，单纯的技术分析未必有技术分析师说得那么神奇。虽然历史上确实有不少技术面走在基本面分析之前的经典案例，但那些失败的案例（假信号）更是多如牛毛。

市场上大多数成功者同时使用基本面和技术面的分析方法，以基本面分析确定交易方向（多还是空），以技术分析确定买卖点，并且辅以严格的资金管理策略和纪律。

二、技术分析与出入市时机选择

为什么大多数成功者都需要以基本面确定交易方向，以技术面确定买卖点呢？我们可以把整个交易的决策过程分为两个阶段：先分析市场，而后选择出入市时机。期货市场的杠杆作用注定了时机是交易成败的关键。交易者即使在把握大趋势上没有问题，仍然有可能赔钱，因为期货交易所要求的保证金不多（通常小于交易额的 10%），当价格朝不利的方向发

展，哪怕变化得并不大，交易者也可能会损失大部分乃至全部保证金。股票市场则不一样，如果股价跌了，投资者则可以拿着股票等等看，期待股价涨回来的那天，这就是通常所说的"炒股炒成股东"（这是趋势交易者反对的一种操作方法）。

期货交易者没法享有做股东的权利，当保证金余额不足时，会被强制平仓。所以，即使第二天期货走势和预期中的一致并且走出了大牛市，也已无济于事了。因此，在决策的两个阶段中，无论第一个阶段是基本面分析还是技术分析，第二个阶段交易者都会通过技术分析来确定出入市的具体点位。

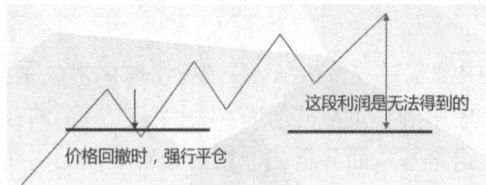

图 10.4　技术分析的出入市时机选择

以图 10.4 为例，无论你在最初的时候是使用基本面分析还是技术分析得出做多的决定的，在具体执行做多策略时，仅靠基本面分析的方向判断是无法指导你获利的。当价格遭遇第一次回撤时，可能你就会因为保证金不足而被强行平仓。即使后期价格如你所判断的上涨了，你也早已因为过早被平仓退出而无法获取这段利润。相反，如果你在执行做多策略时，根据技术分析的指导做好必要的止损与再入场，那么你仍然可以获取这段利润。

三、技术分析的灵活性与适应性

技术分析有一个了不起的长处，即它适用于任何交易媒介和任何时间尺度。不管是做股票交易还是做期货交易，都能使用；无论是研究一天以内的价格变化做日内交易，还是顺应趋势做中期趋势交易，抑或长期的方向性交易，都可以使用不同尺度的图表，例如，分钟图、日线图、周线图等。

做商品期货，技术派可以随心所欲地同时跟踪许多种类，而基本面派往往只能盯一个类别，例如农产品、金属等，因为基本面的资料太繁杂了，大多数基本面分析师只专门研究某种或某类商品。因此技术分析师在交易时，其灵活性就得到了体现，他们可以在大量期货品种里选择满足技术要求的品种交易。而基本面分析师由于长期只盯住一个门类商品研究，当该种类商品表现平淡时，他们无法像技术分析师那样自由地转换品种，因为投资不熟悉的领域是件非常危险的事情。

四、技术分析在股市和期货市场应用上的比较

技术分析在股市和期货市场应用的基本原理是相同的，但因为期货和股票本身具有的一些区别，所以在这两类市场上使用技术分析时会有所不同。

通常而言，大多数的基本工具，例如线图、趋势线、移动平均线等是一样的，不同的地方有以下几点。

1. 期货有保证金而股票一般没有

期货的保证金是两者最重要的一个区别。所有的期货都以保证金方式交易，较低的保证金水平导致了很高的杠杆效应。价格不管朝哪个方向变化一点点，都会大幅度影响总的交易成绩。因此，从技术分析的角度看，杠杆效应使选择出入市时机这一步骤在期货市场比在股票市场更为重要。因股票交易涉及真实的股权转移，大多数股票市场都未采用保证金制度。

2. 时间域不同

在杠杆效应下，期货交易者必须密切关注市场的一举一动。因此，其所关心的时间域必然也更短。与此不同的是，股票分析师喜欢更长时间周期的图表，研究更长时间的问题。有时，股票分析师预测的是 3 个月或者半年后，甚至是若干年后的市场，而期货交易者更想知道短时间内的价格波动会不会让自己被强制平仓。

一个明显的例子是关于移动平均线的参数。在股市分析中，分析师通常需要关注 200 天的平均线；而在期货市场中，大多数交易者关注的是 4 天、9 天等的平均线。

3. 总体性指标数量不同

股票分析师往往最为关注股票指数，如道琼斯工业指数、上证指数等的变化。实际上，分析大盘是股市技术分析的起点，任何个股的研究都是在对大盘的分析基础之上得出的。不仅如此，股票分析师还极度偏重于衡量大市坚挺或疲软程度的技术指标，如纽约证券交易所涨跌股数指标、股票价格新高或新低指标等。

期货市场则并非如此，虽然我们曾经在基本面分析篇介绍过一些代表期货总体价格方向的指数，但论重要性则远不及股市的大盘指数。期货交易者更加注重个别市场行情，一个重要的原因是，期货市场上一般仅有 20 种左右的商品合约比较活跃，看一眼就可以知道个大概；而股票市场通常会有几千只股票，不看大盘指数是无法了解股票市场行情的。

第三节　道　氏　理　论

1882 年，查尔斯·道和他的合伙人爱德华·琼斯联手创立了道·琼斯公司。绝大多数技术分析师都认为，当今其他的技术分析理论，诸如波浪理论、江恩理论等，在很大程度上都始于 20 世纪初道提出的各种理论。道为《华尔街日报》撰写了一系列社论，其中包括了他的有关思想。现在绝大多技术分析师依然承认并崇尚道氏理论的基本思想，无论他们是否确知这些思想的来源。在科技发达的今天，虽然我们已经拥有了高端的计算机技术，各种新型的、据说更有效的技术指标也层出不穷，但是，道氏理论依然是技术分析这门学问的基石。

一、道氏理论的基本原则

1. 平均价格包容消化一切因素

这个原则和技术分析的"市场行为包容消化一切"是一致的，只是这里用平均价格代替了个别对象的价格。这个原则表明，所有可能影响供求关系的可知因素都必定由市场来表现。本理论既适用于市场平均指数，也适用于个别市场。一般而言，道氏理论判断指数的准确率要远远高于判断个别股票或商品的准确率。

2. 市场具有三种趋势

道氏理论对趋势的定义是，只要相继的上冲价格波峰和波谷都对应地高过前一个波峰和波谷，那么市场就处在上升趋势之中。换言之，上升趋势必须体现在依次上升的波峰和依次上升的波谷上。相反，下降趋势则以依次下降的波峰和波谷为特征。道氏理论对于趋势的定义经受住了时间的考验，迄今仍是趋势的基本定义和所有趋势分析的起点。

道氏理论把趋势分成三类——主要趋势、次要趋势和短暂趋势。道氏用波浪来比喻这三种趋势，分别对应潮汐、波涛和波纹。

主要趋势（或称"大趋势"）如同海潮；次要趋势（或称"中趋势"）如同潮汐中的波涛；而短暂趋势则如同波涛上泛着的波纹。在堤岸标尺上，我们可以读出每次"波涛"卷及的最高位置，然后通过依次地比较这些最高位置的相对高低就能测定"海潮"到底是涨还是落了。如果读数依次递增，那么说明"潮水"依然在向"陆地"推进。只有当"波涛"峰值逐步递减的时候，观测者才能确知"潮水"已经开始退却。不过，海洋潮汐仅仅持续若干小时，而道氏设想的市场"潮汐"（主要趋势）通常会持续一年以上，有时甚至会持续好几年。

次要趋势代表主要趋势中的调整行情，通常持续三个星期到三个月。这类中等规模的调整通常可回撤到介于先前趋势整个进程的 1/3～2/3 的位置。常见的回撤约为一半，即 50%。

短暂趋势通常持续不到三个星期，系次要趋势中较短线的波动。

3. 主要趋势可分为三个阶段

道氏理论最关心的是主要趋势。他认为，主要趋势通常包括三个阶段：积累阶段、大众参与阶段以及派发阶段。第一阶段被称为积累阶段，以熊市末尾、牛市开端为例，此时所有经济方面的所谓坏消息已经最终为市场所包容消化，于是那些机敏的投资者开始逐步买进；第二阶段被称为大众参与阶段，商业新闻初露回暖迹象，绝大多数顺应趋势的技术派投资者开始跟进买入，导致价格快步上扬；第三阶段被称为派发阶段，即最后一个阶段，报纸上好消息接连不断，经济新闻捷报频传，大众投资者积极跟风，活跃地买卖，投机性交易量日益增长。正是在这个最后阶段，从市面上看起来谁也不想卖出，但是那些当初在熊市底部就开仓的人，开始"派发"，逐步抛出筹码，平仓了结。

微课堂
平均价格必
须相互验证

4. 各种平均价格必须相互验证

各种平均价格必须相互验证，在道氏理论中具体而言，是指道琼斯工业平均指数同道琼斯运输平均指数应相互验证，意思是除非两个指数（平均价格）都同样发出看涨或看跌的信号，否则就不可能出现大规模的牛市或熊市。换句话说，为了确认牛市的发生，两种平均价格都必须涨过各自的前一轮"波涛"（中趋势）的峰值。如果只有一个指数突破了前一个高峰，那还不能确认。两个指数倒也不必同时发出上涨信号，不过在时间上越近越好。如果两个指数的表现相互背离，那么我们就认为原先的趋势依然有效。在图 10.5 的矩形阴影部分中，运输平均指数没有像工业平均指数一样创出新高，发生了背离的情况，因此，市场仍会按照原有的趋势（上升趋势）运行。

这两个指数在当时的市场环境下是最重要的两个指标。不同的交易者可以根据自己的情况使用其他指标。我们主要需要明确的是，市场行情最好由两个重要的指数同时确认，那样把握才大。

5. 交易量必须验证趋势

道氏理论认为交易量分析是第二位的，但作为验证价格图表信号的旁证具有重要价值。简而言之，当价格在顺着大趋势发展的时候，交易量也应该相应递增。如果大趋势向上，那么在价格上涨的同时，交易量应该日益增加；而当价格下跌时，交易量应该日益减少。在下降趋势中，情况正好相反，当价格下跌时，交易量增加；而当价格上涨时，交易量则减少。

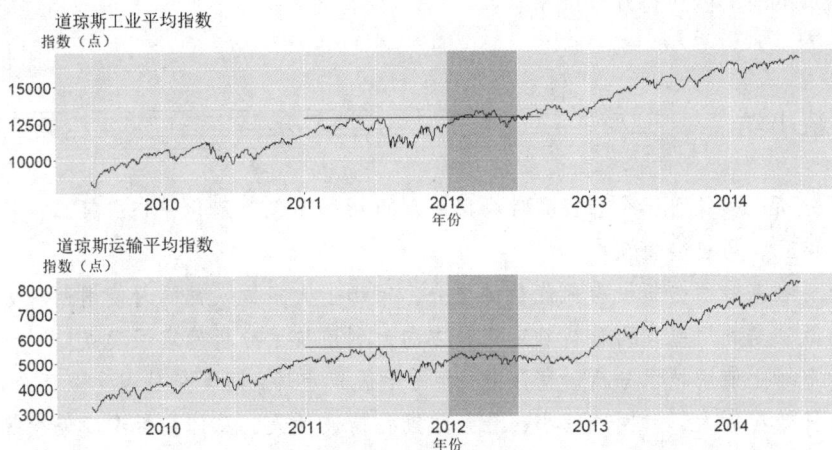

图 10.5 道琼斯工业平均指数与道琼斯运输平均指数

6. 趋势终结的判断需要确凿无疑的反转信号

一个既成的趋势具有惯性，通常要继续发展，除非有外力改变它的方向。不过判断反转信号是件非常困难的事情。研究诸如支撑位和压力位价格水平、价格形态、趋势线和移动平均线对判断反转信号是有所帮助的，当然，这些也并非万能的。

7. 在股票分析时只使用收盘价格

道氏理论在股票指数图表中纯粹依赖收盘价格，其信号是以收盘价格对前一个高峰或低谷的穿越为标志的，除了收盘价格之外，其余日内价格变化即使穿越了上述高、低点也是无效的。

二、道氏理论的争议

道氏理论多年来在辨别主要牛市和熊市上是成功的，对此理论最大的争议是信号来得太迟。通常道氏理论的买入信号发生在上升趋势的第二阶段，即当市场向上穿越了从底部弹起的第一个峰值的时候。一般来说，在信号发出之前，已经错过了新趋势全部价格变化的20%~25%。

但是道氏理论从来不是企图抢在趋势前头预测趋势发生的，该理论是力求在大趋势发生后及时揭示大牛市或大熊市的降临，以便捕捉大趋势中发生大部分重要运动的中腹部分。

三、道氏理论与期货交易

道氏理论的研究对象是股票指数。虽说道氏理论的绝大部分内容在期货市场均有一定的应用，但与在股票市场中的应用却存在着一些重要的区别。举例来说，道氏理论认为在股市中大多数投资者只需做大趋势，把中等的调整用作入市时机的参考，对短暂趋势则置之不理。很显然，在期货交易中情况并非如此。绝大多数期货交易者追逐的是中等趋势而不是大趋势，小幅度的价格波动对选择时机的意义极为重大。这也就意味着，在一个预计持续数月的中等上升趋势中，顺应趋势者会利用短暂的价格下跌买进，而在一个中等下降趋势中，短暂的价格上弹则是卖出的好机会。这样，短暂趋势在期货交易中就显得极为重要，如有些日内交易者会在非常短的时间内进行开仓或平仓。

本章小结

做技术分析必须认可三个前提条件：第一，市场行为包容消化一切；第二，价格以趋势方式演变；第三，历史会重演。

技术分析和基本面分析没有孰优孰劣之分，市场上大多数人都同时使用两种方法，其中最为常见的做法是利用基本面分析确定交易方向，利用技术分析确定买卖点。

在期货市场上使用技术分析时需注意，相对于股票市场，期货交易因受保证金机制影响，导致交易杠杆效应放大、时间域缩小，导致短期行情波动大、总体指标维度偏少等特点。

道氏理论的基本原则包括：平均价格包容消化一切因素；市场具有三种趋势，即主要趋势、次要趋势及短暂趋势；主要趋势又可分为三个阶段，即积累阶段、大众参与阶段和派发阶段；各种平均价格必须相互验证；交易量必须验证趋势；趋势终结的判断需要确凿无疑的反转信号；在股票分析时只使用收盘价格。

综合练习

一、名词解释

技术分析的三大假定　道氏理论的三大趋势

二、单选题

1. 以下选项中，（　　）不属于技术分析的基本假定。

　　A．市场行为包容消化一切　　　　　B．反映供求关系的数据需具有时效性

　　C．价格以趋势方式演变　　　　　　D．历史会重演

2. 技术分析在（　　）的情况下要优于基本面分析。

　　A．确定商品的公允价值　　　　　　B．确定商品的供需状况

　　C．确定商品的走势方向　　　　　　D．确定出入市的点位

3. （　　）不属于道氏理论中所说的主要趋势（大趋势）。

　　A．波动阶段　　　B．积累阶段　　　C．大众参与阶段　　　D．派发阶段

三、多选题

1. （　　）是技术分析的基本假定。

　　A．市场行为包容消化一切　　　　　B．价格以趋势方式演变

　　C．价格形态是不会重复的　　　　　D．历史会重演

2. 技术分析在股市和期货市场上需要注意的不同有（　　　）。

　　A．期货有保证金　　　　　　　　　B．期货的时间域缩小

　　C．期货的总体性指标较少　　　　　D．期货的时间域扩大

3.（　　）是道氏理论的基本原则。

    A．各种平均价格必须相互验证

    B．交易量必须验证趋势

    C．趋势终结的判断需要确凿无疑的反转信号

    D．市场具有四种趋势

4.道氏理论把趋势分为（　　）。

    A．主要趋势   B．次要趋势   C．震荡趋势   D．短暂趋势

四、判断题

1.基本面分析师认为价格变化必定反映供求关系，因此，他们把研究的重心放在价格上，而不理会其他数据和信息。（　　）

2.认为价格图表形态会重复出现是技术分析师的观点。（　　）

3.技术分析师会首先确定某商品的内在价值，如果商品内在价值小于市场价格，则会提出做多的交易建议。（　　）

4.在使用道氏理论分析时，除了使用收盘价以外，还可以使用开盘价、最高价和最低价。（　　）

5.道氏理论认为，当价格上涨时，即使交易量萎缩，仍然可以判定上涨趋势已经形成。（　　）

五、简答题

1.简述技术分析在股市和期市应用上的区别。

2.简述道氏理论的基本原则。

第十一章 图表形态分析

【学习目标】

1．了解各类图表的画法及特点；
2．理解趋势的定义和规模；
3．掌握支撑和压力线、趋势线的画法；
4．掌握反转与持续形态的特点。

技术图表的形态分析是技术派交易员最为热衷的话题之一。图表在华尔街的应用超过了 100 年，市面上关于图表的书籍也层出不穷，各种新奇的图形形态和理论随着时代的进步而出现。然而，无论多么复杂的图形形态，在趋势交易者眼中归根到底就是两类形态：反转与持续。因此，本章除了介绍基本的图表类型与趋势的概念以外，还会着重介绍反转与持续这两类形态。

第一节 图 表

图表是技术分析的基础，读懂图表背后所隐含的市场交易者的普遍心理可以帮助交易员采取正确的交易策略。然而，不同的图表所蕴含的信息是不同的。本节将从图表的类型、刻度、时间周期、交易量和持仓量等方面介绍图表的基本概念。

一、图表的类型

1．柱线图

柱线图是技术分析师使用很广泛的一种图表，最早可以追溯到 19 世纪末的美国股票市场，是国际金融市场的通用图表，柱线图又称"美国线"。

柱线图的绘制简单，且容易理解。竖直线表示价格一天的变动范围，水平线表示一天的开盘价和收盘价（如图 11.1 所示）。柱线图具体的绘制步骤如下。

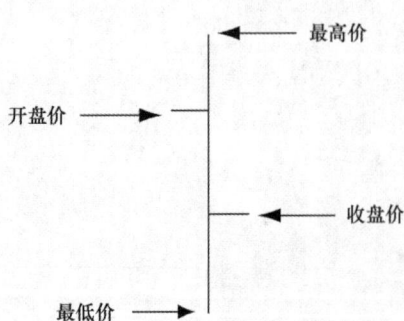

图 11.1 柱线图

第一步，先绘制一条竖直线段，其中顶端代表该日（时间周期可自设）触及的最高价，底端代表该日触及的最低价。

第二步，在竖直线段的左侧延伸出一条较短的水平线，代表该日的开盘价。

第三步，在竖直线段的右侧延伸出一条较短的水平线，代表该日的收盘价。

图 11.2 是西得克萨斯轻质原油主力合约的周度周期柱线图，也是国际石油交易员最熟悉的合约图表。

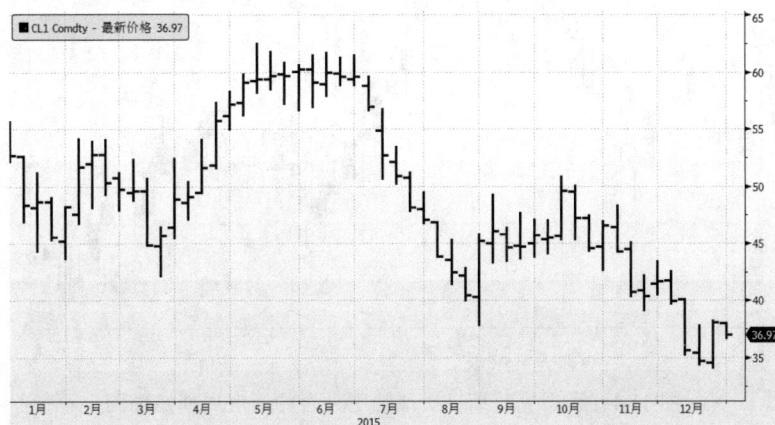

图 11.2　西得克萨斯轻质原油主力合约周度周期柱线图

2. 单线图

单线图相对比较简单，只需把每日的收盘价格连接起来即可。因为技术分析师认为只有每日的收盘价格才是最重要的价格，其他价格在分析大趋势时，并没有太大的意义（如图 11.3 所示）。

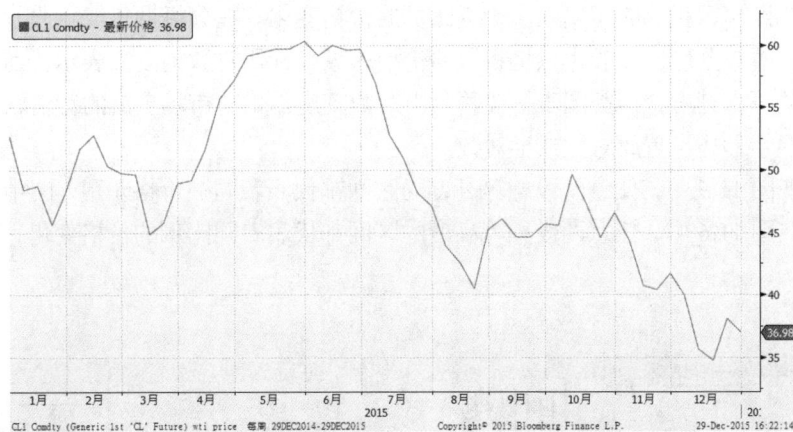

图 11.3　西得克萨斯轻质原油主力合约周度周期单线图

3. 蜡烛图

蜡烛图（又称 K 线图）相当于日本版的柱线图，国内大部分分析师偏好使用蜡烛图。该图涵盖的信息量较为细腻，对于短期波动的理解要优于柱线图。

蜡烛图由一个矩形实体部分和两段影线组成。以日 K 线图为例，实体部分的上下界分别是当日的开盘和收盘价格，其中，在我国，如果当日开盘价高于收盘价，则实体部分为黑色（或其他填充色）；如果当日开盘价低于收盘价，则实体部分为白色（或无填充色）。上影线到达的位置为该日的最高价，下影线到达的位置为该日的最低价（如图 11.4 所示）。

空心和实心的蜡烛图可以很好地区分上涨和下跌趋势，使用彩色时则把上涨的部分涂成绿色，下跌的部分涂成红色（我国正好相反）。

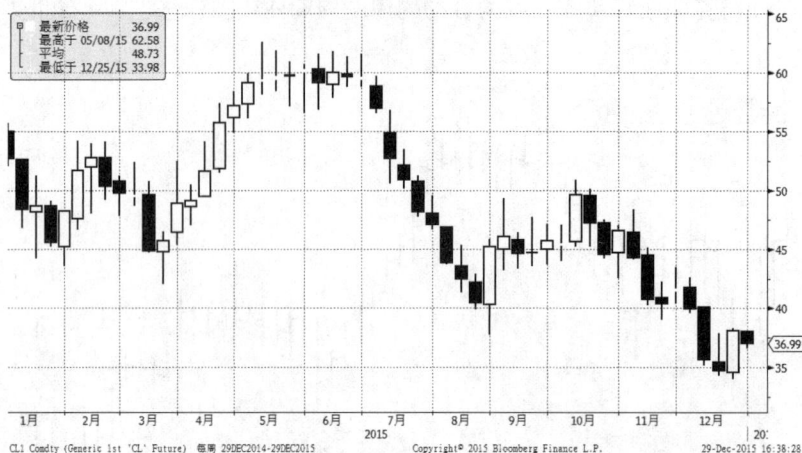

图 11.4　西得克萨斯轻质原油主力合约周度周期蜡烛图

二、图表的刻度

行情图表既可以采用算术价格刻度，也可以采用对数价格刻度。不过，在进行某些形式的分析时，特别是在研究非常长期的趋势时，使用对数刻度图表会更好。那么什么是对数刻度呢？举个简单的例子，在算术刻度上，从 1 到 2 的距离等于从 2 到 3 的距离等于从 3 到 4 的距离，也就是说刻度是均匀的；而在对数刻度上，从 1 到 2 的距离等于从 2 到 4 的距离等于从 4 到 8 的距离，相等的距离表示相等比例的价格变化。在分析期货或者股票价格的走势时，如果使用对数刻度，一般也只是将表示价格的纵坐标用对数刻度来表示，而横坐标仍然是表示时间的算术刻度，这类图表一般称为半对数刻度。目前市场主流的行情软件都可以把坐标刻度的显示形式设置成对数或半对数。

例如，在图 11.5 中，任意两段相等高度的区间都代表着同一价格差距，图中所示该差价是 5 元。而在图 11.6 中，任意两段相等高度的区间都代表着同比例的价格变化，图中所示该变化是 25%。

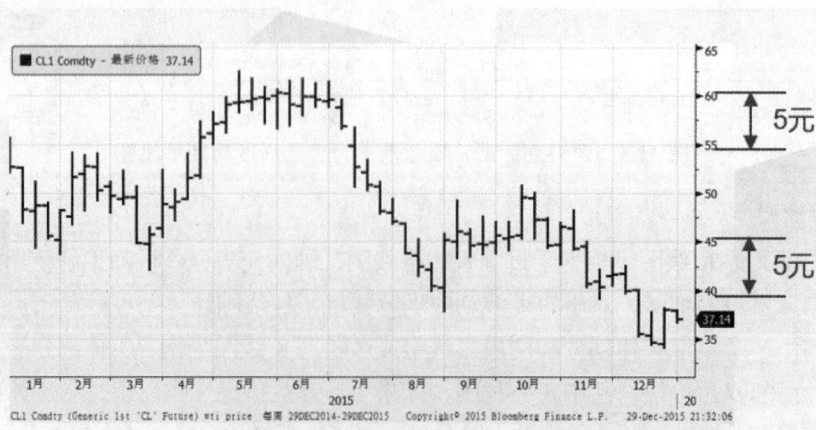

图 11.5　西得克萨斯轻质原油主力合约周度周期图——算术刻度

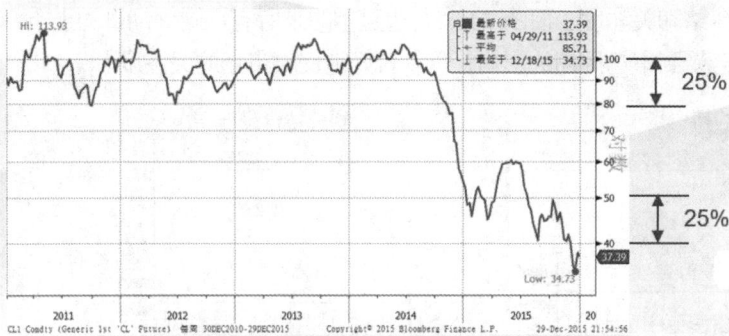

图 11.6 西得克萨斯轻质原油主力合约周度周期图——对数刻度

请思考：在长周期图表里，使用类似图 11.6 对数刻度图表的好处是什么？

对数刻度图表的作用

三、图表的时间周期

在上述介绍的柱线图、单线图和蜡烛图中，无论哪一种图表，都可以以任何时间单位为基础来构造。例如，我们把时间周期选择成周，那么每一根柱线或者 K 线涵盖的就是一周的信息，开盘、收盘、最高、最低价格分别以周为研究周期。

市场上的图表根据研究需要可以划分成 1 分钟、5 分钟等短周期的图表，也可以划分为每月、每季度等长周期的图表。

四、交易量和持仓量

图表一般还包括交易量和持仓量的信息，这些信息一般放在价格图的下方，以副图的形式出现。一般而言，交易量代表该周期内商品市场发生交易的数量（合约张数或股票股数等），是一根竖直的线段，每周期一根，长度代表着交易量的大小。

期货图表通常还有一张副图以描述合约持仓量，一般来说是一根连线，即把每日的持仓数量通过线段连接起来。有时为了节约显示空间，持仓量和交易量是在同一张副图里的（刻度不一样）。

对于期货合约，同一种商品具有不同到期月份的多种交易合约，可以分别统计其交易量和持仓量，也可以统计所有相关合约的交易量和持仓量的总和。一般而言，分析师会选择总和来进行分析。

期货合约在刚刚上市时，其交易量和持仓量一般相当小。随着时间的推移，这两个量的数值也相应增加，而在合约到期日前一段时间，交易量和持仓量又会逐渐减少，因为交易者为了避免交割一般会提前平仓。因此，对于每一个具体的合约而言，交易量和持仓量的数值会出现先慢慢增加，随后慢慢减少的现象，而这和市场的多空方向没有任何关系，仅仅是由商品期货合约的期限特点决定的。

所以，如果希望从交易量和持仓量中挖掘出市场的多空情况，需要保证这两个数据的完整性和连续性，那么统计总和就可以过滤掉个别合约数量的问题。图 11.7 左边的副图中显示的是单个合约的持仓量。可以发现该持仓量数据表现出很强的周期性，在合约临近到期时，持仓量会自然减少，当新合约上市后，持仓量又逐渐增大。由于持仓量表现出先增大、后减少的周期性，单纯对一个合约的持仓量进行分析，有时候会被其周期性误导。例如，当观测到的持仓量数据增加时，你以为是市场对该合约的热情和关注度在增加，而其实这仅仅是其周期性的表现，此时持仓

第十一章 图表形态分析

185

量的增加并不表明任何市场情绪和关注度。而图 11.7 右边显示的是所有不同到期日的上市合约的总持仓量，这一数据就不会受到市场周期的影响，可以较好地反映市场的关注度。

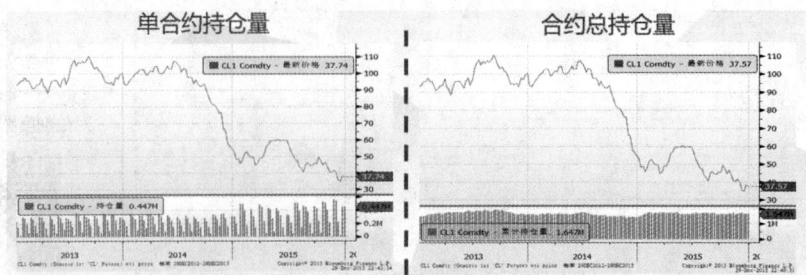

图 11.7　单合约持仓量和总合约持仓量对比

第二节　趋　　势

趋势是技术分析的核心，技术分析本质上就是研究趋势。在交易中，能判断对趋势，交易就成功了一半。本节将从趋势的定义出发，探讨趋势的三种规模，分析支撑和压力的关系，了解趋势是如何随着时间推进而演变的。

一、趋势的定义

在技术分析这种市场研究方法中，趋势的概念是核心内容。图表分析师所使用的全部工具，诸如支撑和压力水平、价格形态、移动平均线、趋势线等的作用就是辅助其衡量市场趋势，从而顺应趋势的方向进行交易。

通常情况下，市场不会朝趋势方向直来直去波动，市场运动的特征是曲折蜿蜒的，它的轨迹酷似一系列前赴后继的波浪，具有相当明显的波峰和波谷。所谓市场趋势，正是由这些波峰和波谷依次上升或下降的方向所构成的。无论这些波峰和波谷是依次递升的，还是依次递降或者横向延伸的，其方向都构成了市场的趋势。所以，我们把上升趋势定义为一系列依次上升的波峰和波谷，把下降趋势定义为一系列依次下降的波峰和波谷，把横向延伸趋势定义为一系列依次横向伸展的波峰和波谷（如图 11.8 所示）。

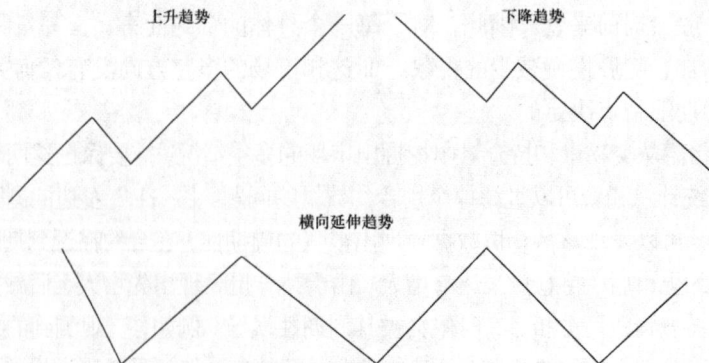

图 11.8　三种趋势

期货交易实务（附微课　第 3 版）

186

大多数技术工具和系统在本质上都是顺应趋势的，其主要的设计意图是追随上升或下降的市场趋势。当市场进入横向延伸趋势的阶段时（其实就是没有趋势），这些技术工具和系统通常表现拙劣，甚至根本不起作用。图 11.9 展现了大连商品交易所玉米 1501 合约的日线价格图，图中划分出了三个明显的不同阶段。如果在横向延伸趋势中进行做多或做空的趋势交易，则极易遭受损失；而在其他上升或下降趋势中，顺应趋势做多或做空则会收益颇丰。

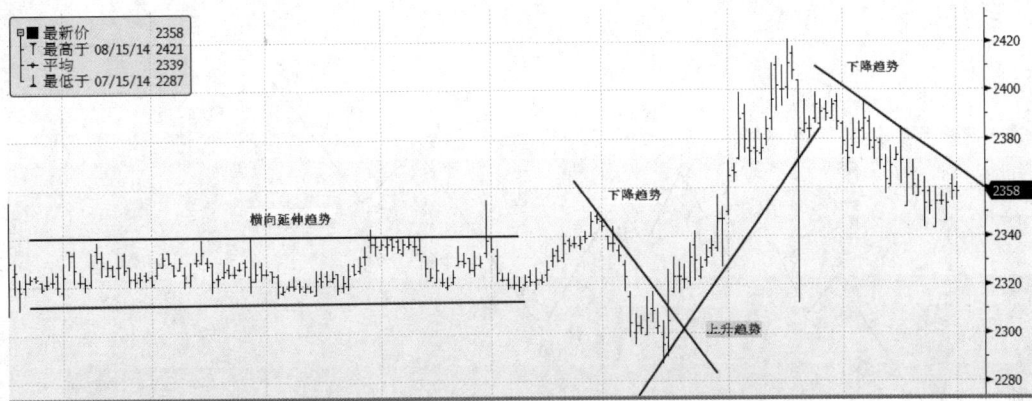

图 11.9　大连商品交易所玉米 1501 合约的日线图

二、趋势的三种规模

第十章介绍过，道氏理论把趋势分为主要趋势、次要趋势和短暂趋势。其实，在市场上，从覆盖几分钟或数小时的非常短暂的趋势开始，到延续 50 年甚至 100 年的极长期趋势为止，随时都有无数个大大小小的趋势同时存在、共同作用。

技术分析师在不同的市场，对趋势的分类可能略有不同。在道氏理论中，主要趋势实际上是针对长于一年的趋势而言的。而在期货市场上，通常认为长于六个月的趋势便是主要趋势。道氏理论中的次要趋势通常为延续三个星期到数月的趋势，期货市场上的次要趋势大致也是这个时间段。短暂趋势则通常短于三个星期。

每个趋势都是其上一级更长期趋势的一个组成部分。例如，次要趋势便是主要趋势中的一段调整。在长期的上升趋势中市场暂缓涨势，先调整数月，然后再恢复上升，就是一个很好的例子，而这个次要趋势本身往往也由一些较短期的波段构成，呈现出一系列短暂的上升和下降趋势。

图 11.10 中，相邻的波峰和波谷依次上升，从而主要趋势为上升趋势。点 2 至点 3 之间是一段调整行情，它是前述主要趋势中的一个次要趋势，是上升趋势的一部分。但同时，点 2 至点 3 之间的变化也由 A、B、C 三个较小波段构成。在波段 C，分析师或许会判断主要趋势依然为升势，但次要趋势和短暂趋势却是跌势。

因此，既然趋势具有各种时间规模，理解它们在时间尺度上的区别是极为重要的。如果我们打算告诉别人现在市场处于什么趋势，必须要告诉别人我们的分析是在何种时间尺度上做出的，否则任何回答都是不准确的。

不同的交易者所理解的趋势往往也是不同的。对长线交易者来说，为时几天甚至几周的价格变化也许无关紧要，而在短线交易者眼中，持续两三天的价格上升便构成了一个主要的上升趋势。因此，当我们在讨论市场时，一定要清楚趋势的时间规模，确认双方所指的是不是同一个概念。

一般来说，在期货市场上，大多数顺应趋势的做法是将焦点放在次要趋势上，即可能延续三个星期到数月的行情。短暂趋势主要用来选择出入市的时机。在中等的上升趋势中，短暂的回落可以用来建立多头头寸，而在中等的下降趋势中，短暂的上弹可以用来建立空头头寸。

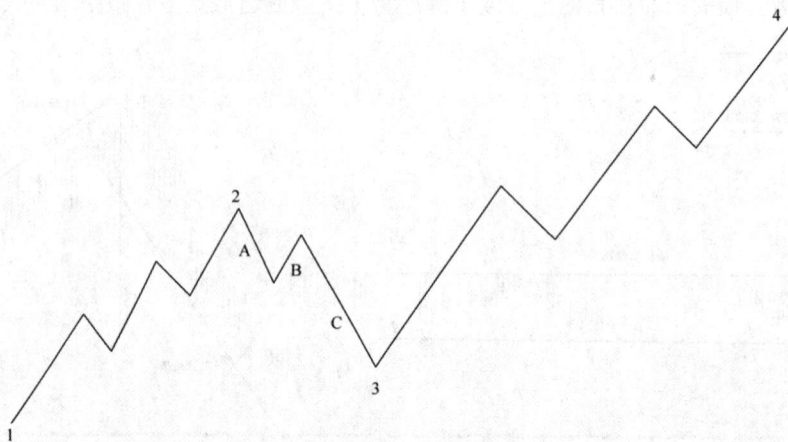

图 11.10　趋势的三种规模

三、支撑和压力

1. 支撑和压力的定义

我们把波谷或者"向上反弹低点"，称为支撑，用某个价格水平或者图表上某个区域来表示。在其下方，买方兴趣强大，足以撑拒卖方形成的压力，结果价格在这里停止下跌，回头向上反弹。通常，当前一个向上反弹的低点形成后，就可以确定一个支撑水平了。在图 11.11(a) 中，上升趋势中的点 2 和点 4 分别代表了两个支撑水平。

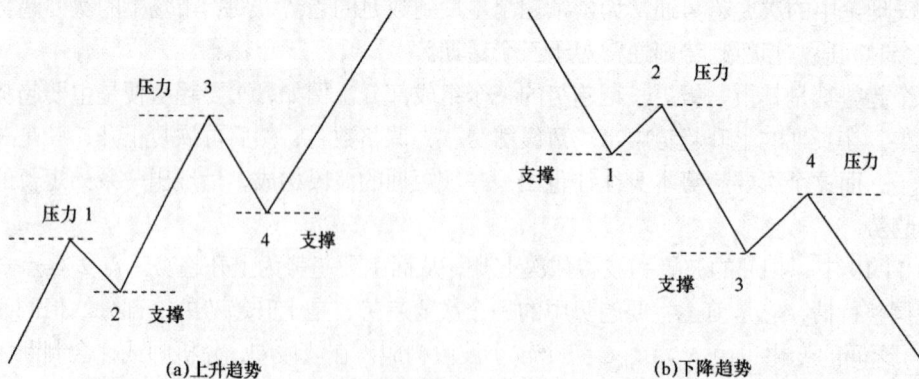

图 11.11　上升趋势和下降趋势中的支撑和压力水平

压力，也可以用某个价格水平或图表区域来表示。与支撑相反，在压力上方，卖方压力挡住了买方的推进，于是价格由升转跌。压力水平通常以前一个峰值为标志。在图 11.11 的上升趋势中，点 1 和点 3 分别是两个压力水平。下降趋势中的支撑和压力水平也是一样的道理。

我们可以发现，在上升趋势中，支撑和压力水平呈现出逐步上升的态势；而在下降趋势中，支撑和压力水平呈现逐步降低的态势。在上升趋势中，压力水平意味着上升势头将在此处稍息，但此后它迟早会向上穿越。而在下降趋势中，支撑水平也不足以长久地撑拒市场的下滑，不过至少能使之暂时受挫。

2. 趋势反转

为了完整地理解趋势理论，我们必须切实理解支撑和压力这两个概念。如果上升趋势要持续下去，每个相继的低点（支撑水平）就必须高过前一个低点，每个相继的上冲高点（压力水平）也非得高过前一个高点不可。在上升趋势中，如果新的一轮调整一直下降到前一个低点的水平，这或许就是该上升趋势即将蜕化成横向延伸趋势，甚至就此终结的信号。如果这个支撑水平被击穿，可能就意味着趋势即将由上升反转为下降。

在上升趋势中，每当市场向上试探前一个峰值压力位的时候，这个上升趋势总是处于极为关键的时刻。一旦在上升趋势中市场不能越过前一个高点，或者在下降趋势中市场无力跌破前一个低点，市场便发出了现行趋势即将有变的第一个预警信号。在市场试探这些支撑和压力水平的过程中，在图表上会形成各种形态，这就是所谓的价格形态。第三节和第四节将介绍市场是如何通过各种价格形态，表现自己到底是处在趋势反转过程中，还是仅仅处在既有趋势的休整之中的。无论如何，构造这些形态的基础还是支撑和压力水平。

图 11.12 是趋势反转的典型范例。图 11.12（a）中，价格在点 5，先是无力穿越前一高点（点 3），然后就掉头向下，跌破了点 4 所示的前一个低点。这种趋势反转其实可以简单地通过观察支撑和压力水平来判断。这类反转形态就是所谓的双重顶的形态。图 11.12（b）中，价格在点 5，先是无力跌破前一低点（点 3），然后就掉头向上，突破了点 4 所示的前一个高点，形成了一个双重底的形态。

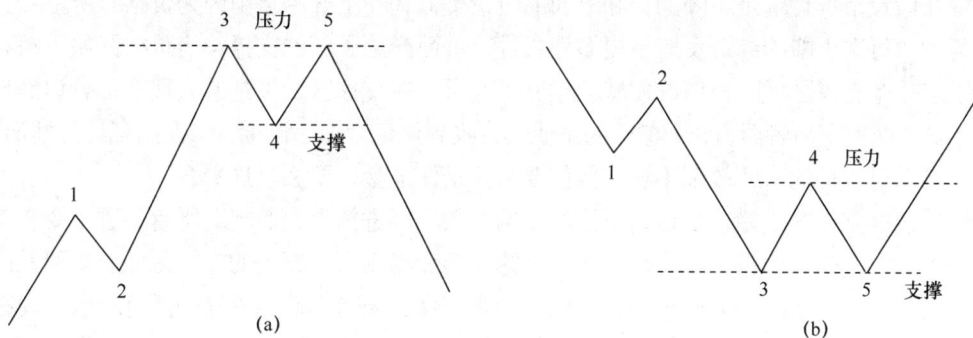

图 11.12　趋势反转

3. 支撑水平和压力水平的互换

之前我们把支撑定义为前一个低点，把压力定义为前一个高点。实际上，情况并不始终如此，支撑和压力可以角色互换。只要支撑和压力水平被足够大的价格变化切实地击破了，它们就会互换角色。换言之，压力水平就变成了支撑水平，而支撑水平则变成了压力水平。

这可以从心理学上找到合理的解释。简明起见，我们把市场参与者分为三种——多头、空头和观望者。多头为已经买进了合约的交易者；空头指已经卖出了合约的交易者；观望者则是已经平仓的出局者，或者是尚在买与卖之间的犹豫不决者。

我们假定市场在某个支撑区域波动了一段时间之后开始向上移动。多头（主要是在接近支撑区域买进的人）很高兴，但心犹不足的是当初没有买得更多些。如果市场再掉回支撑区域附近，再增加些多头头寸，就更好了。而此时空头终于意识到自己站错了队伍，希望价格再跌回他们卖出的区域，这样他们就能在入市的水平（损益平衡点）平仓脱身。

观望者有两种——有的从未持有过头寸，有的因为这样或那样的原因已经在支撑区把手上的多头头寸卖出平仓了。后一种人过早地平掉了多头头寸，当然追悔莫及，于是他们指望有机会在接近他们卖出的地方把头寸补回来。而犹豫不决的观望者，此时终于认识到价格将进一步上涨，下决心在下一个买入的好时机进入市场，站到多头一边。

此时，所有人都决意在下一轮下跌中买进，那么市场下方这个支撑区域就关系到大家的"既得利益"了。如果价格下降到该支撑区域附近，上述群体新的买进自然会把价格推上去。在该支撑区域发生的交易越频繁，就意味着越多的市场参与者在此处拥有"既得利益"，因而该支撑区域就越发重要。支撑区域或压力区域的重要程度可以由三个方面决定：市场在该处所经历的时间、交易量以及交易活动的发生时间距当前的远近。

价格在某个支撑区域或压力区域逗留的时间越长，该区域就越重要。例如，如果价格在上升之前，在一个区域徘徊了三个月，那么这个支撑区域就比市场仅逗留了三天的一个支撑水平更重要。

交易量是衡量支撑区域和压力区域重要程度的另一个依据。如果支撑区域在形成过程中伴随着较大的交易量，就意味着此处有大量合约易手，相应的支撑水平就比交易平淡之处的支撑水平重要。

我们也可以用交易活动的发生时间距当前的远近来判断相应的支撑区域和压力区域的重要性。因为交易者是针对市场变化，针对现有头寸或未建立的头寸采取行动的，所以，交易活动发生的时间越近，有关水平发生影响的潜力就越大。

现在假设市场行情是下降的，和上面的讨论类似，在上升趋势中因为价格有所上升，市场参与者对每次下降的综合反应是更多地买进，进而产生了新的支撑。当价格开始下跌，且跌破了前一个支撑区域时，情况便截然相反了，所有在支撑区域买进的人现在都意识到自己弄错了。对期货交易者而言，更糟糕的是他们会收到保证金追缴的通知。在高杠杆的情况下，交易者难以对亏损的头寸放任不管，他们要么补足保证金，要么忍痛平仓。

原本造就支撑区域的，是在其下方占压倒多数的买进指令，而现在所有买进指令全部转化成位于其上方的卖出指令。这样一来，支撑就转变为压力。原先的支撑区域越重要，此时的压力就越大。上述三种人——多头、空头和观望者——当初造就支撑的所有动因，现在恰好反过来，为以后的价格上冲或者反弹增加了巨大的阻力。

如果说图表分析师所使用的价格形态以及诸如支撑和压力等概念确实有用，事实上，绝不是图表本身有什么魔力，这些工具之所以能发生作用，是因为它们如实地刻画了市场参与者的所作所为，使我们得以把握市场参与者对各类市场变化的反应。图表分析其实是对人们的投资心理和行为，即交易者对不断发展的市场情况所做反应的研究。

读者可根据上述分析方法，类似地分析当压力水平被突破后，形成新的支撑区域背后的交易者的心理变化。

四、趋势线

1. 趋势线的画法

通常，为了发现恰当的趋势线，我们有必要尝试画好几条直线。有时候，一条趋势线起初貌似正确，最终却不得不被擦去重来。以下一些

颇具价值的要领有助于我们探索出合适的趋势线的画法。

　　首先，必须确有根据说明趋势的存在。换句话说，为了画出一条上升趋势线，我们至少需要两个有效的向上反弹低点，并且后者要高于前者。因为，两点决定了一条直线。例如，在图 11.13（a）中，仅当价格从点 3 开始向上推进后，图表分析师才能合理地判定新一轮向上反弹的低点已经形成，然后才可以通过点 1 和点 3 画出一条尝试性的上升趋势线。

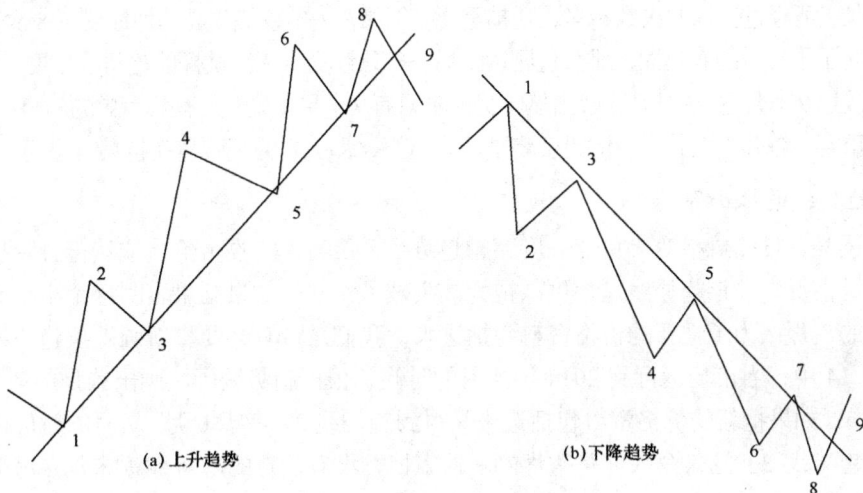

图 11.13　趋势线的画法

　　某些图表分析师要求市场从点 3 起，向上穿越点 2 所示的波峰，从而使上升趋势得到证实之后，才画出这条趋势线。而另外一些人只要求市场从点 3 起，点 2 至点 3 之间的价格变化上升 50%，或者上升到接近点 2 就画出这条趋势线。应该记住的是，无论标准是否一致，图表分析师都必须首先合理地确认一个反弹低点已经形成，然后才谈得上判定它的有效性。一旦确认出了两个依次上升的有效低点，把它们连接起来便得到一条趋势线，它位于价格线的下侧，向右上方延伸。

　　下降趋势线的画法与上升趋势线的画法类似。

　　以上所得到的还只是试验性的趋势线。为了验证其有效性，必须看到价格第三次触及该线，并从它上面再次反弹出去。价格在点 5 对上升趋势线试探成功，于是该趋势线的有效性便得到了验证。

　　因此，归纳起来，首先必须有两点方可画出趋势线，然后用第三个点来验证其有效性。

2. 使用趋势线

　　只要第三点应验了，并且趋势仍按既定方向继续发展，那么上述趋势线就在好几方面大有用武之地。趋势概念的基本观点是，既成趋势的下一步常常是顺势发展的。由此推论，一旦某个趋势如其趋势线所标示的，具备了一定的坡度或演进速率之后，通常将继续保持同样的坡度。因此，趋势线不仅可以确定在市场调整阶段价格的极限位置，更重要的是，可以显示出在何种情况下原趋势正在发生变化。

　　举例来讲，在上升趋势中，调整性的下跌是不可避免的，但它经常只是触及或非常接近相应的上升趋势线。因为交易者的目的就是在上升趋势中趁跌买进，所以，趋势线在市场下方所提供的支撑边界，正好可以看作买进区域。类似的，下降趋势线上方可以视作卖空区域，建立空仓的目的（如图 11.13 所示下降趋势的点 5 和点 7）。

只要趋势线未被突破，我们就可以用它来确定买入或卖出区域。然而，万一趋势线像图 11.13 中点 9 一样被突破了，也就发出了趋势转变的信号，要求我们平仓了结当初顺着原有趋势方向建立的所有头寸。趋势线的突破常常是趋势转变的预警信号。

3. 如何确定趋势线的重要程度

到底有哪些因素能决定一条趋势线的重要程度呢？答案包括两个方面——趋势线未被触及的时间越长，所经过试探的次数越多，则越重要。例如，一条趋势线成功地经受了 8 次试探，并连续 8 次显示了自身的有效性，那么它显然比另一条只经受了 3 次试探的趋势线重要。此外，一条持续有效达 9 个月之久的趋势线，当然比另一条只有 9 个星期或 9 天有效历史的趋势线更重要。趋势线的重要性越强，由其引发的投资者信心就越强，那么它的突破也就越具有重要影响。

4. 趋势线的微小穿越

有时候某一日的价格变化可能一度穿越趋势线，但当天的收市价格依然符合原趋势的要求。在这种情况下，该趋势线是否可以视为被突破了？并且如果结果表明这个小小的穿越只是暂时性的，那么为了把新的价格资料包括进来，我们是否有必要重新画一条趋势线呢？

图 11.14 中，当市场运行到 2014 年 4 月的时候，根据趋势线画法画出的是趋势线 1。到 5 月的时候，如果把新的价格资料包括进来又得到趋势线 2。考虑 6 月、7 月的新价格资料就又得到了趋势线 3。这是令人非常头疼的一件事情，没有确定的趋势线意味着交易策略的不确定性，这是非常致命的。我们在后面还会谈到这个问题。

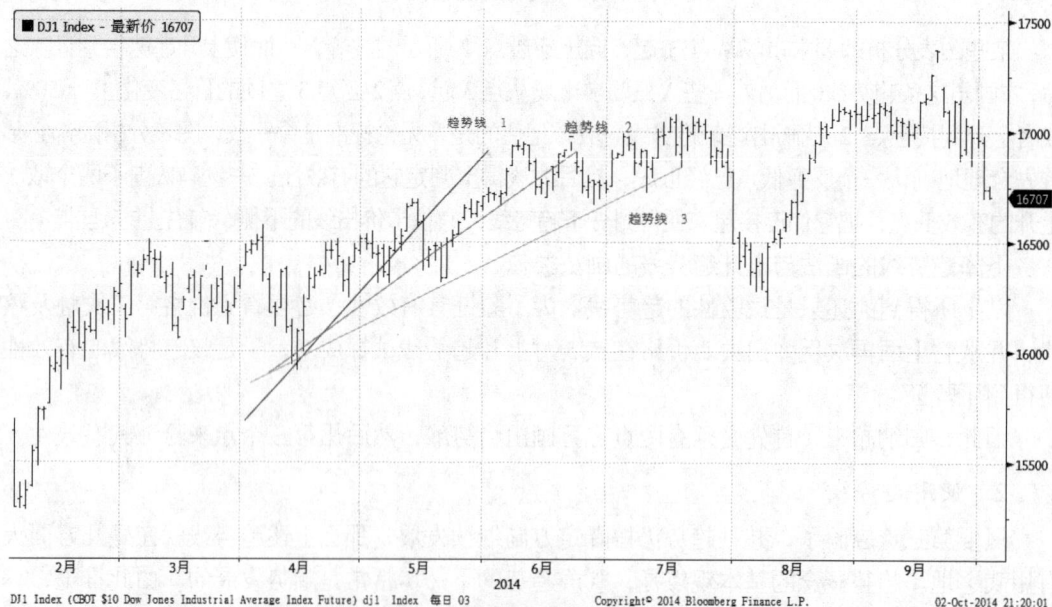

图 11.14　道琼斯指数期货合约趋势线

5. 趋势线突破的有效性

一般来说，收盘价格越过趋势线要比仅仅只有日内价格穿越趋势线更有分量。再进一步，有时甚至只有一个收盘价的穿越也还不足以说明问题。为了辨识有效的趋势线突破，排除错误信号（又称"拉锯现象"，即价格在趋势线上下不断地来回穿越的现象），技术分析师设计了不少时间和价格"过滤器"。

常见的一个价格过滤器是"3%穿越原则"，这种价格过滤器主要用于鉴别长期趋势线的突破，它要求收盘价格穿越趋势线的幅度至少达到 3%，才能判定为有效突破（3%原则不适用于金融期货，如利率期货等）。3%仅仅是一个凭经验得到的数值，交易者可以根据自己的交易风格（长短线）、交易品种设置不同大小的价格过滤器。如果过滤器设置得太小，那么减少"拉锯"影响的效果则不大；如果设置得太大，那么在有效信号出现之前，就错过了一大截采取初始动作的时机。这是一个两难的选择。

设置时间过滤器的一个原则是"两天原则"，换句话说，为了对趋势线构成有效突破，市场必须连续两天收盘在该直线的另一侧。于是，要突破上升趋势线，价格就必须连续两天收盘在该直线的下方。只持续一天的话，突破是不成立的。但是，这也有风险，有时候一天就向下突破5%，如果投资者此时不平仓，那么保证金催缴通知就快到了。因此，为保险起见，可以结合时间过滤器和价格过滤器来设置突破有效性的判定准则。例如，此时可设置成当两个条件满足任意一个时，判定突破有效，进行平仓。那么在当天跌至 3%时，就及时平仓出局，可以避免更大的损失。

五、扇形图

扇形图是趋势线的一种颇有意思的用法，也是对上一部分关于趋势线微小穿越遗留下来的问题的一种解决办法。

有时候，当上升趋势线被突破后，价格先是有所下跌，然后再度上弹，回到原上升趋势线的下边（该线此时已成为压力线了）。请注意，图 11.15 中，价格跌破 1 线后，再度弹升到1 线下边，但是未能向上穿越 1 线。此时我们可以做出新的趋势线（2 线）。随后 2 线也被向下突破了，然后价格再一次弹回，向上试探 2 线未果，于是得到第三条趋势线（3 线）。第三条趋势线若再次被突破，通常就意味着价格将下跌了。原先的支撑线被突破后均变成了压力线，而图中依次变得平缓的三条直线形如扇子。第三条趋势线被突破是趋势反转的有效信号。

下降趋势的扇形图也可以如法炮制。

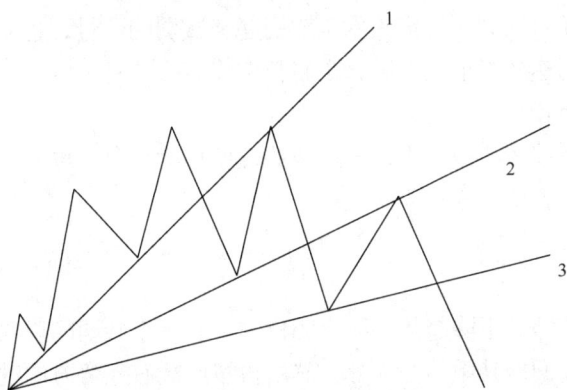

图 11.15　扇形图

六、管道线

管道线，有时又被称为返回线，是趋势线技术的另一应用，也颇有价值。在有些情况下，价格趋势局限于两条平行线之间——其中一条为基本的趋势线，另一条便是管道线。当这种情形出现后，如果分析师判断及时，就有利可图。

管道线的画法相对简单（如图 11.16 所示）。在上升趋势中，首先沿着低点画出基本的趋势线，然后从第一个显著波峰（点 2）出发，用虚线引出其平行线。两条直线均向右上方伸展，共同构成一条管道。如果下一轮上涨抵达管道线后折返下来（如点 4 处所示），那么该管道就成立了一半。如果这次折返一直跌回原先的趋势线上（如点 5 处所示），那么该管道就基本上得到了肯定。在下降趋势中，其情况与上升趋势类似，但方向相反。

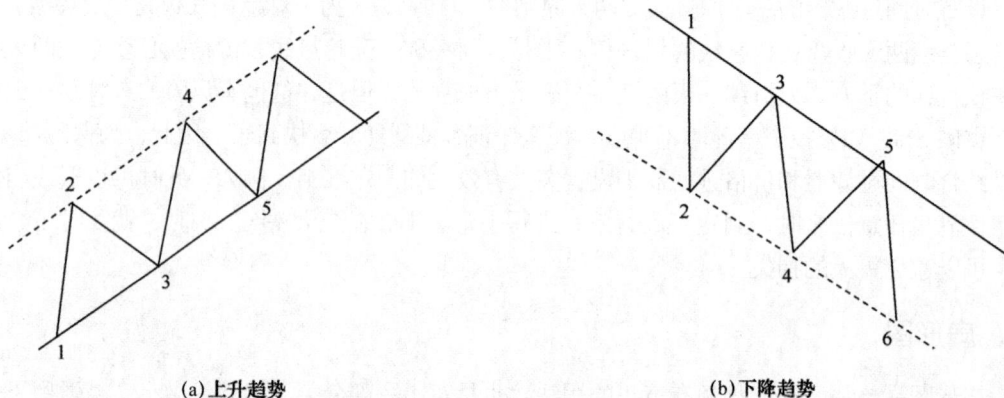

(a)上升趋势　　　　　　(b)下降趋势

图 11.16　管道线

基本的上升趋势线是建立新的多头头寸的依据，而管道线则可用作短线平仓获利的参考。更积极的交易者甚至有可能利用管道线来建立与趋势方向相反的空头头寸（这种逆着趋势方向做交易的策略可能招致风险，且常常要付出高昂的代价）。正如趋势线的情况一样，管道线未被突破的时间越长，试探成功的次数越多，那么它就越重要、越可靠。

当重要的趋势线被突破后，表明现行趋势发生了变化。但是上升管道线的突破恰好具有相反的意义，它表示现行趋势开始加速。有些交易者把上升趋势的管道线的突破视为增加多头头寸的依据。

此外，通常我们还可以利用管道技术来辨别趋势减弱的信号，也就是价格无力触达管道线的情况。当价格无力达到管道顶部时，是趋势即将有变的警示信号，显示基本的上升趋势线被突破的可能性有所增加。

需要切记的是，在趋势线技术中，管道线的重要程度是第二位的，基本的趋势线远比管道线重要。

七、回撤

在前面关于上升趋势和下降趋势的所有图例中，有一个共同的现象就是在每场重大的市场运动之后，价格总要回撤其中的一部分，然后再按照既有趋势方向继续发展。这类与趋势方向相反的价格变化，往往恰好占先前动作一定的百分比。

一种提到最多的回撤比例是 50%。假定市场处于上升趋势，已经从 100 的水平上涨到 200 的水平，那么接下来的调整常常是回撤到这场运动的一半处，即大约 150 的位置，然后市场才恢复原来的上升势头。这是一种十分常见的市场倾向，在金融市场上频繁地出现。同时，这种百分比回撤的概念也适用于任何规模的趋势——主要趋势、次要趋势和短暂趋势。

根据 50%回撤衍生出的最大和最小百分比回撤——1/3 回撤和 2/3 回撤也是比较常见的。换言之，价格趋势可以分成三等份。通常最小的回撤大约为 33%，最大的回撤约为 66%。这就是说，在一个强劲趋势的调整过程中，市场通常至少回撤到前一个运动的 1/3 位置。如果交易者打算在市场下方计划一个值得买入的价格，那么可以据此来推算其大致的进场点。

最大回撤百分比为 66%，如果先前的趋势能够持续下去，那么调整必须在 2/3 处打住。于是，在这个关键区域，无论是在上升趋势中买进，还是在下降趋势中卖出，相对来说其风险都比较小。如果在调整中价格越过了 2/3 处，那么趋势反转的可能性就会大于单纯调整的可能性了。下一步，价格通常将返回原先趋势的起点，也就是要 100%地回撤了。

八、价格跳空

价格跳空是指在线图某段区域上没有发生交易的现象。例如，在上升趋势中，某日最低价高于前一日的最高价，从而在线图上留下一段当日价格不能覆盖的缺口。在下降趋势中，对应情况是当日的最高价格低于前一日的最低价。

向上跳空表明市场坚挺，而向下跳空则通常是市场疲软的标志。跳空现象在长期性质的周线图和月线图上也可能出现，而且一旦发生了，其效果非同小可。不过跳空现象在日线图上更为常见。

关于跳空，我们听到最多的是"跳空会被填回"，但这是不正确的。跳空根据所处的位置和场合不同，可以分成不同的类型。不同类型的跳空，其意义也是不同的。

1. 突破跳空

突破跳空通常发生在市场重要运动的开始阶段。在市场完成了主要的底部反转形态之后，如头肩底形态，对颈线的突破经常就是以突破跳空的形式进行的。另外，因为重要趋势线被突破时意味着趋势反转，所以也可能引发突破跳空的现象。

突破跳空通常是在巨大的交易量中形成的。突破跳空一般不被填回。价格或许会回到跳空的上边缘，或者甚至部分地填回跳空中，但通常其中总有一部分保留如初，不能被填满。一般来说，在这种跳空出现后，交易量越大，它被填回的可能性就越小。事实上，如果该跳空被完全填回，价格重新回到了跳空的下方，那么这其倒可能是个信号，说明原先的突破并不成立。向上跳空在之后的市场调整中通常起着支撑作用，而向下跳空在之后的市场反弹中将成为压力区域。

2. 中继跳空

当新的市场运动发生、发展过一段时间之后，大约在整个运动的中间阶段，价格将再次跳跃前进，形成一个跳空或一系列跳空，称之为"中继跳空"。此类跳空反映出市场正以中等的交易量顺利地发展。在上升趋势中，它的出现表明市场坚挺；而在下降趋势中，它的出现则显示市场疲软。正如突破跳空的情况一样，在上升趋势中，中继跳空在此后的市场调整中将构成支撑区域，它们通常也不会被填回，而一旦价格重新回到中继跳空之下，那就是对上升趋势不利的信号。

3. 衰竭跳空

衰竭跳空出现在接近市场运动的尾声处。在价格已经抵达了所有目标，并且上面介绍的两种跳空（突破跳空和中继跳空）均已清晰可辨之后，分析师便开始预期衰竭跳空的到来。

在上升趋势的最后阶段，跳空已经无力，收盘价格也会填满此类跳空，显示出市场的疲软。

第三节　反 转 形 态

反转形态的图形表示资产价格的原有走势将要有逆转的趋势，或者由涨势转为跌势，或由跌势转为涨势。熟悉市场常见的反转形态，对判断市场趋势非常有帮助。本节将介绍几种常见的反转形态，包括头肩顶、头肩底、多重顶和多重底，以及圆顶和圆底等。

一、反转形态的特点

1. 市场处在趋势中

市场上确有趋势存在是所有反转形态存在的先决条件。市场必须先有明确的趋势，然后才谈得上反转。图表上偶尔会出现一些与反转形态相像的图形，但是如果事前并无趋势存在，那么它便不能算反转。

2. 趋势线被突破

反转过程经常以突破重要的趋势线为前兆，但是主要趋势线被突破，并不一定意味着趋势的反转。这个信号本身的意义是原趋势正有所改变。重要的向上趋势线被突破后，可能表示横向延伸的价格形态开始出现，以后，随着事态的进一步发展，我们才能够把该形态确认为反转型或持续型。在有些情况下，主要趋势线被突破同价格形态的完成恰好是同步实现的。

3. 形态的规模与潜在的市场变化成正比

形态的规模就是价格形态的高度和宽度。高度标志着形态的波动性的强弱，而宽度则代表着该形态从发展到完成所花费的时间。形态的规模越大，即价格在形态内摆动的范围（高度）越大、经历的时间（宽度）越长，那么该形态就越重要，随之而来的价格运动的余地就越大。

4. 顶和底的区别

顶部形态和底部形态相比，持续时间短但波动性更强。在顶部形态中，价格波动不但幅度更大，而且更剧烈，它的形成时间也较短。底部形态通常具有较小的价格波动幅度，但耗费的时间较长。正因如此，辨别和捕捉市场底部比捕捉其顶部要容易些，且损失也相应少些。不过对喜欢做空的交易者来说，好消息是价格通常倾向于快跌而慢涨，因此尽管顶部形态比较难把握，但收益却颇丰。通常，交易者在捕捉熊市的卖出机会的时候比在抓住牛市的买入机会的时候，赢利要快得多。

5. 交易量在价格向上突破时更具验证意义

交易量一般应该顺着市场趋势的方向相应地增长，这是验证所有价格形态完成与否的重要线索。任何形态在完成时，均应伴随着交易量的显著增加。但是，在趋势的顶部反转过程的早期，交易量并没有那么重要。这意味着，即使成交量没有显著增加，价格也会毫不犹豫地下跌。

然而在底部反转过程中，交易量的相应增长却是必须的。如果当价格向上突破时，交易量形态并未呈现出显著增长的态势，那么整个价格形态的可靠性就值得怀疑了。

二、头肩顶

在上升趋势中，一系列依次上升的波峰和波谷势头逐渐放缓，然后上升趋势开始停顿。此时，供求双方的力量对比处于相对平衡之中。一旦这个派发阶段完成，那么上述调整的横向交易区间底边处的支撑就被突破了，从而市场确立了新的下降趋势，反转形态完成。

图 11.17 中，点 A、点 B、点 C 之间的价格路径是上升趋势中的峰谷递进，但是点 D 下跌的低点低于从前的高点 A，由于上升趋势中以前的高点在市场调整中起到支撑作用，这次下跌已经跌破该支撑，几乎达到了前一个向上反弹的低点 B 的水平，这是一个警示信号，说明该上升趋势可能出了问题。

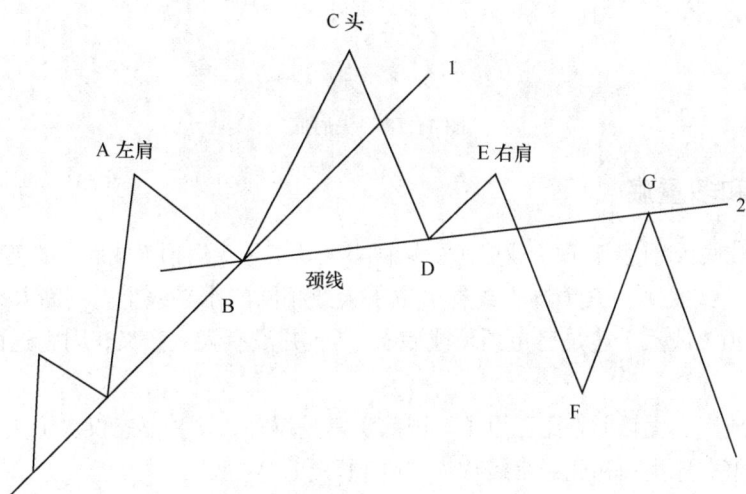

图 11.17　头肩顶

随后市场再次上冲到点 E，没能突破前期高点 C，因此宣告本轮牛市趋势终结，但在点 E 处尚不构成做空的条件，因为后面可能是横向延伸的趋势，未必是下降趋势。所以，此时最好的操作是平掉多头仓位，不要轻易开仓做空。

根据两个向上反弹的低点 B 和点 D，可以做出一条较为平缓的趋势线，称为颈线（线 2）。在顶部，颈线一般轻微上斜（水平和下斜的情况也是有的）。头肩顶成立的决定性因素是，收盘价明确地突破到颈线之下。在这种情况下，市场终于突破了由低点 B 和 D 点构成的趋势线，并跌破点 D 的支撑，从而完全满足了新趋势产生的前提条件——依次下降的波峰和波谷。于是，从依次下降的点 C 到点 F 段上，我们可以确定新一轮的下降趋势。

三、头肩底

头肩底有时候也被称为倒头肩形，它的图像恰好与头肩顶互为镜像。

图 11.18 中，头肩底具有三个清楚的波谷，其中"头"（中间的波谷）稍低于"两肩"。收盘价格决定性地向上突破颈线位，也是该形态得以完成的必要条件。

分析头肩底形态时，最好配合交易量来进行。与头肩顶不同的是，判定头肩底时，交易量可起到更为关键的验证作用。当市场力图发动一轮牛市的时候，必须具有较多的交易量，也就是说，必须具有显著增强的买进推力。这一点对所有底部形态都成立。

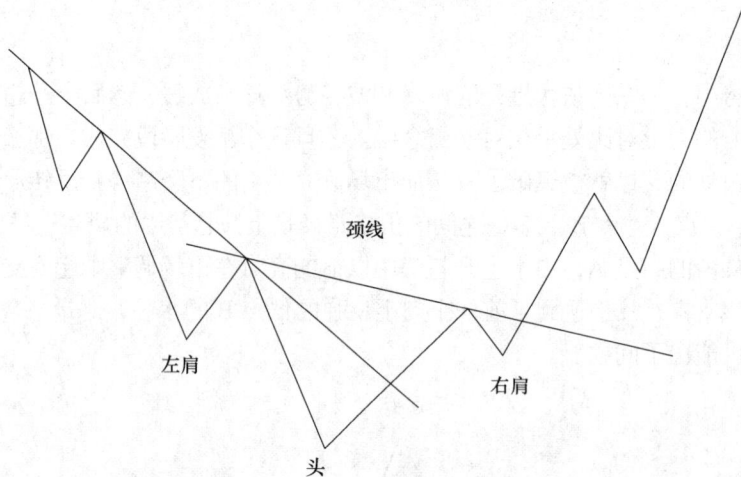

图 11.18　头肩底

四、多重顶和多重底

三重顶（或底），比头肩顶（或底）少见得多，其实是头肩顶（或底）的变体。其主要区别是，三重顶（或底）的三个峰（或谷）位于大致相同的水平线上。判断某个反转形态到底应属于头肩顶（或底）还是三重顶（或底），其实并没有太大意义，因为这两者本质上是一回事。

双重顶（或底）反转形态比三重顶（或底）常见得多，这种形态仅次于头肩顶（或底），出现得也很频繁。这类顶和底经常被称为"M顶"和"W底"。

五、圆顶和圆底

圆顶和圆底（也称蝶形顶和蝶形底）。圆顶（底）形态代表着趋势很平缓地、逐渐地从上升（下降）转向横向，再从横向转为下降（上升）。

通常，圆底出现在长周期图表上，持续时间长达数年也很正常，持续的时间越长，则形态具有的意义越重要。

和圆底对应的一种快速的反转趋势称为"V形反转"。这是一种快速的反转，通常是由突发的消息面变化导致的。

第四节　持续形态

持续形态的图形表示资产价格将延续原先的趋势，即继续保持原有的涨势或跌势。熟悉市场常见的持续形态，对判断市场趋势非常有帮助。本节将介绍几种常见的持续形态，包括三角形、旗形、楔形和矩形等。

一、三角形

1. 对称三角形

对称三角形通常属于持续形态，它表示既有趋势暂时处于休整状态，随后将恢复。如果原先趋势向上，那么最终可能性较大的是以价格向上突破来结束这场三角形调整。如果原先趋势向下，那么对称三角形则具有看跌的预测作用。

在对称三角形中，我们要求其中至少有四个转折点。因为至少两点才能画出一条趋势线，因此，为了得到两条聚拢的趋势线，市场价格在每条线上必须至少发生两次转折（如图11.19所示）。价格三角形实际上从点1开始，这也就是上升趋势的调整的开端。接着，价格回撤至点2，然后再上冲到点3，点3低于点1。仅当价格从点3再度回落之后，才能画出上边的趋势线。注意，点4高过点2，仅当价格从点4向上反弹之后，才能画出上倾的下边线。也就是说在图中至少要有点1、2、3、4，我们才能画出这样的对称三角形。

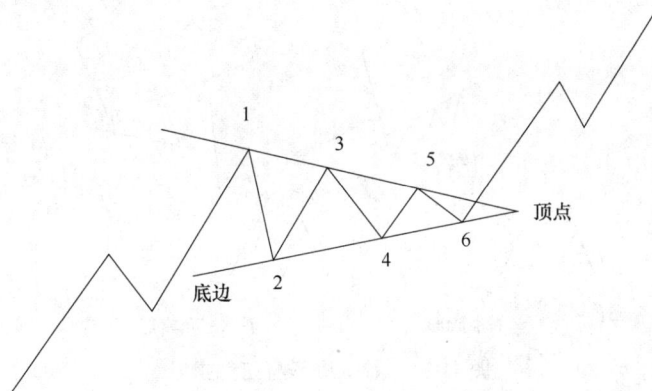

图11.19 看涨对称三角形

除了价格的界定外，三角形事实上还提供了对时间的预测。当我们画出对称三角形时，一个可以预计的突破时间点在点1到顶点的3/4处，如果在这个时间段内没有发生突破，那么通常就意味着价格将持久地振荡下去，直到顶点以外。

2. 其他三角形

上升三角形和下降三角形（如图11.20所示）都是对称三角形的变体。其中，上升三角形的上边线持平，下边线则上升，该形态显示买方比卖方更为积极主动，属于看涨形态，通常以向上突破作为完结标志。下降三角形的上边线下降，下边线持平，该形态显示卖方比买方更为积极主动，属于看跌形态，通常以向下突破作为完结标志。

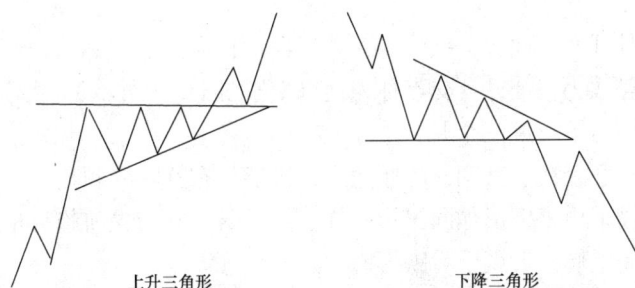

图11.20 上升三角形与下降三角形

这两类三角形和对称三角形最大的区别在于，无论该形态出现在上涨趋势还是下跌趋势中，这两类三角形都是明确的看涨和看跌形态，而对称三角形是原先趋势的延续。

二、旗形

旗形及其变体三角旗形在图表中出现的频率相当高（如图 11.21 所示）。这种形态表示市场充满活力，但暂时处于休整状态。事实上，剧烈的、几乎是直线式的市场运动，是旗形和三角旗形出现的先决条件。这两种形态说明，市场价格的陡峭上升或下跌过于超前了，因而需要稍做休整，然后再顺着原方向飞奔而去。

旗形和三角旗形是两种非常可靠的持续形态，仅在极少数情况下会引发市场反转。旗形与平行四边形或矩形相像，是由两条向现行趋势相反方向倾斜的、相互平行的趋势线围成的。在下降趋势中，旗形或许具有稍稍向上的倾角。

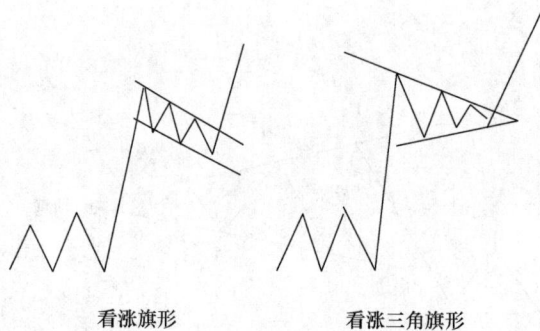

看涨旗形   看涨三角旗形

图 11.21　看涨旗形与三角旗形

三角旗形以两条互相聚拢的趋势线为特征，总体来说，更呈现出向水平方向发展的特点，极像小的对称三角形。在两种形态中，还有一个重要的先决条件，即随着两种形态的逐渐形成，交易量应该显著地减少。

相对于三角形形态而言，旗形形态是短期的，应当在一到三个星期完成，在下降趋势中其延续时间往往更短，经常为一到两周。在上升趋势中，两种形态的完成均以对上边趋势线的突破为标志。而在下降趋势中，对下边趋势线的突破则意味着下降趋势的恢复。对上述趋势线的突破应当发生在交易量较大的背景下。通常，向上突破时的交易量因素比向下突破时，起着更为关键的验证作用。

三、楔形

从外形和持续时间两方面看，楔形与对称三角形相似。像对称三角形那样，该形态也以两条相互聚拢的趋势线为特征，其交点称为顶点（如图 11.22 所示）。从时间角度看，楔形通常持续一个月以上，但不超过三个月。

楔形的与众不同之处在于其明显的倾角上，楔形具有鲜明的倾角，方向很明确，要么向上，要么向下。一般来说，楔形如同旗形一样，其倾斜方向与先前趋势相反。于是，下倾楔形属于看涨形态，而上倾楔形属于看跌形态。

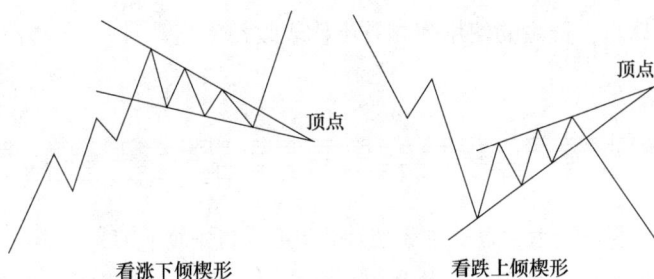

看涨下倾楔形　　　　　　　看跌上倾楔形

图 11.22　楔形

四、矩形

矩形在价格图表上是非常容易辨识的，在该形态中，价格在两条平行的水平直线之间横向伸展，如图 11.23 所示。

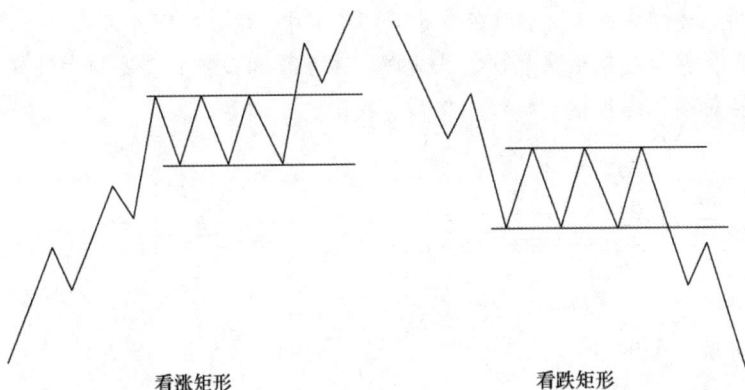

看涨矩形　　　　　　　　看跌矩形

图 11.23　矩形

技术分析师通常把矩形称为交易区间或密集区，查尔斯·道将其称为"直线"。无论怎么称呼，矩形代表着目前市场的状况是既有趋势中的调整阶段，最终市场将顺着之前的趋势方向完结矩形形态。

当价格决定性地收盘在上边界或下边界以外时，矩形形态完成，并且指向现行趋势的方向。

有一部分交易者会在矩形区间内做波段交易，即在价格下跌到接近下边界的时候买进，在价格上冲到接近上边界的时候卖出。这种方法使得资金的使用效率大幅提高，因为市场上的趋势不总是有，"有趋势时做趋势，无趋势时做波段"是这类人的想法。他们通常把头寸建立在形态的极限位置上，只要价格确实在矩形内变化，那么这种反趋势的交易方法就很有效果。但是需要注意的是，一旦出现了突破，那么交易者必须立即了结亏损的头寸，同时在趋势方向建立新的头寸。

需要提醒注意的是，逆趋势交易是非常危险的，不建议初学者这么做。如果一定要这么做，可以先从半波段开始。即在上升趋势中，当价格跌至矩形下边界时建立多头头寸；或者在下降趋势中，在价格接近上边界时建立空头头寸。只在顺趋势方向的波段投资而放弃在逆趋势的波段投资，以防止价格突破时出现爆仓。

最稳妥的方法就是完全避开此类无趋势的市场，直到清晰的突破信号出现后，才投入资金。要学会观望和休息，资金的使用率高并不代表收益率高。

本章小结

常见的技术分析图表有柱线图、单线图和蜡烛图；而刻度也可分为算术刻度和对数刻度，后者更容易刻画、表现长期趋势。交易量和持仓量都会在图表上显示，但是通常期货交易的持仓量并非显示某一个交割月份的合约，而是所有交割月份的总持仓量，以克服因正常平仓所导致的持仓量减少的问题。

趋势分为上升趋势、下降趋势和横向延伸趋势。根据趋势持续的时间长短，又可分为主要趋势、次要趋势和短暂趋势，通常期货交易中的次要（中）趋势一般会延续几个月，是期货趋势交易最重要的一段，而短暂趋势主要用来确定出入市的时机。在中等上升趋势中，短暂的回落可以用来建立多头头寸，而在中等下降趋势中，短暂的回弹可以用来建立空头头寸。

常见的趋势反转形态包括头肩顶、头肩底、多重顶和多重底、圆顶和圆底等。

常见的趋势持续形态包括三角形、旗形、楔形、矩形等。

综合练习

一、名词解释

趋势　头肩顶　楔形

二、单选题

1. （　　）被称为"美国线"。

    A．蜡烛图　　　　B．柱线图　　　　　　C．点数图　　　　　　D．单线图

2. 图 11.24 所示的图表是（　　）。

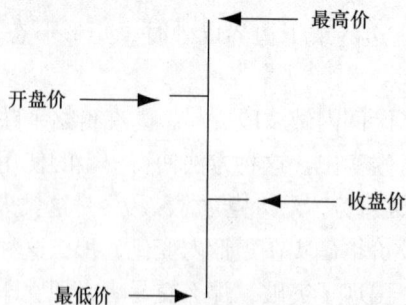

图 11.24　技术图表

    A．蜡烛图　　　　B．柱线图　　　　　　C．点数图　　　　　　D．单线图

3. 蜡烛图的实体部分如果是黑色（或其他填充色），则意味着（　　）。

    A．当日开盘高于当日收盘　　　　　　　B．当日最高价创 3 天新高

    C．当日收盘高于当日开盘　　　　　　　D．当日最低价创 3 天新低

4．在（　　）中，频繁地做多头交易最不易导致亏损。

A．上升趋势　　　　B．下降趋势　　　　C．横向延伸趋势　　　　D．没有趋势

5．（　　）的上升趋势线的意义最大。

A．价格触及该趋势线 8 次　　　　　　B．价格触及该趋势线 5 次

C．趋势线形成 2 天　　　　　　　　　D．趋势线形成 1 周

6．（　　）最容易被填回。

A．突破跳空　　　　B．中继跳空　　　　C．反转跳空　　　　D．衰竭跳空

7．以下图表形态中，属于反转形态的有（　　）。

A．头肩顶　　　　B．对称三角形　　　　C．三角旗形　　　　D．楔形

三、多选题

1．（　　）等时间刻度可以被用作图表分析。

A．1 分钟图　　　　B．日线图　　　　C．周线图　　　　D．月线图

2．一般而言，技术分析师把图表的形态分成（　　）等几类。

A．持续形态　　　　B．突破形态　　　　C．反转形态　　　　D．跳空形态

3．对期货进行图表分析时，一般应把（　　）等信息放进图表。

A．价格　　　　B．交易量　　　　C．保证金比例　　　　D．持仓量

4．支撑区域或压力区域的重要程度通常包括（　　）等因素。

A．市场在该区域经历的时间　　　　　　B．在该区域的交易量

C．该区域形成的时间距今远近　　　　　D．前期的走势

5．常见的过滤趋势线突破的"过滤器"有（　　）。

A．3%原则　　　　　　　　　　　　　　B．两天原则

C．3%原则与两天原则的复合　　　　　　D．扇形原理

四、判断题

1．单线图就是"美国线"。　　　　　　　　　　　　　　　　　　（　　）

2．在蜡烛图中，实体部分为黑色（或其他填充色）的代表上涨。　　（　　）

3．蜡烛图又称为 K 线图。　　　　　　　　　　　　　　　　　　（　　）

4．在对数刻度图表中，相等距离的区间表示相等的价格差距。　　　（　　）

5．期货单个合约的持仓量增加，可以认为是市场对该合约的关注度或热情的增加。

（　　）

五、简答题

1．简述支撑和压力的概念和关系。

2．常见的反转形态有哪些？

3．常见的持续形态有哪些？

第十二章 技术指标分析

【学习目标】

1. 理解常用的趋势型指标的含义及其基本用法;
2. 理解常用的摆动型指标的含义及其基本用法。

图表分析可以加深交易者对于市场的理解,对图表背后交易心理的分析对于理解市场的各种变化更是有着极大的帮助。然而,必须要承认的是,图表分析在很大程度上是主观的,所以对于图表分析师的分析,很难客观地给出评价,而技术指标分析在一定程度上解决了这个难题。通常我们把技术指标根据所适用的市场情况分成趋势型指标和摆动型指标,前者在趋势行情中表现出色,而后者在震荡行情中更加有效。

第一节 趋势型指标

趋势型指标顾名思义是用来描述趋势运行状况的指标,是趋势交易者最为关注的指标。大多数的趋势型指标都由两条线组成,一般来说,两线交叉构成买卖点,代表着一段趋势的开始或结束。市场上的趋势型指标种类繁多,此处只介绍使用最多的三种,其他的指标都或多或少用到了这三种指标的概念和思路。

微课堂
均线

一、移动平均线

在所有技术指标中,移动平均线(MA)(以下简称"均线")最富灵活性,也最简单,因此,它成为趋势交易中使用最频繁的一个指标。

1. 移动平均线的种类

事实上,移动平均线有相当多的种类。最常见的是简单移动平均线,即算术平均线。简单移动平均线需要一个输入参数(由交易者指定),也就是需要对几天的价格进行平均。通常有5天、20天、60天等。

简单移动平均线的一个特点是每日的权重都是相等的,但是有些交易者会认为距离今天越近的价格包含越多的信息,希望把更多的权重分配在较近的价格上,因此衍生出指数加权移动平均线,它很好地解决了权重的问题。不过目前应用最广泛的还是简单移动平均线。

2. 均线的参数选择

最为常见的交易策略是当价格上穿均线时，则买入做多；当价格下穿均线时，则卖出做空。这背后的理由是，平均价格在一定程度上代表了过去这段时间买入做多者的持有成本，如果市场价格超过了他们的持有成本，那在市场上对于过去这段时间持有该合约的人平均而言是获利的，因此会激发更多的买入意愿，一起推动价格走高；而如果市场价格跌破了他们的持有成本，那在市场上对于过去这段时间持有该合约的人平均而言是亏损的，因此其会尽快地平仓止损，从而导致价格更大跌幅地下跌。

但是一个明显的问题是，该选用多少天作为均线的参数呢？如果选取天数较短的参数，那么即使价格突破均线了，也并不一定上涨，原因是突破短期均线仅仅意味着这些短期进场者是赢利的，如果长期进场者是亏损的，那同样不会造成大的市场运动。那么选择较长的天数作为参数呢？那就会出现当价格突破了长期均线时，该合约已经上涨了很大一部分了，此时进场已经大大减少了可以获取的利润，又或者因出场时反应太慢，利润被削减一大半。其实，简而言之就是，如果选择短期均线，那么穿越现象将频繁出现，其中的错误信号就多；如果选择长期均线，那么对价格的反应就迟钝，导致进场晚，且出场也晚。

一种改进的方法就是使用多条均线来平衡单一均线策略的问题。例如，可以选择一长一短两条均线（如 40 天均线和 10 天均线），当短期均线上穿长期均线时，构成买入信号，当短期均线下穿长期均线时，构成卖出信号。

3. 均线的缺点

均线的信号指示我们顺着趋势的方向进行交易。作为一种追随趋势的指标，它总是顺着趋势方向交易的，因此，当市场处于良好的趋势阶段时，其工作状态最佳。但是，当市场忽上忽下，进入了横向延伸阶段后，其表现会糟糕。要知道，市场有 1/3～1/2 的时间是处于横向整理阶段的。

图 12.1 是芝加哥期货交易所 1411 大豆合约的价格走势及 20 日均线，在两个矩形框内，价格分别不断上下穿越均线。此时，如果按照上穿买入、下穿卖出的策略，则会造成相当多的亏损；而在其他两段有较明显趋势的走势中，20 日均线策略就表现得十分突出。

图 12.1　芝加哥期货交易所 1411 大豆合约价格走势及 20 日均线

所以，均线策略在相当多的时间并不能发挥作用，想在市场中靠一个指标进行交易的策略是行不通的。

二、平滑异同平均指标

平滑异同平均指标（MACD）是趋势跟踪动量指标，表明两条价格移动平均线的关系。平滑异同平均指标最早是《系统与预测》（*System and Forecasts*）的出版人杰拉尔德·阿佩尔发明的。

平滑异同平均指标在应用上应先计算出快速（默认 12 日）移动平均值与慢速（默认 26 日）移动平均值。以这两个数值作为测量两者间的差值，记作 DIF，又称"快速线"。计算差值的 9 日指数移动平均，记作 DEA，又称"慢速线"。两个值都以连线的形式在图表上显示。DIF 和 DEA 的差值，在图上以柱状来表示。

平滑异同平均指标的用法有很多，我们主要介绍以下两种：交叉与背离（如表 12.1 所示）。

图 12.2 是芝加哥期货交易所 1411 大豆合约价格走势及平滑异同平均指标，图中标出了根据表 12.1 给出的买入和卖出信号。我们发现交叉信号给出的买卖点在趋势市场中表现尚

表 12.1　平滑异同平均指标基本用法

用法	条件 1	条件 2	信号
交叉	DIF、DEA 均为正	DIF 上穿 DEA	买入
	DIF、DEA 均为负	DIF 下穿 DEA	卖出
背离	价格创新高	DIF 未创新高	卖出
	价格创新低	DIF 未创新低	买入

可，但是在横向拉锯市场中，则错误较多。事实上，这也是追踪趋势的技术指标的通病。

但是我们发现，背离信号似乎非常准确，图中标出的两次底部背离（即价格创新低，平滑异同平均指标未创新低）和一次顶部背离（即价格创新高，平滑异同平均指标未创新高）。且三次信号两次都正确，最后一个信号是否准确留给读者去查阅数据自行验证。

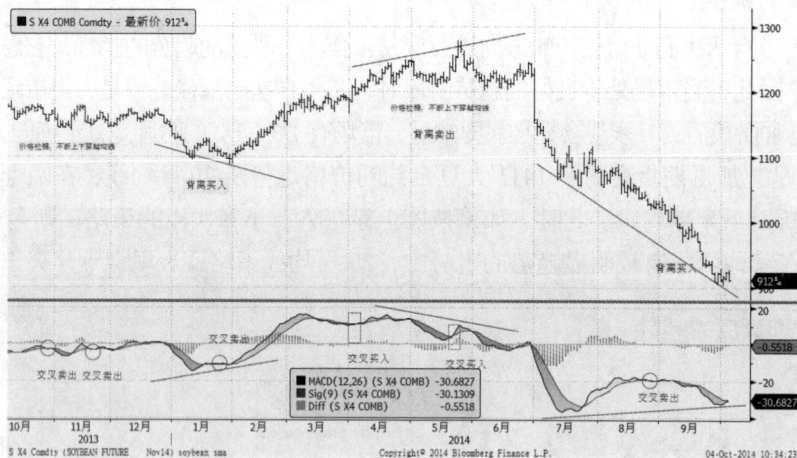

图 12.2　芝加哥期货交易所 1411 大豆合约价格走势及平滑异同平均指标

三、布林带

1. 概述

布林带（BOLL）是约翰·布林始创的，是在移动平均线的两侧构建的一个交易带。通常的布林带采用的是 20 日移动平均线，同时向上向下偏移两个标准差形成一个带状区间。标准差是一个统计学上的概念，表示过去 20 日价格围绕移动平均值分布的偏离程度。把移动平均线分别向上和向下偏移两个标准差，可以确保 95% 的价格分布在布林带之间（前提假设是价格运动服从正态分布）。

一般来说，当价格向上触及布林带上方时，则认为市场向上过度延伸了（超买状态）；当价格向下触及布林带下方时，则认为市场向下过度延伸了（超卖状态）。

2. 用法

布林带最简单的用法是分别以上、下布林带作为价格目标。换言之，如果价格从下方布林带上触底反弹，并向上穿越了 20 日均线，则上方的布林带就成为本轮行情的价格目标。反之，当价格向下穿越 20 日均线后，就能以下方的布林带作为价格目标。在强劲的上升趋势中，通常价格只在上方布林带和 20 日均线之间波动。在这种情况下，当价格向下穿越 20 日均线时，则构成了趋势向下反转的警告信号。

布林带的宽度随着过去 20 日的市场波动率而不断地扩大或缩小。在价格波动率上升期间，布林带的宽度将扩大；反之，当市场波动率下降时，布林带的宽度将缩小。布林带倾向于形成扩张和收缩的相互交替，当布林带的两条交易线相互远离时，常常表示当前趋势也许即将终结；而当布林带的两条交易线收缩得过窄时，常常表示市场可能即将产生新的趋势。

图 12.3 显示的是芝加哥期货交易所 1411 大豆合约价格走势及布林带，价格图表上的三根线分别是 20 日均线和布林带的上下轨，副图是布林带的带宽运行情况。我们可以看到，价格大多运行在布林带的上下轨之间，从副图中带宽的变化情况来看，布林带基本给出了正确的信号。

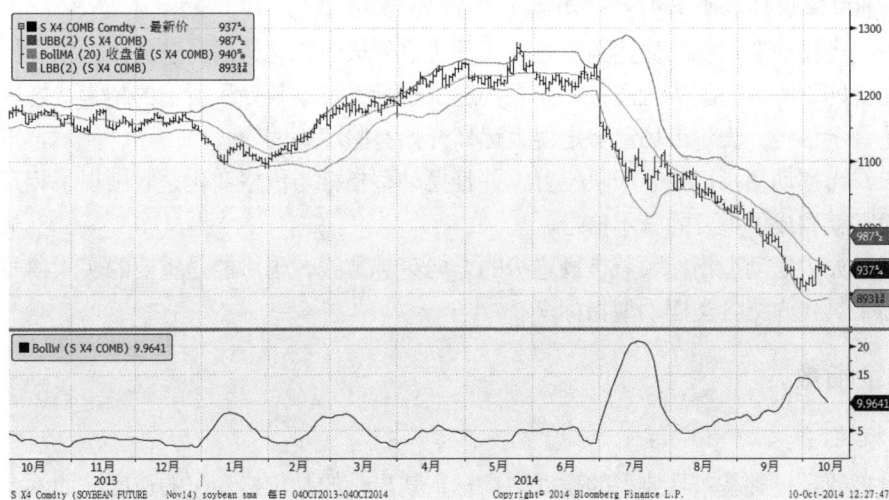

图 12.3　芝加哥期货交易所 1411 大豆合约价格走势及布林带

第二节　摆动型指标

摆动型指标同趋势型指标不同，属于另外一种技术指标，当市场进入了无趋势阶段时，价格通常在水平区间中上下波动，在这种情况下，大多数趋势型指标都频繁出现假信号，此时，摆动型指标就有了用武之地。因此，对于技术分析师而言，除了掌握趋势型指标以外，熟悉摆动型指标也是非常必要的，毕竟市场上的趋势并不是那么多。

当然，摆动型指标的用途并不仅限于在水平方向的交易区间中。在趋势阶段，如果我们把摆动型指标与价格图表参照使用，那么，当市场即将出现短暂的极端状态，即通常的超买或超卖状态时，摆动型指标也能及时提醒交易者。同时，当趋势的动力正在衰退，而这一危机尚未在价格上明显地显露时，从摆动型指标上也能找到线索。通过摆动型指标的相互背离现象，交易者能够看出趋势终结的信号。

一、摆动型指标概述

1. 摆动型指标的基本用法

摆动型指标必须附属于基本的趋势分析，从这个意义上说，它只是第二位的指标。市场的主要趋势是压倒一切的，交易者应永远顺着趋势进行交易。在大趋势来临时，摆动型指标用处不大，甚至容易导致交易者错过大的行情，然而在市场趋势趋于尾声时，摆动型指标就极有价值了。

摆动型指标多种多样，但是其构造原理都相差无几。摆动型指标的波谷和价格的波谷几乎同步，指标运行在一定的数值范围内，在上下边界之间通常设有中间值，也叫作零线。无论摆动型指标达到了上边界的极限数值，还是下边界的极限数值，都意味着当前的价格波动可能幅度过大、速度过猛，因此，市场即将出现调整或巩固的过程。另外，一般来说，当摆动型指标进入区域的下边界时，交易者应当买入；而当它进入区域上边界时，交易者应当卖出。当有些指标穿越零线时，也可构成买进或卖出信号。

2. 摆动型指标最重要的三种用途

第一，当摆动型指标的值达到上边界或下边界的极限值时，最有意义。如果它接近上边界，市场就处于所谓的超买状态；如果它接近下边界，市场就处于所谓的超卖状态。这两种情况都是警示信号，表示市场趋势走得太远，开始有些"脆弱"。

第二，当摆动型指标处于极限位置，并且摆动型指标与价格变化之间出现了相互背离现象时，通常就构成了重要的警示信号。

第三，如果摆动型指标顺着市场趋势的方向穿越零线，则可能是重要的买卖信号。

下面来具体介绍各类摆动型指标。

二、动量指数

1. 概述

动量指数是一种基本且典型的摆动型指标，其显示的是价格变化的速度，而不是价格水平。动量指数的计算方法是按照一定的时间间隔（通常是 10 天）连续地采集价格变化的数值。例如，我们要构造 10 天的动量指数，则简单地从当日的收盘价减去 10 天前的收盘价即可，正负符号分别表示该线当天在零线上方或下方。

$$M=V-V_x$$

式中，V 代表当日的收盘价格，V_x 为 x 天以前的收盘价格。

如果当日的收盘价大于 10 天前的收盘价，那么 M 为正数，把它标在零线的上方；如果当日的收盘价小于 10 天前的收盘价，那么 M 为负数，把它标在零线的下方。

2. 动量指数曲线的意义

技术分析师通过一定时间间隔的两个价格之差构造曲线，意在研究市场价格上升或下降的速度。如果价格处于上升之中，并且动量指数曲线居于零线上方，且步步上扬，那么，就意味着上升趋势正在加速。如果动量指数曲线由上升转为持平发展，则意味着当前收盘价的上涨幅度与 10 天前的涨幅一样。尽管价格或许依然处于上升之中，但其上升速度已趋平稳。如果动量指数曲线开始向零线回落，那么价格的上升趋势可能依然存在，但其速度则趋于减小，说明上升趋势的动力正在减弱。

当动量指数曲线延伸到零线以下时，表示当前的收盘价低于 10 天前的收盘价，近期的下降趋势开始生效（与此同时，10 日移动平均线也开始下降）。动量指数曲线进一步深入零线下方，说明这个下降趋势的动力正逐渐增强。仅当动力指数曲线重新上升之后，分析师才能判断下降趋势开始放缓了。

需要牢记的是，动量指数显示的是一定时间间隔的收盘价之差。如果其曲线处于上扬状态，那么就表明当前收盘价上涨的幅度超过 10 天前收盘价的上涨幅度。如果当前价格涨幅仅仅达到 10 天前的涨幅，那么动量指数曲线将持平。如果当前价格的涨幅小于 10 天前的涨幅，那么尽管价格依然上升，动量指数曲线却开始下降了。动量指数就是这样测定当前价格趋势的加速或减速状态的。

从动量指数的构造方法可以看出，它的曲线总要领先价格一步。它比价格的实际上升或下降要超前几天。当既有价格趋势仍在继续发展的时候，动量指数可能已经开始持平地伸展了。而当价格开始持平伸展时，动量指数可能已经朝相反的方向变化了。

3. 用法

在动量指数图上，有一条零线，很多技术分析师把动量指数对零线的穿越看成买卖信号。当动量指数曲线向上穿越零线时，构成买入信号；而当它向下穿越零线时，构成卖出信号。然而，这里我们要再次强调，基本的趋势分析依然有压倒一切的地位。我们不应当孤立地采用摆动型指标分析买卖信号，而逆着当前主要趋势的方向交易。当动量指数曲线向上穿越零线时，只有在市场趋势也向上的条件下，才能真正地买进，以建立多头头寸。而当动量指数曲线向下穿越零线时，只有在市场趋势也向下的条件下，才能建立空头头寸。

从图 12.4 中可以看出，在 2013 年 12 月之前，动量指数曲线不断上下穿越零线发出买入和卖出信号，但是由于没有主要的趋势形成，因此在该阶段所有的摆动型指标都无效。在 2014年 2 月，动量指数曲线上穿零线时，此时价格正在上升趋势的初期，是一个可靠的信号。在 2014 年 6 月，动量指数曲线下穿零线，此时价格刚好经过一次大幅下跌，下跌趋势明显，做空信号强烈，后期走势也强烈地证实了这点。

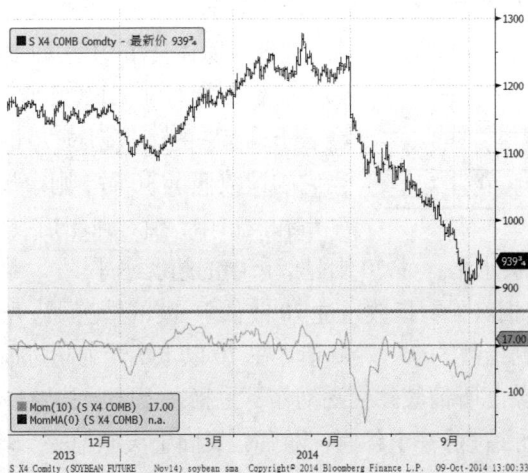

图 12.4　芝加哥期货交易所 1411 大豆合约价格走势及动量指数

三、相对强弱指数

1. 概述

相对强弱指数（RSI）是小韦尔斯·怀尔德首创的，发表在他的《技术交易系统的新思路》（1978 年出版）一书中。

正如怀尔德所指出的，构造动量指数面临两大主要问题。第一个问题是，如果在过去的价格轨迹中存在急剧的升降，则经常导致动量指数的偏离。例如，在 10 天动量指数曲线上，如果 10 天以前，价格曾经急剧地上升或下降，那么，即使当前的价格变化甚少，在动量指数曲线上也会引发突然的转折。为了减少这种扭曲现象，我们就必须采取适当的平滑技术。第二个问题是，在动量指数图上，数值并没有一个预定的范围（无法判断市场处于超买或超卖状态）。而对于这些问题，相对强弱指数都予以解决了。

相对强弱指数的计算公式如下：

$$RSI = 100 - \frac{100}{1 + RS}$$

$$RS = \frac{x \text{ 天内平均上涨点数}}{x \text{ 天内平均下跌点数}}$$

假定我们在计算中采用 14 天的时间跨度（周线就是 14 周），为了得出平均上涨点数，先把 14 天内上涨了的收盘价的上涨幅度相加，然后将所得的和除以 14；类似地求出平均下跌点数。两者相除就得出相对力度 RS 的数值，再把 RS 的数值代入公式即可求得 RSI 结果。通过改变 x 的值，就可以修改相对强弱指数的时间跨度。

怀尔德原本采用的时间跨度是 14 天。时间跨度越短，摆动型指标越灵敏，其变化幅度也越大。而当相对强弱指数达到了上限或下限时，其效果最佳。因此，如果交易者在较短的时间基础上进行交易，要求摆动更为明显，则不妨缩短其时间跨度。如果扩大时间跨度，则相对强弱指数就变得更平滑，幅度也更小。故 9 天的相对强弱指数的幅度要大于 14 天的相对强弱指数幅度。常用的时间跨度参数除了 14 和 9 以外，还有 7、5（更灵敏），或者 21、28（更平滑）。

表 12.2　相对强弱指数的基本用法

用法	条件	信号
数值	>70	做空
	<30	做多
背离	价格新高、RSI 未创新高	做空
	价格新低、RSI 未创新低	做多

2. 用法

相对强弱指数的用法如表 12.2 所示。

我们把相对强弱指数画在垂直刻度从 0 到 100 的图表上，当它的读数超过 70 时，市场为超买状态；而当它的读数低于 30 时，则市场为超卖状态。不过，在牛市和熊市中，相对强弱指数会发生漂移现象，所以，80 通常成为牛市中的超买水平，而 20 则是熊市中的超卖水平。

"衰竭动作"发生在相对强弱指数超过 70 或低于 30 的情况下。所谓顶部衰竭动作，是指在上升趋势中，相对强弱指数的新一轮峰值（在 70 以上）无力超过前一个峰值，随后，又向下跌破前一个谷值的现象。所谓底部衰竭动作，是指在下降趋势中，相对强弱指数的新一轮谷值（在 30 以下）无力跌过前一个谷值，随后，又向上突破前一个峰值的现象。

在相对强弱指数高于 70 或低于 30 的条件下，如果在相对强弱指数和价格图之间，呈现出相互背离的情形，就构成了强烈的警示信号。背离也是相对强弱指数最有价值的信号。

但是，我们一再强调趋势第一位的原则，在趋势行情中，当相对强弱指数第一次进入超买或超卖区域的时候，通常只是个警示信号。而值得我们关注的信号，是在该指数再次进入危险区域的时候。如果相对强弱指数的第二轮动作未能验证价格趋势，即没有相应地达到新高或新低，就可能出现相对强弱指数背离。此时未必需要平仓，但需要收紧自己的止损位（止盈位）。关于止损位的设置，在第十三章会讲到。

图 12.5 显示的是芝加哥期货交易所 1411 大豆合约价格走势及相对强弱指数，相对强弱指数参数选择 14 天，在 2013 年 10 月至 2014 年 10 月的走势中，相对强弱指数出现了 4 次轻微的顶部空头信号（超过 70），3 次底部多头信号。从后期的走势来判断相对强弱指数信号的准确率尚可。但是正如前面分析的，在上涨趋势中，出现超买信号为假信号的可能性较大，因此，如果我们选择的是收紧止损位（止盈位）而不是平仓，那么我们将在限制风险的同时保留了进一步扩大交易利润的可能。而在 2014 年 6 月至 10 月的这波下跌中，价格创出了新低，然而此时相对强弱指数却没有出现更低的低点，而是出现了背离现象。读者可以自行查询后面的价格图表以检验该指标的准确性。

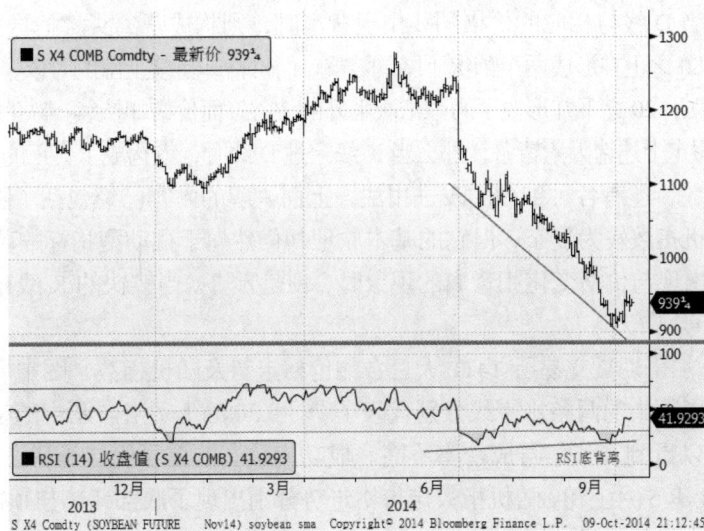

图 12.5　芝加哥期货交易所 1411 大豆合约价格走势及相对强弱指数

四、随机指数

1. 概述

随机指数在乔治·莱恩的大力推广下得以普及，其理论依据是：在上升趋势中，收盘价倾向于接近当日价格区间的上端；相反，在下降趋势中，收盘价倾向于接近当日价格区间的下端。随机指数采用了两条图线——K 线和 D 线。其中 D 线更重要，主要由它来提供买卖信号。该指数可以揭示最近的价格在过去一段时间内价格区间中的相对位置。在随机指数中，14 个时间单位是常用的时间跨度。K 线比 D 线更灵敏，K 值计算公式如下：

$$K = 100 \times \frac{C - L_{14}}{H_{14} - L_{14}}$$

式中，C 为最新的收盘价，L_{14} 为前 14 个时间单位内的最低价，H_{14} 为前 14 个时间单位内的最高价。K 值以百分比的形式呈现，代表着当日收盘价在过去 14 个时间单位全部价格范围中的相对位置。如果 K 值很高（超过 80%），则表明当日收盘价接近该价格范围的上端；而如果 K 值较低（小于 20%），则当日收盘价接近价格区间的下端。

第二条线 D 线，其实是 K 线的 3 天移动平均线。原先的 K 线和第一次平滑后得到的 D 线组成第一个版本的随机指数，称为快随机指数（两条线）；下一步，再计算 D 线的 3 天移动平均线，得到另一条更为平缓的曲线，第一次平滑后得到的 D 线和第二次平滑后得到的新曲线组成第二个版本的随机指数，称为慢随机指数（原先的 D 就是慢随机指数的 K，新曲线为慢随机指数的 D）。大多数交易者采用慢随机指数，因为其信号更可靠。

2．用法

在图表上，上述求得的两个版本的两条曲线，都在从 0 到 100 的垂直刻度之间摆动。其中 K 线为实线，波动较大，D 线为虚线，波动较平缓。主要的信号有两类，分别为数值信号与背离信号。当 D 线处于超买或超卖区（通常对应取值分别为大于 70 和小于 30）时，构成数值买卖信号；当 D 线与相应的价格图线出现背离时，则构成背离买卖信号。

当 D 线居于 80 之上并形成两个依次下降的波峰，而价格却持续上涨的时候，就构成了看跌背离信号。当 D 线位于 20 之下并形成了两个依次上升的波谷，而价格却持续下跌的时候，就构成了看涨背离信号。假定上述诸因素皆备，那么当 K 线穿过 D 线时，就构成了真正的买卖信号。

关于随机指数，还有各种细微的改进用法，上面讲解的内容已经包括了随机指数最本质的特点。尽管随机指数较为复杂，但它的基本原理却仍然属于摆动型指标的范畴。当 D 线进入极限区域，并出现与价格变化相背离的现象时，便是预警。当较快的 K 线穿过 D 线时，才是真正的买卖信号。

图 12.6 是芝加哥期货交易所 1411 大豆合约价格走势及随机指数，图中展现了 KD 线，为慢随机指数，副图中的两条水平线分别代表了 70 和 30 的上下限。图中随机指数多次进入极限区域，但可以看到，该信号成功率不高。成功率较高的信号仍然是背离信号，在 2014 年 2 月初和 2014 年 5 月上旬，随机指数与价格走势分别出现了底部背离与顶部背离现象，明确给出了进场和出场的信号。

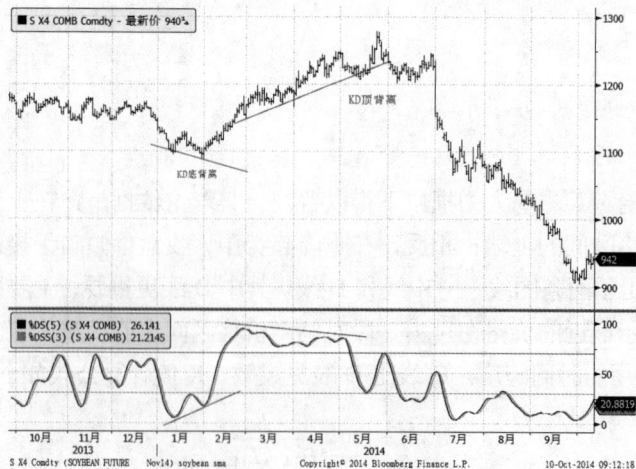

图 12.6　芝加哥期货交易所 1411 大豆合约价格走势及随机指数

本章小结

技术指标一般可以分为趋势型指标和摆动型指标。趋势型指标适用于趋势行情，而摆动型指标则适用于波动行情。

常见的趋势型指标包括移动平均线、平滑异同平均指标和布林带等；而常见的摆动型指标包括动量指数、相对强弱指数和随机指数等。

综合练习

一、名词解释

平滑异同平均指标　相对强弱指数　背离

二、单选题

1.（　　）属于趋势型指标。

A．简单移动平均线 B．随机指标　　　C．RSI　　　　　D．动量指数

2．价格上穿均线时，进场做多在价格呈（　　）的情况下表现得最好。

A．下降趋势　　　B．横向延伸趋势　C．上升趋势　　　D．横向整理行情

3．MACD 中被称为慢速线的一条线为（　　）。

A．DIF　　　　　B．DEA　　　　　C．K　　　　　　D．D

4．（　　）已把每日的高低波动幅度考虑在内。

A．MACD　　　　B．KDJ　　　　　C．CCI　　　　　D．DMI

三、多选题

1．以下选项中，（　　）是移动平均线的使用方法。

A．短期均线上穿长期均线——买入　　B．短期均线下穿长期均线——卖出

C．价格上穿均线——买入　　　　　　D．价格下穿均线——卖出

2．以下选项中，关于 MACD 背离正确的描述是（　　）。

A．价格创新高，DIF 未创新高　　　　B．价格创新高，DEA 未创新高

C．价格创新低，DIF 未创新低　　　　D．价格创新低，DEA 未创新低

3．（　　）的底背离会预示价格的上涨。

A．MACD　　　　B．KDJ　　　　　C．RSI　　　　　D．CCI

四、判断题

1．趋势型指标在非趋势行情中的效果不佳。　　　　　　　　　　　　（　　　）

2．MACD 是一种摆动型指标。　　　　　　　　　　　　　　　　　　（　　　）

3．当市场波动率较低时，布林带的宽度将缩小。　　　　　　　　　　（　　　）

4．如果动量指数下降，那么意味着价格正在下跌。　　　　　　　　　（　　　）

五、简答题

1．简述 MACD 的基本用法。

2．简述 RSI 的基本用法。

第十三章 资金管理与交易风险管理

【学习目标】

1．了解商品期货交易的三要素；
2．理解资金管理的基本原则；
3．掌握设置止损位、计算初始进场资金、确定加仓策略的方法。

在之前的几章中，我们讲到了只要判断对趋势，交易就成功了一半。其实在成功的交易中，还包含了时机抉择和资金管理两个要素。本章将简要介绍成功的商品期货交易所需的三个要素，并对资金管理这一要素进行详细介绍，同时将简略地阐述策略回测这个较新的概念。

第一节 成功的商品期货交易三要素

要想在商品期货交易中取得稳定的赢利，通常需要做好三个方面，分别是趋势预测、时机抉择和资金管理。

一、趋势预测

对未来市场的运行方向（即趋势）进行预测是成功的第一步。通过预测，交易者判断市场看涨还是看跌，如果方向预测是错误的，那么之后的一切工作均不能奏效。

预测趋势的方法可以是基本面分析方法，也可以是技术分析方法，例如分析趋势线和常见图表形态等。根据不同的方法，市场上的趋势预测分成了基本面派和技术派。

二、时机抉择

时机抉择，即具体的入市和出市点的确定。在期货交易中，时机抉择是关键的一步。因为期货交易具有低保证金、高杠杆的特点，所以交易者没有太大的回旋余地来挽回错误。尽管交易者已经判断对了市场的运行方向，但是如果入市时机选择错了，那么依然可能蒙受损失。就其本质来看，时机抉择问题几乎完全是技术性的。因此，无论交易者属于基本面派还是技术派，在确定具体的入市、出市点这一问题上，仍然必须借助技术工具。

通常入市、出市点可以选择在一些重要的支撑和压力位附近，或者一些技术指标的上下限区附近等。这就需要交易者对图表和技术指标有十分深刻的理解，即使交易者坚称自己是基本面分析者，此时也不能例外。

三、资金管理

资金管理是指资金的配置问题，其中包括投资组合的设计，在各个市场上应分配多少资金进行投资等。对于单笔交易，资金管理具体体现在止损指令的用法、报偿与风险比的权衡、在经历了成功阶段或挫折阶段之后分别采取何种措施，以及选择保守稳健的交易方式还是大胆积极的交易方式等方面。

如果用简洁的语言把这三个要素进行归纳，就是：趋势预测告诉交易者怎么做（买进还是卖出）；时机抉择帮助交易者决定何时做；而资金管理则确定用多少资金进行交易。

第二节 资金管理

资金管理就是通过限制投入资金的比例，来控制交易风险。尽管现代交易已经借助于数学模型和计算机做到了更精确的资金管理，但是本节介绍的进场资金、止损位设置以及加仓方法等仍是市场交易者普遍使用的方法，即使是数学模型也不可避免地使用了这些方法的思路。

一、基本原则

关于投资组合的管理其实是专门的一门课程，需要借助复杂的统计学方法才能说清楚，这里只在相对简单的水平上讨论这些问题，对于普通的个人投资者来说，这完全够用了。

原则一：总投资额必须限制在全部资本的 50% 以内。换句话说，通常说的"满仓"是不允许出现在期货交易里的。由于保证金和加杠杆的原因，始终保持足够的备用金是必须的！余额可以投入短期政府债券，以提高资金的使用效率。在任何时候，交易者投入市场的资金都不应该超过其总资本的一半。例如，如果账户的总金额是 100 000 元，那么其中只有 50 000 元是可以用来进行交易的。只能低于这个数，不能高于这个数。

当价格往不利的方向变动时，账户需要投入更多的资金以补充保证金。此时，第一选择是平仓止损，倘若由于疏忽或其他原因没有来得及平仓，那么备用金可以防止被强行平仓。但是千万不要等待价格回归至损益平衡点，当意识到资金占用已经超过 50% 时，应当立即平掉部分仓位，使得仓位回到安全线内。

原则二：在任何单个市场上所投入的总资金必须限制在全部资本的 10%~15%。因此，对于一个 100 000 元的账户，在任何单独的市场上，只能投入 10 000~15 000 元作为保证金。这一措施可以防止交易者在一个市场上注入过多的本金，从而避免"将鸡蛋放在同一个篮子里"的危险。

这里需要强调的是同一个市场，如大豆市场等，具有许多不同到期日的合约，如果计划购买两个不同到期日的大豆合约，那么这两个不同到期日的大豆合约总共的保证金应该控制在总资本的 10%~15%。

原则三：任何单笔交易的总亏损额必须限制在全部资本的 2% 以内。2% 是指在交易失败的情况下，交易者可以承受的最大损失。因此，对于 100 000 元的账户来说，可以在单笔交易中承受的最大损失是 2 000 元。

原则四：在任何一个市场大类上所投入的保证金总额必须限制在全部资本的 20%~25%。这一限制的目的是防止交易者在某一类市场中投入过多的本金，从而因为市场大类价格同时下跌而损失本金。例如，黄金和白银都是贵金属市场大类合约，通常两者的价格走势是相似的，如果交易者把全部资金都投入这两个市场，就违背了多样化风险分散原则。如果还记得统计学里相关性的概念，那么我们可以把原则四拓展成：在任何相关性高的市场间，投入的保证金总额应限制在全部资本的 20%~25%。

图 13.1 是黄金期货和白银期货两者的价差分析图与相关系数图。图的上方是两者的价格运行图，可以发现两者的走势几乎一样；图中间部分显示的是两者的价差变化，我们可以发现价差的均值约为 1 261 美元，标准差为 39.838 美元，意味着两者的价差有 95% 的可能性在1 261 美元上下约 80 美元（两倍标准差，回忆一下布林带的区间知识），是一个较为稳定的价差区间。图的最下面是两者的 120 日相关系数走势，我们可以发现两者相关性在大多数时候维持在 0.8 以上，甚至有 3 个月的时间高达 0.9，最低也达到了 0.65，可见两者的相关性十分高。因此在投资多个期货合约时，应尽量避免在这些高相关性的合约上投入过多的资金。由于它们的运行趋势接近，这样做的效果类似于在同一个合约上投入过多资金。

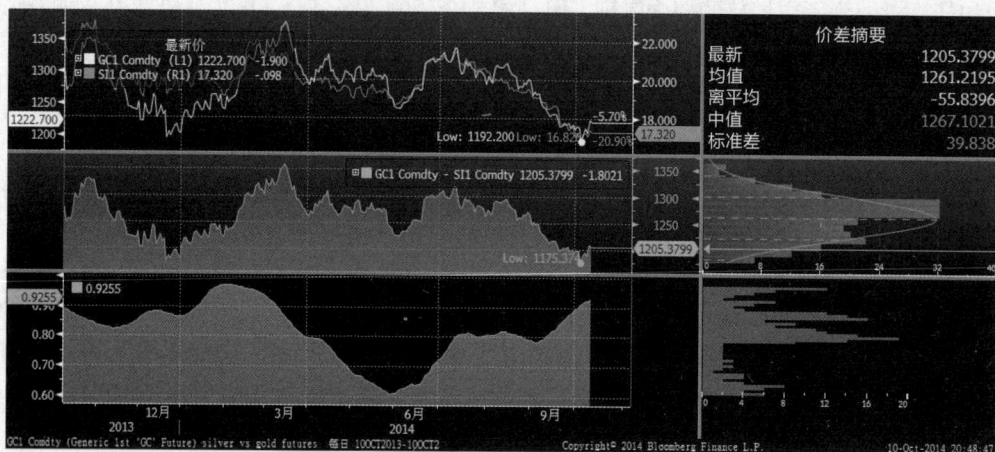

图 13.1　黄金期货和白银期货价差分析图与相关系数图

以上四个原则在期货行业中是相当通行的，不过交易者也可以根据自己的风险偏好进行修正。风险偏好型交易者可以适当地扩大头寸，而风险保守型交易者可以选择四原则中数值的下限进行操作。

二、止损

（一）止损的分类

止损可分为两种应用机制完全不同的止损，即保护型止损和跟进型止损。前者主要的作用是确保损失不超过可承受范围，后者主要的作用是尽可能地保住利润。

举例来说，通常投资者在刚刚入场的时候，设立的止损为保护型止损，因为当价格朝对自身不利的方向变动时，投资者会遭受损失。而当价格按照预期的方向运行一段时间后，即已经赢利时，此时设置的止损为跟进型止损，当价格反向到达跟进型止损位时，应当立即平仓，这样就起到了保护之前赢利的作用。

（二）止损位的选择

止损位的选择主要有两类方法。一种是重要位置法，另一种是固定比例法。

采用重要位置法的交易者，可根据不同的原则设置不同的点位。

（1）支撑位下方。投资者在进场前通常已经画出了几根重要的线，进场信号的发出通常是由于价格突破了某些关键点位，例如突破了矩形的上边界，或突破了颈线等。此时，原先的压力位变成了支撑位，所以，合适的止损位应当设置在支撑位下方一些的位置，至于"一些"是多少，并没有明确的数值或者比例，投资者可以自行控制。

（2）技术指标。摆动型指标会给出超买或超卖信号，趋势型指标会给出均线价格或趋势运行轨道（布林带的上下边界）等。根据技术指标的数值选择止损位也是一种常见的做法。

（3）特殊数值。常见的特殊数值有整数位或者黄金分割点位等。这些点位本身并没有神奇的魔力，但也许是其背后有众多交易者的心理因素在作怪，因此，这些位置会表现出一定的支撑。所以有一些投资者会把止损位设在此处。

采用固定比例法的投资者通常会把比例设定在一个固定的可接受的范围内，如 5%，一旦亏损达到 5%，就立即平仓。固定比例法相对简单，但是没有技术面的支持。

（三）止损位运用技巧

大多数成功的交易者的止损位选择是这样的：在初始入场时，根据支撑位选择保护型止损位。当趋势运行一段时间后（即赢利后），则以固定比例法设置止损位，例如 10%，但比较明智的选择是设定在此轮趋势的最高位以下 10%处，这样可以保住比较多的利润。

止损位需要每天调整。如果使用固定比例法，且设定比例为 10%，那么当价格在向上运行期间，由于其每天都在创新高，每天的止损位也在相应地提高，且始终保持在离最高点 10%的位置。

如果价格开始走平，此时可根据自己的风险偏好来选择。如果并不担忧风险，或者有其他信息支持这次趋势运行，那么可以保持该止损位不变。如果比较保守，可以采取每日抬高止损位的方法，即当价格走平时，第二日可以将止损位抬高一定的比例，第三日可在此基础上再次抬高止损位。每日抬高止损位，会使得数天后即使价格只有微小波动，也会触发止损指令。对于不愿意等待市场整理行情的交易者来说，这是非常好的退出原则。

下面用行情数据来举例说明止损位的具体应用。

图 13.2 所示为芝加哥期货交易所小麦主力合约 2012 年的日线价格走势，从图中我们可以看出 2012 年 5 月 18 日价格突破前期的矩形，发出一个进场做多的信号，之后迅速回落。后又在 6 月 25 日再次突破该压力位，形成第二个进场点。我们就这两个进场点，看一下止损位的作用。

假设交易者使用的止损策略是开仓时选择支撑位下方 2%作为止损位，随后每日抬高止损位。抬高原则为：如果当日价格上涨，则止损位抬高当日涨幅；如果当日价格不上涨，则止损位抬高 1%。为方便考虑，此处不考虑每日结算，并且认为进场价格和出场价格均为每日的收盘价。

图 13.3 展示了每日止损位的变化，第一次入场之后，止损位设在支撑位 680 下方 2%处，即 666.40。第二日价格上涨 8.75，则止损位相应上浮 8.75 至 675 1/7，第三天价格下跌，则

止损位按计划抬高 1% 至 682。第四天价格下跌至 682 时，触发止损条件，及时平仓止损。这笔交易总共亏损 13 1/3，及时止损避开了之后连续的下跌行情。

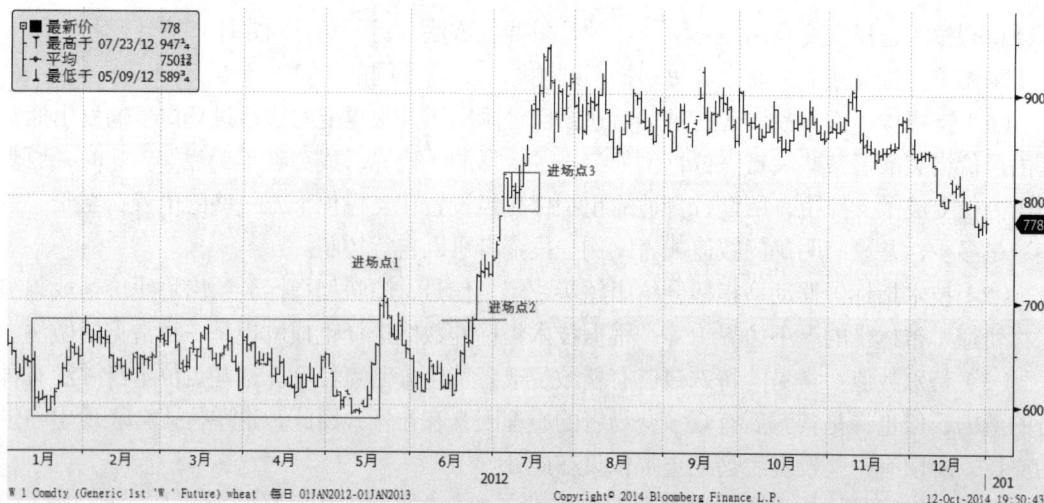

图 13.2 芝加哥期货交易所小麦主力合约 2012 年日线价格走势

日期	收盘价	价格变化	头寸浮动盈亏	操作	止损点	备注
2012/5/17	657 3/4					
2012/5/18	695 1/4	37 1/2	0	多头开仓	666 2/5	矩形上边界680下浮2%
2012/5/21	704	8 3/4	8 3/4		675 1/7	昨天基础上加今天的价格变换
2012/5/22	685 1/2	-18 1/2	-9 3/4		682	当天没上涨，抬高1%
2012/5/23	665 1/2	-20	-13 1/3	触及止损位平仓		
2012/5/24	663	-2 1/2				
……						
2012/6/21	661 3/4					
2012/6/22	673 1/4	11 1/2				
2012/6/25	724 1/4	51	0	多头开仓	666 2/5	矩形上边界680下浮2%
2012/6/26	729	4 3/4	4 3/4		671 1/7	昨天基础上加上今天的价格变换
2012/6/27	732	3	7 3/4		674 1/7	昨天基础上加上今天的价格变换
2012/6/28	726	-6	1 3/4		680 8/9	当天没上涨，抬高1%
2012/6/29	739	13	14 3/4		693 8/9	昨天基础上加上今天的价格变换
2012/7/2	754 1/2	15 1/2	30 1/4		709 2/5	昨天基础上加上今天的价格变换
2012/7/3	782 1/4	27 3/4	58		737 1/7	昨天基础上加上今天的价格变换
2012/7/5	822 1/2	40 1/4	98 1/4		777 2/5	昨天基础上加上今天的价格变换
2012/7/6	791 1/4	-31 1/4	67		785 1/6	当天没上涨，抬高1%
2012/7/9	810 3/4	19 1/2	86 1/2		804 2/3	昨天基础上加上今天的价格变换
2012/7/10	804 3/4	-6	80 1/2		812 5/7	当天没上涨，抬高1%
2012/7/11	807 3/4	3	88 1/2	触及止损位平仓	815 5/7	

图 13.3 芝加哥期货交易所小麦主力合约止损位的应用

第二笔交易以 724.25 进场做多，首日止损位设置在前方矩形支撑位下方 2%（和第一次一样），随后每日上浮，到 7 月 11 日触及止损位平仓。观察图 13.2 可以发现此时正好处在第二个矩形处，保守的止损位设置让交易者可以避开趋势的休整阶段（我们看到了后面的走势，所以说这里是休整阶段，而事实上，在那个时候，交易者的心里一定在想，会不会趋势到头要反转了。所以此时出场等待时机是非常正确的选择）。

此后突破第二个矩形上方时，形成了第三个进场点，留给读者自己设置后续的止损位。

三、进场资金

掌握了止损位的选择技巧后，下面介绍如何安排进场资金（初始投资

额）。事实上，进场资金的安排和止损位以及前述的资金管理的原则是紧密联系的。下面通过一个例子来解释进场资金的计算。

假设现在某资产的价格为 10 元，且你正准备进场做多。你计划分配在该资产上的投资额度为 100 000 元。那么第一笔进场资金投入多少合适呢？

首先，根据止损位的确定方法明确你的止损位。此处假设你的止损位是 9.50 元。换句话说，你在这笔交易上，所能容忍的最大亏损额度是每单位 0.5 元。

其次，根据 2%原则（即资金管理基本原则三），确定你能容忍的最大损失数额。此处为

$$能容忍的最大损失数额=2\%×100\ 000=2\ 000（元）$$

最后，根据能容忍的最大损失数额计算进场做多单位数量：

$$数量=\frac{能容忍的最大损失数额（元）}{每单位能容忍的最大损失数额（元）}=\frac{2\ 000}{0.5}=4\ 000$$

4 000 单位就是你初次进场的理想交易数，即应将 40 000 元（4 000×10）作为进场的第一笔资金。

此处需要注意两点：第一，止损位的选择是完全独立于你的计划投资额度的，是完全根据技术指标或者支撑位等你擅长或者习惯的方法设置的；第二，此处所说的总投资额度 100 000 元是指你计划在该资产上投资的总额度，并不是你所有的资金。例如，你有 1 000 000 元的总资金，分别投资在不同种类的资产上，你分配在现在这个资产上的额度是 100 000 元。

计算得到的进场单位数量或者资金数额，可以确保交易者的交易在安全可控的范围内。只要你坚持自己设置的止损位，那么单笔交易的最大亏损就不会超过 2%。换句话说，即使亏了一笔或者两笔，甚至若干笔交易，以后仍然是有机会将损失弥补回来的。

四、加仓

当趋势正朝着我们预期的方向运行时，要达到"让利润奔跑"的目的，加仓就是必不可少的步骤。加仓的方法有很多种，这里只介绍常见的金字塔加仓法。

所谓金字塔加仓法，就是每次加仓的仓位要小于前面开仓的仓位的方法，这种每次下单量递减的加仓方式，看上去就像是一座金字塔，这也是这种加仓方法名字的由来。

那么金字塔加仓法的要点是什么呢？

第一，每次加仓前必须要求前面的开仓和加仓都已经赢利。

第二，每次加仓的仓位都不应该大于前面开仓的仓位。

第三，在多数情况下，在一份合约上，连续加仓次数不超过三次。

第四，加仓必须在回调位上加仓，不要试图追高加仓。

金字塔加仓法背后的逻辑是，当趋势越往后运行时，相应的反转的概率也在加大，因此，加仓应该谨慎为之。【例 13.1】展示了两种不同的加仓方式对交易的影响。

【**例 13.1**】假设某投资者在某商品合约的初始头寸为多头 100 单位，进场价格为 10.00 元，并且当前该合约价格为 11.00 元，其设立的跟进型止损位在 10.60 元。可以看到的是，该投资者目前每单位浮盈 1 元，如果遭遇急跌，那么在其止损位出局也能保有 0.60 元的利润。

下面我们考虑第一种情景，即在目前的价位（11.00 元）加仓做多 200 单位。此时可以计算其综合成本：(200×11+100×10)/(200+100)≈10.67（元/单位）。说明当该投资者加仓完后，

其成本高于 10.60 元的止损位。一旦价格触及止损位，投资者就将亏损。

第二种情景是投资者用金字塔加仓法要求加仓 50 手，综合成本为$(50 \times 11 + 100 \times 10)/(50+100) \approx 10.33$（元/单位）。说明当该投资者加仓完后，成本低于止损位，即使价格朝不利方向变动，触及止损，其退出后仍有$(10.60-10.33) \times 150 = 40.50$（元）的利润。

从【例 13.1】可以发现，金字塔加仓法是一种稳妥的加仓方式，可以确保交易者在风险不增大的情况下，继续追逐更高的利润，是一种比较稳妥的加仓方式。但是对于初级交易者而言，不加仓也是不错的选择。

第三节 策略回测

无论是基本面分析还是技术面分析，做期货交易必须要明确进场和出场的条件以及止损位的设置和加仓的原则等。任何交易中的决策都必须要有明确的条件。

通常所说的"逢低买入，逢高卖出""在回调处进场"等所谓的技巧，对于初学者而言，只能帮助其理解交易的大概意思。换句话说，对于初学者而言，首先应该知道的是大概而非细节，那么这些语句都是正确并且有意义的。

但对于真正的交易而言，这些还远远不够。无论是传统的人工决策还是借助计算机软件的量化交易[1]，真正交易时需要明确什么是高点、什么是低点、什么是回调处等。如果不明确这些定义，那么何时进场、何时出场等就会成为难题。

此外，一些常见的交易策略，也未必能产生真正的收益。或者说，在不同的市场中，收益表现相差比较大。要衡量这些策略是否有效，一个好的办法就是把策略完全确定后写成计算机程序，利用历史数据检验这套策略是否有良好的表现。尽管过去的情况未必代表将来，但如果这套策略用在历史数据上都没有良好的表现，那么就更不值得我们使用真金实银去实施该策略了。

在实盘操作前，先用策略模型在历史数据上回测一下，其实是非常有效的降低风险的方式，这远比设置止损位重要。因为任何一个期望收益为负的策略，无论使用何种资金管理策略都是不会成功的。

策略回测的具体内容已经超出了本书所讨论的范畴，有兴趣的读者可以参考类似的计算机交易或者量化交易方面的书。值得一提的是，量化交易在期货、股票、外汇等金融市场中已经广泛应用，各位读者应加以注意。

本章小结

成功的商品期货交易需要注意三点，即趋势预测、时机抉择和资金管理。

资金管理的基本原则包括：总投资额必须限制在全部资本的 50% 以内；在任何单个市场

---

[1] 量化交易是指以数学模型代替人为的主观判断，利用计算机技术从庞大的历史数据中海选能带来超额收益的多种"大概率"事件以制定策略，这可以减少因投资者情绪波动对交易带来的影响，避免在市场极度狂热或极度悲观的情况下做出非理性的投资决策。

上所投入的总资金必须限制在全部资本的 10%~15%；任何单笔交易的总亏损额必须限制在全部资本的 2%以内；在任何一个市场大类上所投入的保证金总额必须限制在全部资本的20%~25%。

止损根据应用机制的不同可分为保护型止损和跟进型止损，前者主要的作用是确保损失不超过可承受范围，后者主要的作用是尽可能地保住利润。而止损位的选择可以使用重要位置法或固定比例法。

进场资金需根据 2%原则确定。

加仓时需要注意，每次加仓前必须要求前面的开仓和加仓都已经赢利；每次加仓的仓位都不应该大于前面开仓的仓位；在多数情况下，在一份合约上，连续加仓次数不超过三次；加仓必须在回调位上加仓，不要试图追高加仓。

综合练习

一、名词解释

进场资金 2%原则　　金字塔加仓法

二、单选题

1. (　　　) 不是资金管理的基本原则。

　　A. 总投资额度必须限制在全部资本的 50%以内

　　B. 任何单个市场所投入的全部资金必须限制在全部资本的 10%~15%

　　C. 在任何一个市场大类上所投入的保证金总额必须限制在全部资本的 20%~25%

　　D. 任何单笔交易的总亏损金额必须限制在全部资本的 8%

2. 假设某投资者的全部资本有 1 000 000 元，那么他分配在大豆合约上最合适的交易金额是 (　　　)。

　　A. 500 000 元　　B. 250 000 元　　　　C. 100 000 元　　　　D. 10 000 元

3. 假设某投资者的全部资本有 1 000 000 元，并且他已经把 200 000 元分配给了黄金合约，那么该投资者分配在白银合约上最合适的资金是 (　　　)。

　　A. 200 000 元　　B. 50 000 元　　　　C. 100 000 元　　　　D. 300 000 元

4. 某投资者以 660 美元/手的价格进场做多一手芝加哥期货交易所小麦合约，同时设立止损位在 640 美元/手处。那么该止损位属于 (　　　)。

　　A. 跟进型止损　　B. 保护型止损　　　C. 支撑型止损　　　D. 固定型止损

5. 假设某投资者计划做多某商品期货合约，目前该合约价格为 660 美元/手，且该投资者分配于该合约的资金有 100 000 美元，现设立止损位 640 美元/手，那么做多该合约的初始投资数是 (　　　)。

　　A. 150 手　　　B. 200 手　　　　C. 100 手　　　　D. 50 手

三、多选题

1. 成功的商品期货交易的要素有 (　　　)。

　　A. 趋势预测　　　　　　　　　　　B. 时机抉择

C．资金管理　　　　　　　　　　　　　　D．技术分析

2．（　　）是较常用的选择止损位的方法。

A．支撑位下方　　　B．布林带上下轨　　　C．黄金分割点　　　D．固定比例法

3．（　　）是金字塔加仓法的要点。

A．每次加仓前必须要求前面的开仓和加仓都已经赢利

B．每次加仓的仓位都应该大于前面开仓的仓位

C．在多数情况下，在一份合约上连续加仓次数不超过三次

D．加仓要快，追高加仓的效果更佳

四、判断题

1．预测趋势的方法既可以使用基本面分析方法也可以使用技术分析方法。　　　（　　）

2．无论是技术派还是基本面派，在选择出、入市时机的时候，大多数都是依靠技术工具进行的。　　　　　　　　　　　　　　　　　　　　　　　　　　　　　　　　　　　　　（　　）

3．资金管理的基本原则要求在任何单个市场上所投入的全部资金必须限制在全部资本的50%以内。　　　　　　　　　　　　　　　　　　　　　　　　　　　　　　　　　　　　　（　　）

4．金字塔加仓法要求每次加仓的合约数量要至少超过前一次的加仓数量（或底仓数量）。
　　　　　　　　　　　　　　　　　　　　　　　　　　　　　　　　　　　　　　　（　　）

五、简答题

1．简述商品期货交易成功的三要素。

2．简述设定止损位的方法。

附 录

一、世界主要期货交易所　二、常用数据查询　三、常用期货交易术语中英文对照表

四、更新勘误表和配套资料索取示意图

说明1：本书配套教学资料存于人邮教育社区（www.ryjiaoyu.com），资料下载有教师身份、权限限制（身份、权限需网站后台审批，参见示意图）。

说明2："用书教师"，是指为学生订购本书的授课教师。

说明3：本书配套教学资料将不定期更新、完善，新资料会随时上传至人邮教育社区本书相应的页面内。

说明4：扫描二维码可查看本书现有"更新勘误记录表""意见建议记录表"。如发现本书或配套资料中有需要更新、完善之处，望及时反馈，我们将尽快处理！

咨询邮箱：13051901888@163.com

更新勘误及意见建议记录表

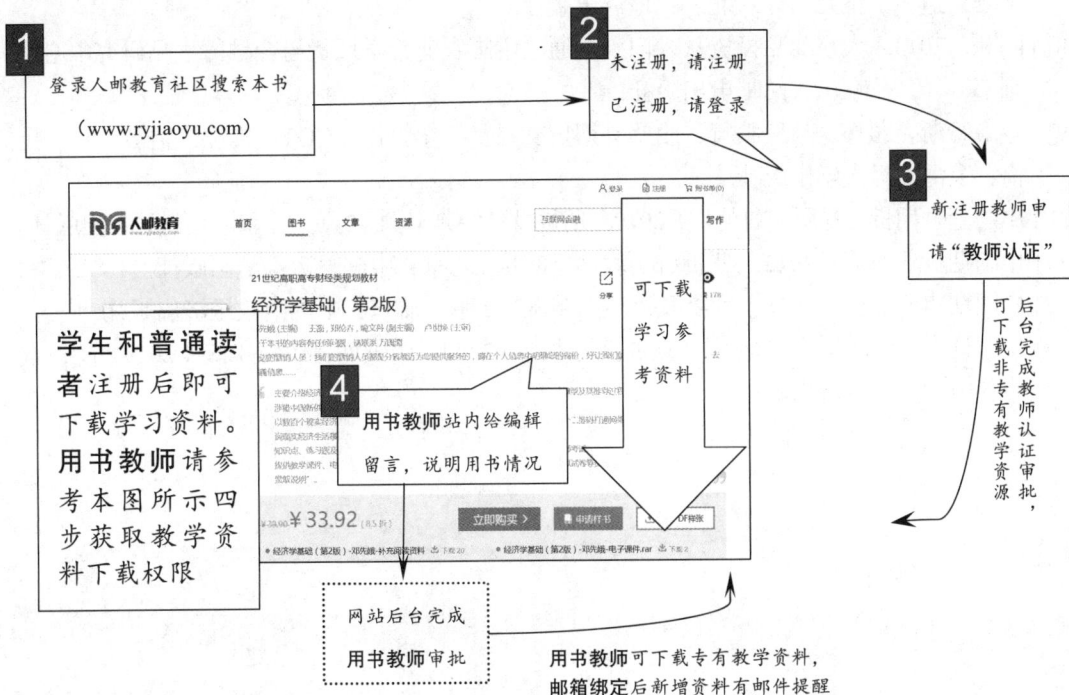

1 登录人邮教育社区搜索本书（www.ryjiaoyu.com）

2 未注册，请注册　已注册，请登录

3 新注册教师申请"教师认证"

后台完成教师认证审批，可下载非专有教学资源

学生和普通读者注册后即可下载学习资料。用书教师请参考本图所示四步获取教学资料下载权限

4 用书教师站内给编辑留言，说明用书情况

可下载学习参考资料

21世纪高职高专财经类规划教材
经济学基础（第2版）

￥33.92

网站后台完成用书教师审批

用书教师可下载专有教学资料，邮箱绑定后新增资料有邮件提醒

主要参考文献

[1] 阿基利斯，2011. 技术分析指标大全. 应展宇，桂荷发，译. 北京：机械工业出版社.

[2] 格兰特，2010. 交易风险管理：通过控制风险提高获利能力的技巧. 蒋少华，代玉簪，译. 沈阳：万卷出版公司.

[3] 赫尔，2018. 期权、期货及其他衍生产品. 10 版. 王勇，索吾林，译. 北京：机械工业出版社.

[4] 克兰曼，2014. 商品和金融期货交易指南. 袁昌胜，李汉军，译. 北京：机械工业出版社.

[5] 克罗，2013. 期货交易策略. 陈瑞华，译. 太原：山西人民出版社.

[6] 梅拉梅德，2010. 向传统呐喊：全球最大期货交易所的创新与转型. 王端端，刘奥南，康兰，等译. 北京：机械工业出版社.

[7] 墨菲，2010. 金融市场技术分析：期（现）货市场、股票市场、外汇市场、利率（债券）市场之道. 丁圣元，译. 北京：地震出版社.

[8] 陶利，2013. 大宗商品投资从入门到精通. 中国农业大学期货与金融衍生品研究中心培训部，译. 北京：人民邮电出版社.

[9] 威廉姆斯，2016. 与狼共舞：股票、期货交易员持仓报告（COT）揭秘. 益智，译. 上海：上海财经大学出版社.

[10] 中国金融期货交易所，刘英华，2010. 期货投资经典案例. 2 版. 上海：上海远东出版社.

[11] 中国期货业协会，2013. 期货市场教程. 8 版. 北京：中国财政经济出版社.

[12] 中国期货业协会，2018. 期货及衍生品基础. 2 版. 北京：中国财政经济出版社.

[13] 中国证券监督管理委员会，中国期货业协会，2020. 中国期货市场年鉴（2019 年）. 北京：中国财政经济出版社.